桥梁工程试验与检测

（活页式）

主　编　张永丹　张悦新

副主编　王光远　周志国　王先伟

　　　　彭　建　李恒楠

主　审　司炳君

北京理工大学出版社

BEIJING INSTITUTE OF TECHNOLOGY PRESS

内 容 提 要

本书为校企合作开发的任务式教材,是高职高专职业院校道路桥梁工程检测技术专业教学用书。本书以我国现行有效的标准、规范、指南为依据,突出岗位职业能力培养,以项目展开,以工作任务为中心组织课程内容。其内容包括原材料试验检测、工程制品试验检测、构件材质状况无损检测、桥梁地基与基础试验检测和桥梁技术状况评定等,共计5个项目,34个任务。

本书可作为高职高专院校道桥相关土建类专业的教材,也可供从事土建类工程的技术人员参考使用。

图书在版编目(CIP)数据

桥梁工程试验与检测 / 张永丹,张悦新主编. -- 北京:北京理工大学出版社,2024.3(2025.9重印)
ISBN 978-7-5763-2749-6

Ⅰ.①桥… Ⅱ.①张… ②张… Ⅲ.①桥梁工程－检测－高等学校－教材 Ⅳ.①U44

中国国家版本馆CIP数据核字(2023)第155423号

责任编辑: 阎少华　　　文案编辑: 毛慧佳
责任校对: 周瑞红　　　责任印制: 王美丽

出版发行 / 北京理工大学出版社有限责任公司
社　　址 / 北京市丰台区四合庄路 6 号
邮　　编 / 100070
电　　话 / (010) 68914026 (教材售后服务热线)
　　　　　　 (010) 63726648 (课件资源服务热线)
网　　址 / http://www.bitpress.com.cn
版 印 次 / 2025 年 9 月第 1 版第 3 次印刷
印　　刷 / 河北鑫彩博图印刷有限公司
开　　本 / 787 mm×1092 mm　1/16
印　　张 / 13
字　　数 / 332 千字
定　　价 / 49.80 元

前　言

党的二十大报告强调："必须坚持科技是第一生产力、人才是第一资源、创新是第一动力。""坚持把发展经济的着力点放在实体经济上，推进新型工业化，加快建设制造强国、质量强国、航天强国、交通强国、网络强国、数字中国。"

交通运输基础设施建设是交通强国的重要组成部分；是提高人民生活品质、全面推进乡村振兴的重要基础；也是促进区域协调发展、推进高水平对外开放必不可少的一部分；更是全面建设社会主义现代化国家的有力支撑。

2018—2022年，我国交通运输系统一共完成固定资产投资超过17万亿元，建成了全球最大的高速铁路网、全球最大的高速公路网和世界级的港口群。截至2022年年底，我国综合交通网络的总里程超过600万千米，公路通车里程535万千米，高速公路通车里程17.7万千米；在农村公路方面，具备条件的乡镇和建制村已经实现了全部通硬化路、通客车。

在我国的交通基础设施建设飞速提升的同时，桥梁与隧道工程试验与检测工作对检测和评估桥梁和隧道的技术状况是必不可少的。桥梁试验检测是大跨径桥梁施工控制、新桥型结构性能研究、各类桥梁施工质量评定、在用桥梁养护管理工作的重要手段。认真做好桥梁试验检测工作，对推动我国桥梁建设水平，确保桥梁工程施工质量，提高建设投资效益，保障人民生命财产安全，具有十分重要的意义。

公路隧道的检测、监测活动贯穿建设和运营两个阶段。在施工过程中从原材料、制品的质量控制到各个阶段的施工过程量测、质量检验，以及超前地质预报、施工环境监测等，都离不开检测工作。在运营期，通过对隧道结构的检测评定和运营环境监测，以保证结构安全和路网通畅。

桥梁工程检测技术作为一门专业必修课程，对于培养学生的专业素养和实践能力提出了更高的要求。在实际教学中，教学内容需融合行业发展前沿技术和结合实际工作需要且紧跟国家规范更新步伐；在教学方式方面，项目式教学法较传统教学法能更好地培养学生的实践动手能力和团队协作能力。

本书在编写过程中与四川升拓检测技术股份有限公司合作，选取行业前沿技术，充分适应高职高专教育人才培养的特点，并融合课程标准对学生知识、技能、素养的要求，可供道桥专业学生使用。

本书内容分为原材料试验检测、工程制品试验检测、构件材质状况无损检测、桥梁地基与基础试验检测和桥梁技术状况评定等，共计5个项目，34个任务。任务教学以任务目的为引导，融合思政元素，体现了思政与技能并重、岗位与技能对接的理念，在引导学生主动学习的同时培养学生的职业素养。本书还辅以视频、动画、图片、虚拟仿真等教学资源，供学生学习时使用。

本书由辽宁省交通高等专科学校张永丹和张悦新主编。参与本书编写工作的还有辽宁省交通高等专科学校的王光远、周志国、王先伟，沈阳市市政工程设计研究院有限公司李恒楠，辽宁省交通运输事务服务中心彭建。全书由大连理工大学司炳君主审。在此向所有为本书编写的同仁表示衷心的感谢。

在本书编写过程中，作者参阅了大量的文献资料，由于条件有限，未能与原著者一一取得联系，引用及理解不当之处敬请见谅，并向这些文献资料的原作者表示衷心的感谢。

由于编者水平有限，加之时间仓促，书中难免存在不妥之处，恳请广大读者批评指正。

编　者

目 录

项目一　原材料试验检测 ……………… 1

　　任务1　岩石单轴抗压强度试验 …………… 1

　　任务2　石料抗冻性试验 ………………… 5

　　任务3　混凝土立方体抗压强度试验 ……… 8

　　任务4　水泥混凝土抗渗性试验 ………… 16

　　任务5　热轧带肋钢筋屈服强度试验 …… 19

　　任务6　热轧带肋钢筋弯曲性能试验 …… 25

　　任务7　预应力混凝土用钢绞线松弛率

　　　　　　试验 ……………………………… 28

项目二　工程制品试验检测 ……………… 31

　　任务1　普通板式橡胶支座极限抗压

　　　　　　强度试验 ………………………… 31

　　任务2　普通板式橡胶支座抗压弹性

　　　　　　模量试验 ………………………… 34

　　任务3　普通板式橡胶支座抗剪弹性

　　　　　　模量试验 ………………………… 37

　　任务4　静载锚固性能试验 ……………… 40

　　任务5　锚具洛氏硬度试验 ……………… 46

项目三　构件材质状况无损检测 ………… 49

　　任务1　回弹法测定混凝土强度试验 …… 49

　　任务2　超声回弹法测定混凝土强度

　　　　　　试验 ……………………………… 58

　　任务3　钻芯法测定混凝土强度试验 …… 64

　　任务4　混凝土裂缝检测试验 …………… 71

　　任务5　冲击回波法检测混凝土缺陷

　　　　　　试验 ……………………………… 76

　　任务6　混凝土内部缺陷（CT）

　　　　　　检测 ……………………………… 80

　　任务7　混凝土中钢筋位置、保护层

　　　　　　厚度检测 ………………………… 93

　　任务8　钢筋锈蚀率检测试验 …………… 97

　　任务9　混凝土电阻率检测试验 ………… 103

项目四　桥梁地基与基础试验检测·········106

任务 1　平板荷载试验·····················107

任务 2　圆锥动力触探试验················111

任务 3　泥浆性能检测试验················116

任务 4　成孔质量检测试验················121

任务 5　低应变反射波法桩身完整性

　　　　检测·····························127

任务 6　声波透射法检测桩身完整性·····137

任务 7　立柱长度及埋深检测············147

任务 8　岩土材料力学特性检测·········152

任务 9　锚杆长度及灌浆密实度检测·····157

项目五　桥梁技术状况评定·············162

任务 1　桥梁基本知识·····················162

任务 2　桥梁检查·························167

任务 3　桥梁技术状况评定···············174

任务 4　桥梁现场静载试验···············183

任务 5　桥梁现场动载试验···············189

参考文献·······································200

项目一

原材料试验检测

南京江心洲长江大桥是目前世界上跨度最大的钢混组合三塔斜拉索桥。为了达到大跨度的需求，结构中的构件需要在能够达到承载能力的同时还要降低其自重，南京江心洲长江大桥创新采用了新型粗集料活性粉末混凝土。经检测，这种新型混凝土较普通混凝土抗压强度提高了1.5倍，同时造价是传统活性粉末高性能混凝土的1/2。

工程中原材料试验检测是工程决策的有力支持，是工程质量的可靠保障。

任务1　岩石单轴抗压强度试验

 **任务情景**

某施工企业需要进行岩石单轴抗压强度试验检测。作为一名检测人员，在进行试验检测之前，需要掌握哪些关于此项检测试验的要求？需要查阅哪些相关技术规范及其他相关资料？具体的检测方法及步骤是什么？如何科学地分析检测结果？

任务目标

1. 了解岩石单轴抗压强度试验的基本原理；
2. 熟悉岩石单轴抗压强度试验的适用条件；
3. 了解岩石单轴抗压强度试验的检测相关的技术规范；
4. 了解岩石单轴抗压强度试验的检测原理；
5. 掌握岩石单轴抗压强度试验的检测仪器的性能及使用方法；
6. 掌握岩石单轴抗压强度试验的数据处理方法；
7. 能够运用定量的方法，科学地评定石料的质量。

石料原材料
试验检测

任务要求

认真阅读《公路工程岩石试验规程》(JTG E41—2005)等相关技术规范。学会用岩石单轴抗压强度试验法测定石料单轴抗压强度。

1. 熟练填写石料单轴抗压强度试验检测委托单；
2. 熟练填写石料单轴抗压强度试验检测原始记录；
3. 熟练出具石料单轴抗压强度报告，并对石料单轴抗压强度进行评价；
4. 养成互相帮助、互相讨论、共同进步的团队意识；
5. 培养吃苦耐劳的工匠精神；
6. 培育诚实、守信、科学、公正的职业素养；
7. 培养自主探究学习能力、信息素养及专业精神。

任务思考

1. 石料单轴抗压强度试验的目的是什么？
2. 本试验中用到的主要试验仪器设备有哪些？
3. 石料单轴抗压强度试验的试验步骤是什么？
4. 怎样由试验数据得出石料单轴抗压强度？

任务实施

石料的抗压强度是反映石料力学性质的主要指标之一，本试验主要测定规则形状石料试件的单轴抗压强度。

石料的抗压强度受一系列因素的影响和控制，如石料的矿物组成和结构、含水率、试件尺寸等。一般情况下，试件的尺寸和高径比大的石料所包含的裂隙、孔隙等缺陷增多；形状不同，试件因棱角部分应力集中造成应力分布不均，会使石料强度降低；含水率增大，石料强度也会降低。

桥梁工程中的石料强度等级对应的是边长为 70 mm×70 mm×70 mm 的立方体试件；试件的含水状态要在试验报告中注明。

软化性是指含水状态对石料强度的影响，用软化系数表示。

一、仪器设备

(1)压力试验机(或万能试验机)。压力试验机(或万能试验机)要求：除应符合《液压式万能试验机》(GB/T 3159—2008)及《试验机　通用技术要求》(GB/T 2611—2022)外，其测量精度为±1%，试件破坏荷载应大于压力试验机全程的 20% 且小于压力试验机全程的 80%，同时应具有加荷速度指示装置或加荷速度控制装置，可以均匀地连续加荷、卸荷，保持固定荷载，开机、停机均灵活自如。试件两端的承压板为洛氏硬度不低于 HRC58 的圆盘钢板，承压板的直径应不小于试件的直径，也不宜大于试件直径的 2 倍。当压力试验机承压板直径大于试件直径的 2 倍以上时，必须在试件的上下两端加辅助承压板，其刚度和不平度均应满足压力试验机承压板的要求。

两压板之一应是球面座，球面座应钢质坚硬，面部平整度要求在 100 mm 内，高低差值不超过 0.05 mm，球面及球窝粗糙度 $R_a = 0.32~\mu m$，研磨、转动灵活。球面座宜放置在试件顶面(特别是棱柱试件)，凸面朝上，并用矿物油稍加润滑，以使在滑块自重作用下仍能闭锁。不应在大球座上做小试件破型；试件、压板和球面座要精确地彼此对中，并与加载机器设备对中，球面座的曲率中心应与试件端面的中心重合。当试件均匀受力后，一般不宜再敲动球座。

（2）钻石机、切石机、磨石机等石料试件加工设备。

（3）烘箱、干燥器、游标卡尺（精度为 0.1 mm）、角尺及水池等。

二、试件制备

制备边长为 70 mm±2 mm 的立方体试件，每组试件共 6 个。

有显著层理的石料，分别沿平行和垂直层理方向各取试件 6 个。试件上、下端面应平行和磨平，试件端面的平面度公差应小于 0.05 mm，端面对于试件轴线垂直度偏差不应超过 0.25°。

三、试验步骤

（1）对试件编号，用游标卡尺在立方体试件顶面和底面上各量取其边长（精确至 0.1 mm），以各个面上相互平行的两个边长的算术平均值计算其承压面积。

（2）试件的含水状态可根据需要选择烘干状态、天然状态、饱和状态。

试件的烘干方法：将试件放入温度为 105～110 ℃ 的烘箱内烘至恒量，烘干时间一般为 12～24 h，取出置于干燥器内冷却至室温（20 ℃±2 ℃），称其质量，精确至 0.01 g。

试件的强制饱和可选择以下任一种方法：

①用煮沸法饱和试件：将称量后的试件放入水槽中，注水至试件高度的 1/2，静置 2 h；再加水使试件浸没，煮沸 6 h 以上，并保持水的深度不变。煮沸停止后静置水槽，待其冷却，取出试件，用湿纱布擦去表面水分，立即称其质量。

②用真空抽气法饱和试件：将称量后的试件置于真空干燥器中，注入洁净水，水面高出试件顶面 20 mm，开动抽气机，抽气时真空压力需达 100 kPa，保持此真空状态直至无气泡发生时为止（不少于 4 h）。经真空抽气的试件应放置在原容器中，在大气压力下静置 4 h，取出试件，用湿纱布擦去表面水分，立即称其质量。

（3）按石料强度性质，选定合适的压力机。将试件置于压力机的承压板中央，对正上、下承压板，不得偏心。

（4）以 0.5～1.0 MPa/s 的速率加荷直至破坏，记录破坏荷载及加载过程中出现的现象。抗压试件试验的最大荷载记录以 N 为单位，精度为 1%。

四、结果处理

单轴抗压强度试验结果应同时列出每个试件的试验值及同组石料单轴抗压强度的平均值；有显著层理的石料，分别报告垂直与平行层理方向试件强度的平均值。计算值精确至 0.1 MPa。

软化系数计算值精确至 0.01；3 个试件平行测定，取算术平均值；3 个值中最大值与最小值之差不应超过平均值的 20%，否则，应另取第 4 个试件，并在 4 个试件中取最接近的 3 个值的平均值作为试验结果，同时在报告中将 4 个值全部给出。

石料的抗压强度按式（1-1）计算（精确至 0.01）。

$$R_i = \frac{P_i}{A_i} \tag{1-1}$$

式中　R_i——第 i 个试件的抗压强度(MPa)；

　　　P_i——第 i 个试件的极限破坏荷载(N)；

　　　A_i——第 i 个试件的截面面积(mm^2)。

　　石料的软化系数按式(1-2)计算：

$$K_p = \frac{R_w}{R_d} \tag{1-2}$$

式中　K_p——软化系数；

　　　R_w——石料水饱和状态下的单轴抗压强度(MPa)；

　　　R_d——石料烘干状态下的单轴抗压强度(MPa)。

五、记录表格

将试验数据记录在表 1-1 中。

表 1-1　岩石抗冻性试验检测记录表

实验室名称：　　　　　　　　　　　　　　　　报告编号：

施工/委托单位				委托编号	
工程名称				样品编号	
工程部位/用途				样品名称	
试验依据				判定依据	
记录编号				送样日期	
样品描述					
主要仪器设备及编号					
类型规格			代表数量		
样品产地					

序号	检测项目		技术指标	检测结果	结果判定
1	含水率/%				
2	密度/(g·cm^{-3})				
3	密度试验	饱和密度/(g·cm^{-3})			
		干密度/(g·cm^{-3})			
		天然密度/(g·cm^{-3})			
		空隙率/%			
4	吸水率/%				
5	单轴抗压强度	天然状态/MPa			
		烘干状态/MPa			
		饱和状态/MPa			
		冻融后状态/MPa			
6	软化系数				

7	抗冻性试验	冻融质量损失率/%			
		抗冻系数			

检测结论：	
备注：	
单位声明	1. 本报告无试验、审核、签发人员签字无效，无本单位"检验检测专用章"无效； 2. 对报告有异议，应于本报告发出之日起 15 日内向本单位提出，逾期不予受理； 3. 一般情况，委托检验仅对来样的检测结果负责； 4. 未经同意，本报告不得作商业广告用。
单位信息	单位地址： 查询电话： 申诉邮箱： 申诉电话：

试验：　　　审核：　　　签发：　　　　　　　　　　　　　报告日期：　　年　　月　　日

任务 2　石料抗冻性试验

🎯 任务情景

某施工企业需要进行石料抗冻性试验检测。作为一名检测人员，在进行试验检测之前，需要掌握哪些关于此项检测试验的要求？需要查阅哪些相关技术规范及相关资料？具体的检测方法及步骤是什么？如何科学地分析检测结果？

📖 任务目标

1. 了解石料抗冻性试验的基本原理；
2. 熟悉石料抗冻性试验的适用条件；
3. 了解石料抗冻性试验的检测相关的技术规范；
4. 了解冻融系数检测原理；
5. 掌握石料抗冻性试验的检测仪器的性能及使用方法；
6. 掌握石料抗冻性试验的数据处理方法；
7. 能够运用定量的方法，科学地评定石料的质量。

⚙️ 任务要求

认真阅读《公路工程岩石试验规程》(JTG E41—2005)等相关技术规范。学会用石料抗冻性试验测定冻融系数。

1. 熟练填写石料抗冻性试验检测委托单；
2. 熟练填写石料抗冻性试验检测原始记录；

3. 熟练出具石料抗冻性试验报告，并对石料抗冻性进行评价；

4. 养成互相帮助、互相讨论、共同进步的团队意识；

5. 培养吃苦耐劳的工匠精神；

6. 培育诚实、守信、科学、公正的职业素养；

7. 培养自主探究学习能力、信息素养及专业精神。

🔧 任务思考

1. 石料抗冻性试验的目的是什么？

2. 本试验中用到的主要试验仪器设备有哪些？

3. 石料抗冻性试验的试验步骤是什么？

4. 怎样由试验数据得出冻融系数？

🔧 任务实施

石料的抗冻性试验是指试件在浸水条件下，经多次冻结和融化交替作用后测定试件的质量损失和单轴饱水抗压强度的变化。

石料的抗冻性是用来评估石料在饱和状态下经受规定次数的冻融循环后抵抗破坏的能力，分别用质量损失率和冻融系数表示。

评价石料抗冻性好坏有冻融循环后强度变化、质量损失、外观变化 3 个指标。冻融试验后的材料无明显损伤（裂缝、脱层和边角损坏），冻融后的质量损失率不大于 2%，强度不低于试验前的 0.75 倍（冻融系数大于 75%）时，为抗冻性好的石料。

一、仪器设备

(1)试件加工设备：切石机、钻石机及磨平机等。

(2)压力试验机或万能试验机：试验机的技术要求与"任务 1 岩石单轴抗压强度试验"中对试验机的要求相同。

(3)冰箱：温度能控制在 $-20 \sim -15$ ℃。

(4)天平：感量 0.01 g，称量大于 500 g。

(5)放大镜。

(6)烘箱：能使温度控制在 $105 \sim 110$ ℃。

二、试件制备

制备边长为 70 mm±2 mm 的立方体试件，每组试件不应少于 3 个。此外，再制备 3 个规格相同的试件，用于做冻融系数试验。

三、试验步骤

(1)对试件编号，用放大镜详细检验，并作外观描述。然后量出每个试件的尺寸，计算受压面积。将试件放入烘箱，在 $105 \sim 110$ ℃下烘至恒量，烘干时间一般为 $12 \sim 24$ h，待在干燥器内冷却至室温后取出，立即称其质量 m_s，精确至 0.01 g(以下皆同此)。

(2)将称量后的试件置于盛水容器内，先注水至试件高度的 1/4 处，以后每隔 2 h 分别注水至试件高度的 1/2 和 3/4 处，6 h 后将水加至高出试件顶面 20 mm，以利试件空气逸出。试件全部被水淹没后再自由吸水 48 h。

(3)取出吸水饱和试件，擦去表面水分，放在铁盘中，试件与试件之间应留有一定间距。待冰箱温度下降到 -15 ℃时，将铁盘连同试件一起放入冰箱，并立即开始计时。冻结 4 h 后取出试件，放入 20 ℃±5 ℃的水中融解 4 h，如此反复冻融至规定次数为止。

(4)每隔一定的冻融循环次数(如 10 次、15 次、25 次等)，详细检查各试件有无剥落、裂缝、分层及掉角等现象，并记录检查情况。

(5)称量冻融试验后的试件饱水质量 m_f' 再将其烘干至恒量，称其质量 m，并按单轴抗压强度试验方法测定冻融试验后的试件饱水抗压强度。另取 3 个未经冻融试验的试件测定其饱水抗压强度。

四、结果处理

(1)冻融后的质量损失率计算。试件冻融后的质量损失率按式(1-3)计算(精确至 0.001)：

$$L=\frac{m_s-m_f}{m_s}\times100 \tag{1-3}$$

式中　L——冻融后的质量损失率(%)；

　　　m_s——试验前烘干试件的质量(g)；

　　　m_f——试验后烘干试件的质量(g)。

冻融后的质量损失率取 3 个试件试验结果的算术平均值。

(2)冻融后的吸水率计算。冻融后的吸水率按式(1-4)计算(精确至 0.001)：

$$w_{sa}'=\frac{m_f'-m_f}{m_f}\times100 \tag{1-4}$$

式中　w_{sa}'——石料冻融后的吸水率(%)；

　　　m_f'——冻融试验后的试件饱水质量(g)；

　　　m_f——试验后烘干试件的质量(g)。

(3)冻融系数计算。冻融系数按式(1-5)计算(精确至 0.01)：

$$K_f=\frac{R_f}{R_s} \tag{1-5}$$

式中　K_f——冻融系数；

　　　R_f——若干次冻融试验后的试件饱水抗压强度(MPa)；

　　　R_s——未经冻融试验的试件饱水抗压强度(MPa)。

五、记录表格

将试验数据记录在表 1-2 中。抗冻性记录应包括石料名称、试验编号、试件编号、试件描述、冻融循环次数、冻融试验前后的烘干质量、冻融试验后的试件饱水抗压强度、未经冻融试验的试件饱水抗压强度。

表 1-2 岩石试验检测报告

记录编号：

工程名称		工程部位/用途	
样品信息			
试验检测日期		试验条件	温度 ℃，相对湿度 %
检测依据		判定依据	
主要仪器设备名称及编号			

试件编号	外观检查	烘干试件质量/g	冻融循环次数下试件剥落、裂缝、分层及掉角检查情况	冻融试验后试件饱水质量/g	冻融试验后烘干试件质量/g	冻融后质量损失率/%		冻融后吸水率/%	
						单个值	平均值	单个值	平均值

试件编号	试件状态	顶面直径(边长)/mm		底面直径(边长)/mm		顶面面积/mm²	底面面积/mm²	顶面和底面面积平均值/mm²	极限荷载/kN	抗压强度测定值/MPa	试件抗压强度测定值/MPa	冻融系数
		单个值	平均值	单个值	平均值							
	冻融试验后饱水											
	未经冻融试验后饱水											

附加声明：

检测：　　　记录：　　　复核：　　　　　　　　　　　　　　日期：　年　月　日

任务 3　混凝土立方体抗压强度试验

任务情景

　　某施工企业需要进行混凝土立方体抗压强度试验检测。作为一名检测人员，在进行试验检测之前，需要掌握哪些关于此项检测试验的要求？需要查阅哪些相关技术规范及其他相关资料？具体的检测方法及步骤是什么？如何科学地分析检测结果？

🔖 任务目标

1. 了解混凝土立方体抗压强度试验的基本原理；
2. 熟悉混凝土立方体抗压强度试验的适用条件；
3. 了解混凝土立方体抗压强度试验检测相关的技术规范；
4. 了解混凝土立方体抗压强度检测原理；
5. 掌握混凝土立方体抗压强度试验检测仪器的性能及使用方法；
6. 掌握混凝土立方体抗压强度试验数据的处理方法；
7. 能够运用定量的方法，科学地评定混凝土的质量。

⚙ 任务要求

认真阅读《公路工程水泥及水泥混凝土试验规程》(JTG 3420—2020)、《混凝土试模》(JG 237—2008)等相关技术规范。学会用水泥混凝土立方体抗压强度试验法测定水泥混凝土立方体抗压强度。

1. 熟练填写水泥混凝土立方体抗压强度试验检测委托单；
2. 熟练填写水泥混凝土立方体抗压强度试验检测原始记录；
3. 熟练出具水泥混凝土立方体抗压强度试验报告，并对水泥混凝土立方体抗压强度进行评价；
4. 养成互相帮助、互相讨论、共同进步的团队意识；
5. 培养吃苦耐劳的工匠精神；
6. 培育诚实、守信、科学、公正的职业素养；
7. 培养自主探究学习能力、信息素养及专业精神。

⚙ 任务思考

1. 水泥混凝土立方体抗压强度试验的目的是什么？
2. 本试验中用到的主要试验仪器设备有哪些？
3. 水泥混凝土立方体抗压强度试验的试验步骤是什么？
4. 怎样由试验数据得出水泥混凝土立方体抗压强度？

⚙ 任务实施

一、仪器设备

1. 搅拌机
搅拌机：采用自由式或强制式搅拌机。

2. 振动台
振动台：采用标准振动台。

振动台的主要技术指标应符合表 1-3 的要求。

表 1-3　振动台的主要技术指标

技术指标	指标要求	技术指标	指标要求
振动台台面厚度	大于 10 mm	台面尺寸偏差	不大于±5 mm
台面平整度	平面度误差应不大于 0.3 mm	台面粗糙度	不大于 6.3 μm
空载台面中心垂直振幅	(0.5±0.02)mm	空载频率	(50±2)Hz
空载台面振幅均匀度	不大于 10%	启动时间	不大于 2 s
负载与空载台面中心垂直振幅比	不小于 0.7	制动时间	不大于 5 s
试模固定装置	振动中试模无松动、无移动、无损伤	空载噪声	不大于 80 dB

3. 压力试验机

同任务 1 中压力试验机要求。

4. 试模

各种试模应符合《混凝土试模》(JG/T 237—2008)中的技术要求，且应根据试模的使用频率来决定检查时间，至少每三个月应检查一次。试模的主要技术指标见表 1-4。

表 1-4　试模的主要技术指标

技术指标	指标要求	技术指标	指标要求
试模内表面	光滑平整，不得有砂眼、裂纹及划痕	组装后相邻面夹角	(90±0.1)°
内表面和上口面粗糙度	不大于 3.2 μm	试模内表面平整度	每 100 mm 内不超过 0.04 mm
组装后内部尺寸误差	不大于公称尺寸的±0.2%，且不大于 1 mm	组装后连接面缝隙	不大于 0.1 mm

5. 捣棒

捣棒直径为 16 mm、长约 600 mm，并具有半球形端头的钢质圆棒。

6. 钢垫板

水泥混凝土强度等级大于或等于 C60 时，试验机上、下压板之间应各垫一块钢垫板，平面尺寸应不小于试件的承压面，其厚度至少为 25 mm。钢垫板应机械加工，其平面度允许偏差±0.04 mm，表面硬度大于或等于 55HRC，硬化层厚度约为 5 mm。试件周围应设置防崩裂网罩。

二、试件制备

试件的尺寸应根据混凝土中集料的最大粒径按表 1-5 选定。

表 1-5　水泥混凝土性能试件尺寸及数量

试件名称	试件形状	试件尺寸/mm	尺寸修正系数	每组试件数量/个
立方体抗压强度试件	立方体	200×200×200(53)	1.05	3
	立方体	150×150×150(31.5)	标准试件	3
	立方体	100×100×100(26.5)	0.95	3
棱柱体轴心抗压强度试件	棱柱体	200×200×400(53)	1.05	3
	棱柱体	150×150×300(31.5)	—	3
	棱柱体	100×100×300(26.5)	0.95	3
棱柱体抗压弹性试件	棱柱体	200×200×400(53)	—	3
	棱柱体	150×150×300(31.5)	标准试件	3
	棱柱体	100×100×300(26.5)	—	3
抗弯拉强度试件	棱柱体	150×150×600(31.5)	标准试件	3
	棱柱体	150×150×550(31.5)	标准试件	3
	棱柱体	100×100×400(26.5)	0.85	3
立方体劈裂抗拉强度试件	立方体	150×150×150(31.5)	标准试件	3
	立方体	100×100×100(26.5)	—	3

注：括号中的数字为试件中集料公称最大粒径。

混凝土立方体试件置于压力机上受压时，在沿加荷方向发生纵向变形的同时，混凝土试件及上、下钢压板也按泊松比效应产生横向自由变形，但由于压力机钢压板的弹性模量比混凝土大 10 倍左右，而泊松比比混凝土大 2 倍左右，所以在压力作用下，钢压板的横向变形小于混凝土的横向变形，造成上、下钢压板与混凝土试件接触的表面之间均产生摩擦阻力，它对混凝土的横向膨胀起着约束作用，从而对混凝土强度起提高作用(图 1-1)。但这种约束作用随着远离试件端部而变小，大约在距离 $\sqrt{3}/2a$(a 为立方体试件边长)处，约束作用消失，所以试件抗压破坏后呈一对顶棱锥体(图 1-2)，称为环箍效应。若在钢压板和混凝土试件之间加涂润滑剂，试件将直立破坏(图 1-3)，则环箍效应大大减小，测得的抗压强度偏低。当混凝土试件立方体尺寸较大时，环箍效应的相对作用较小；当混凝土试件立方体尺寸较小时，环箍效应的相对作用较大。混凝土试件中存在的孔隙和微裂缝等缺陷，会引起混凝土试件的实际受力面积降低和应力集中，导致混凝土强度降低。混凝土试件尺寸越小，测得的抗压强度值越大。

混凝土试件的最小尺寸应根据混凝土所用集料的最大粒径确定。混凝土采用标准试件在标准条件下测定其抗压强度，是为了具有可比性。在实际施工中允许采用非标准尺寸的试件，但应将其抗压强度测值按表 1-5 所列系数换算成标准试件时的抗压强度。

细集料宜采用级配良好、质地坚硬、颗粒洁净且粒径小于 5 mm 的河砂；当河砂不易得到时，可采用符合规定的其他天然砂或人工砂；细集料不宜采用海砂，不得不采用时，应经冲洗处理。细集料的技术指标应符合表 1-6 的规定。

表1-6　细集料技术指标

项目			技术要求		
			Ⅰ类	Ⅱ类	Ⅲ类
有害物质含量	云母(按质量计,%)		≤1.0	≤2.0	≤2.0
	轻物质(按质量计,%)		≤1.0	≤1.0	≤1.0
	有机物(比色法)		合格	合格	合格
	硫化物及硫酸盐(按SO_3质量计,%)		≤1.0	≤1.0	≤1.0
	氯化物(以氯离子质量计,%)		<0.01	<0.02	<0.06
人工砂的石粉含量 (按质量计,%)	亚甲蓝试验	MB值<1.4或合格	≤5.0	≤7.0	≤10.0
		MB值≥1.4或不合格	≤2.0	≤3.0	≤5.0
坚固性	天然砂(硫酸钠溶液法经5次循环后的质量损失,%)		≤8	≤8	≤10
	人工砂单级最大压碎指标/%		<20	<25	<20
表观密度/kg·m⁻³			>2 500		
松散堆积密度/kg·m⁻³			>1 350		
空隙率/%			<47		
碱集料反应			经碱集料反应试验后,由砂配制的试件无裂缝、酥裂、胶体外溢现象,在规定试验龄期的膨胀率应小于0.10%		

1. 混凝土试件制作应符合的规定

(1)成型前,应检查试模尺寸并符合表1-4中的有关规定。尤其是对高强度混凝土,应重视检查试模的尺寸是否符合试模标准的要求。特别应检查 150 mm×150 mm×150 mm 试模的内表面平整度和相邻面夹角是否符合要求。试模内表面应涂一薄层矿物油或其他不与混凝土发生反应的脱模剂。

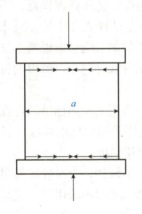

图1-1　压力机钢压板对试件
的约束作用

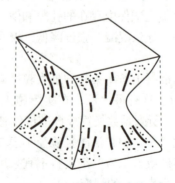

图1-2　受压板约束时试件破坏
残存的棱锥体

图1-3　不受压板约束时试件
破坏情况

(2)普通混凝土力学性能试验每组试件所用的拌合物应从同一盘混凝土或同一车混凝土中取样，取拌合物的总量至少应比所需量多20%以上，并取出少量混凝土拌合物代表样，在5 min内进行坍落度或维勃试验，认为品质合格后，在15 min内开始制件。

(3)在试验室拌制混凝土时，其材料用量应以质量计，称量的精度：集料为±1%；水、水泥、掺合料和外加剂为±0.5%。

(4)根据混凝土拌合物的稠度确定混凝土成型方法：对于坍落度小于25 mm的混凝土，可采用直径为25 mm的插入式振捣棒成型；对于坍落度大于25 mm且小于70 mm的混凝土宜用标准振动台振实；对于坍落度大于70 mm的混凝土宜用振捣棒人工捣实；检验现浇混凝土或预制构件的混凝土，试件成型方法宜与实际采用的方法相同。

2. 混凝土试件制作步骤

(1)新拌混凝土现场从搅拌机、料斗、运输车或构件取样时，均需从3处以上的不同部位抽取大致相同分量的代表性样品(不要抽取已经离析的混凝土)，集中用铁铲翻拌均匀，而后立即进行拌合物的试验。拌合物的取样量多于试验所需数量的1.5倍，其体积不小于20 L。为使样品具有代表性，宜采用多次取样的方法。从第一次取样到最后一次取样不宜超过15 min，取回的混凝土拌合物应经过人工再次翻拌均匀，而后进行试验。

(2)用标准振动台振实制作试件应按下述方法进行：

①将混凝土拌合物一次装入试模，装料时应用抹刀沿各试模壁插捣，并使混凝土拌合物高出试模口。

②将试模放在振动台上夹牢，防止振动时试模自由跳动，振动应持续到表面出现浆状水泥为止，振动过程中随时添加混凝土使试模常满，并记录振动时间(为维勃秒数的2~3倍，一般不超过90 s)。

③振动结束后，用金属直尺沿试模边缘刮去多余的混凝土，用镘刀将表面初次抹平，待试件收浆后，再次用镘刀将试件仔细抹平，试件抹面与试模边缘的高低差不得超过0.5 mm。

(3)用人工插捣制作试件应按下述方法进行：

①混凝土拌合物应分两层装入模内，每层的装料厚度大致相等。

②插捣应按螺旋方向从边缘向中心均匀进行。在插捣底层混凝土时，捣棒应达到试模底部；插捣上层时，捣棒应贯穿上层后插入下层20~30 mm；插捣时应用力将捣棒压下，保持捣棒垂直，不得冲击，捣一层后，应用橡皮锤轻轻敲击试模外端10~15次，以填平插捣过程中留下的孔洞。

③每层插捣次数按100 cm²截面面积内不得少于12次；试件抹面与试模边缘的高低差不得超过0.5 mm。

(4)用插入式振捣棒振实制作试件应按下述方法进行：

①将混凝土拌合物一次装入试模，装料时应用抹刀沿各试模壁插捣，并使混凝土拌合物高出试模口。

②振捣时振捣棒距试模底板10~20 mm，且不得触及试模底板。振捣持续到表面出浆为止，且应避免过振，以防止混凝土离析，一般振捣时间为20 s。振捣棒拔出时要缓慢，拔出后不得留有孔洞。

③刮除试模上口处多余的混凝土，在临近初凝时，用抹刀抹平。试件抹面与试模边缘的

高低差不得超过 0.5 mm。

3. 试件的养护

（1）试件成型后应立即用湿布覆盖表面（或其他保湿办法）。

（2）采用标准养护的试件，应在温度为 20 ℃±5 ℃，相对湿度大于 50% 的环境下，静置 1~2 d，然后拆模并进行第一次外观检查、编号，对有缺陷的试件应除去，或加工补平。将完好试件放入标准养护室进行养护，养护室温度为 20 ℃±2 ℃，相对湿度为 95% 以上，试件宜放在铁架或木架上，间距为 10~20 mm，试件表面应保持一层水膜，并避免用水直接冲淋。当无标准养护室时，将试件放入温度为 20 ℃±2 ℃ 的不流动的 $Ca(OH)_2$ 饱和溶液中养护。因为水泥石中的 $Ca(OH)_2$，是水泥水化和维持水泥石稳定的重要前提，如果养护水不是 $Ca(OH)_2$ 饱和溶液，那么混凝土中的 $Ca(OH)_2$ 就会溶出，就会影响水泥的水化进程，从而影响混凝土的强度。

（3）同条件养护试件的拆模时间可与实际构件的拆模时间相同，拆模后，试件仍需保持同条件养护。

（4）标准养护龄期为 28 d（从搅拌加水开始），非标准养护龄期一般为 1 d、3 d、7 d、60 d、90 d 和 180 d。

三、试验步骤

（1）混凝土抗压强度试件同龄期的为一组，每组为 3 个同条件制作和养护的混凝土试块。养护至试验龄期时，自养护室取出试件，应尽快试验，避免其湿度变化。

（2）取出试件，检查其尺寸形状，相对两面应平行。量出棱边长度，精确至 1 mm。试件受力截面面积按其与压力机上下接触面的平均值计算。在破型前，保持试件原有湿度，在试验时擦干试件。

（3）以成型时侧面为上下受压面，试件中心应与压力机几何对中。

（4）强度等级小于 C30 的混凝土取 0.3~0.5 MPa/s 的加荷速度；强度等级大于 C30 小于 C60 时，则取 0.5~0.8 MPa/s 的加荷速度；强度等级大于 C60 的混凝土取 0.8~1.0 MPa/s 的加荷速度。当试件接近破坏而开始迅速变形时，应停止调整试验机油门，直至试件破坏，记下破坏极限荷载 $F(N)$。

四、结果处理

（1）混凝土立方体试件抗压强度按式（1-6）计算：

$$f_{cu} = \frac{F}{A} \tag{1-6}$$

式中　f_{cu}——混凝土立方体抗压强度（MPa）；

　　　F——极限荷载（N）；

　　　A——受压面积（mm^2）。

（2）以 3 个试件测值的算术平均值为测定值，计算精确至 0.1 MPa。3 个测值中的最大值或最小值中如有一个与中间值之差超过中间值的 15%，则取中间值为测定值；如最大值和最小值与中间值之差均超过中间值的 15%，则该组试验结果无效。

（3)混凝土强度等级小于 C60 时，非标准试件的抗压强度应乘以尺寸换算系数(表 1-5)，并应在报告中注明。当混凝土强度等级大于或等于 C60 时，宜用标准试件，使用非标准试件时，换算系数由试验确定。

五、记录表格

将试验数据记录在表 1-7 中。

表 1-7　水泥混凝土抗压强度试验检测记录表(立方体)

检测单位名称：　　　　　　　　　　　　　　　　　　　　　　　记录编号：JGLQ05005

工程名称											
工程部位/用途											
样品信息											
试验检测日期						试验条件			温度：℃ 相对湿度：％		
检测依据						判定依据					
主要仪器设备 名称及编号											
混凝土种类						养护条件					
试样 编号	试件 编号	成型 日期	强度 等级	试验 日期	龄期/d	试件尺寸/mm			极限荷载 /kN	抗压强度 测值/MPa	抗压强度 定值/MPa	换算成标准 试件抗压强 度值/MPa
						长	宽	高				
附加声明：											

检测：　　　记录：　　　复核：　　　　　　　　　　　　　日期：　　年　　月　　日

任务 4　水泥混凝土抗渗性试验

📍 任务情景

某施工企业需要进行水泥混凝土抗渗性试验检测。作为一名检测人员，在进行试验检测之前，需要掌握哪些关于此项检测试验的要求？需要查阅哪些相关技术规范及其他相关资料？具体的检测方法及步骤是什么？如何科学地分析检测结果？

📖 任务目标

1. 了解水泥混凝土抗渗性试验的基本原理；
2. 熟悉逐级加压法的适用条件；
3. 了解逐级加压法检测相关的技术规范；
4. 了解水泥混凝土抗渗等级检测的原理；
5. 掌握逐级加压法检测仪器的性能及使用方法；
6. 掌握逐级加压法数据处理方法；
7. 能够用定量的方法，科学地评定水泥混凝土的质量。

⚙ 任务要求

认真阅读《公路工程水泥及水泥混凝土试验规程》(JTG 3420—2020)等相关技术规范。学会用逐级加压法测定水泥混凝土抗渗等级。

1. 熟练填写水泥混凝土抗渗性试验检测委托单；
2. 熟练填写水泥混凝土抗渗性试验检测原始记录；
3. 熟练出具水泥混凝土抗渗性试验报告，并对水泥混凝土抗渗等级进行评价；
4. 养成互相帮助、互相讨论、共同进步的团队意识；
5. 培养吃苦耐劳的工匠精神；
6. 培育诚实、守信、科学、公正的职业素养；
7. 培养自主探究学习能力、信息素养及专业精神。

⚙ 任务思考

1. 水泥混凝土抗渗性试验的目的是什么？
2. 本试验中用到的主要试验仪器设备有哪些？
3. 水泥混凝土抗渗性试验的试验步骤是什么？
4. 怎样由试验数据得出水泥混凝土抗渗等级？

⚙ 任务实施

本任务介绍了逐级加压法测定水泥混凝土抗渗性的试验方法。

逐级加压法适用于测定水泥混凝土硬化后的防水性能及其抗渗等级。

本任务引用标准:《混凝土抗渗仪》(JG/T 249—2009)、《公路工程水泥及水泥混凝土试验规程》(JTG 3420—2020)中《水泥混凝土试件制作与硬化水泥混凝土现场取样方法》(T 0551—2020)。

混凝土抗渗性
试验方法

一、仪器设备

(1)混凝土渗透仪。仪器应符合《混凝土抗渗仪》(JG/T 249—2009)的规定,应能使水压按规定稳定地作用在试件上。常用的有TH4-HP-4.0型自动调压混凝土抗渗仪、HS-4型混凝土抗渗仪、ZKS微机控制高精度抗渗仪、HS-40型混凝土抗渗仪(图1-4)等。

抗渗仪施加水压力范围为 0.1～2 MPa。

(2)成型试模。上口直径为 175 mm,下口直径为 185 mm,高为 150 mm 或上、下直径与高度均为 150 mm。

(3)螺旋加压器、烘箱、电炉、浅盘、铁锅、钢丝刷等。

(4)密封材料。如石蜡,内掺约 2%的松香。

图 1-4 HS-40 型混凝土抗渗仪

二、试件制备

(1)试件每组 6 个,试件制作时,混凝土拌合物应分两层装入试模内,每层的装料厚度大致相等,如采用人工插捣成型时,插捣应按螺旋方向从边缘向中心均匀进行。在插捣底层混凝土时,捣棒应达到试模底部,插捣上层时,捣棒应贯穿上层后插入下层20～30 mm。插捣时捣棒应保持垂直不得倾斜,然后应用抹刀沿试模内壁插拔数次。每层插捣次数不得少于 29 次,插捣后应用橡皮锤轻轻敲击试模四周直至插捣棒留下的空洞消失为止。

根据《公路隧道施工技术规范》(JTG/T 3660—2020),对于采用防水混凝土的衬砌,每200 m 需要做一组(6 个)抗渗试件。

(2)试件形状为圆台体:上底直径为 175 mm,下底直径为 185 mm,高为 150 mm。

(3)试件成型后 24 h 拆模,用钢丝刷刷净两端面水泥浆膜,标准养护龄期为 28 d。

三、试验步骤

(1)密封与安装。试件到期前一天,将试件从养护室取出,擦干表面,用钢丝刷刷净两端面。待表面干燥后，在试件侧面滚涂一层熔化的内加少量松香的石蜡，然后用螺旋加压器将试件压入经过烘箱或电炉预热过的试模中，使试件和试模底平齐，待试模变冷后解除压力。试模的预热温度，应以石蜡接触试模，即缓慢熔化但不流淌为准。

试件密封也可以采用其他更可靠的密封方式。

(2)试验。水压从 0.1 MPa 开始，每隔 8 h 增加水压 0.1 MPa，并随时注意观察试件端面渗水情况。当 6 个试件中有 3 个试件表面发现渗水，记下此时的水压压力，即可停止试验。

当加压至设计抗渗等级规定压力，经 8 h 后第三个试件仍不渗水，表明混凝土已满足设计要求，也可停止试验。

如在试验过程中，水从试件周边渗出，则说明密封性不好，应重新密封。

四、结果处理

混凝土的抗渗等级以每组 6 个试件中 4 个未发现有渗水现象时的最大水压力表示。

抗渗等级按式(1-7)计算：

$$P = 10H - 1 \qquad (1-7)$$

式中 P——混凝土抗渗等级；

H——6 个试件中第 3 个试件渗水时的水压力(MPa)。

混凝土抗渗等级分为 P2、P4、P6、P8、P10、P12，若压力加至 1.2 MPa，经过 8 h，第 3 个试件仍未渗水，则停止试验，试件的抗渗等级以 P12 表示。

五、记录表格

将试验数据记录表 1-8 中。

表 1-8　水泥混凝土抗渗性试验检测记录表

检测单位名称：　　　　　　　　　　　　　　　　　　　　　　　　　记录编号：

工程名称							
工程部位/用途							
样品信息							
试验检测日期				试验条件		温度：℃ 相对湿度：%	
检测依据				判定依据			
主要仪器设备名称及编号							
混凝土种类				养护条件			
抗渗等级				强度等级			
成型日期				龄期/d			
试验时间		水压/MPa	试验情况					
日期	时间		1	2	3	4	5	6
		0.1	＞无渗水 ＞渗水	＞无渗水 ＞渗水	＞无渗水 ＞渗水	＞无渗水 ＞渗水	＞无渗水 ＞渗水	＞无渗水 ＞渗水

续表

试验时间		水压/MPa	试验情况					
日期	时间		1	2	3	4	5	6
		0.2	>无渗水 >渗水	>无渗水 >渗水	>无渗水 >渗水	>无渗水 >渗水	>无渗水 >渗水	>无渗水 >渗水
		0.3	>无渗水 >渗水	>无渗水 >渗水	>无渗水 >渗水	>无渗水 >渗水	>无渗水 >渗水	>无渗水 >渗水
		0.4	>无渗水 >渗水	>无渗水 >渗水	>无渗水 >渗水	>无渗水 >渗水	>无渗水 >渗水	>无渗水 >渗水
		0.5	>无渗水 >渗水	>无渗水 >渗水	>无渗水 >渗水	>无渗水 >渗水	>无渗水 >渗水	>无渗水 >渗水
		0.6	>无渗水 >渗水	>无渗水 >渗水	>无渗水 >渗水	>无渗水 >渗水	>无渗水 >渗水	>无渗水 >渗水
		0.7	>无渗水 >渗水	>无渗水 >渗水	>无渗水 >渗水	>无渗水 >渗水	>无渗水 >渗水	>无渗水 >渗水
		0.8	>无渗水 >渗水	>无渗水 >渗水	>无渗水 >渗水	>无渗水 >渗水	>无渗水 >渗水	>无渗水 >渗水
		0.9	>无渗水 >渗水	>无渗水 >渗水	>无渗水 >渗水	>无渗水 >渗水	>无渗水 >渗水	>无渗水 >渗水
		1.0	>无渗水 >渗水	>无渗水 >渗水	>无渗水 >渗水	>无渗水 >渗水	>无渗水 >渗水	>无渗水 >渗水
		1.1	>无渗水 >渗水	>无渗水 >渗水	>无渗水 >渗水	>无渗水 >渗水	>无渗水 >渗水	>无渗水 >渗水
		1.2	>无渗水 >渗水	>无渗水 >渗水	>无渗水 >渗水	>无渗水 >渗水	>无渗水 >渗水	>无渗水 >渗水
检测停止时的水压/MPa		检测停止时渗水试件的个数：量/个		实测抗渗等级				

检测：　　　记录：　　　复核：　　　　　　　　　　　　日期：　　年　　月　　日

任务5　热轧带肋钢筋屈服强度试验

任务情景

某施工企业需要进行热轧带肋钢筋屈服强度试验检测。作为一名检测人员，在进行试验检测之前，需要掌握哪些关于此项检测试验的要求？需要查阅哪些相关技术规范及其他相关资料？具体的检测方法及步骤是什么？如何科学地分析检测结果？

任务目标

1. 了解热轧带肋钢筋屈服强度试验的基本原理；
2. 熟悉热轧带肋钢筋屈服强度试验的适用条件；
3. 了解热轧带肋钢筋屈服强度试验的检测相关的技术规范；
4. 了解热轧带肋钢筋屈服强度的检测原理；
5. 掌握热轧带肋钢筋屈服强度试验检测仪器的性能及使用方法；
6. 掌握热轧带肋钢筋屈服强度试验数据处理方法；
7. 能够运用定量的方法，科学地评定热轧带肋钢筋的质量。

任务要求

认真阅读《钢筋混凝土用钢材试验方法》(GB/T 28900—2022)、《钢筋混凝土用钢 第2部分：热轧带肋钢筋》(GB/T 1499.2—2018)等相关技术规范。学会用热轧带肋钢筋屈服强度试验法测定热轧带肋钢筋屈服强度。

1. 熟练填写热轧带肋钢筋屈服强度试验检测委托单；
2. 熟练填写热轧带肋钢筋屈服强度试验检测原始记录；
3. 熟练出具热轧带肋钢筋屈服强度试验报告，并对热轧带肋钢筋屈服强度进行评价；
4. 养成互相帮助、互相讨论、共同进步的团队意识；
5. 培养吃苦耐劳的工匠精神；
6. 培育诚实、守信、科学、公正的职业素养；
7. 培养自主探究学习能力、信息素养及专业精神。

任务思考

1. 热轧带肋钢筋屈服强度试验的目的是什么？
2. 本试验中用到的主要试验仪器设备有哪些？
3. 热轧带肋钢筋屈服强度试验的试验步骤是什么？
4. 怎样由试验数据得出热轧带肋钢筋屈服强度？

任务实施

钢材的屈服强度、抗拉强度和伸长率等性能都可以通过拉伸试验获得，拉伸试验应该按照国家标准《金属材料 拉伸试验 第1部分：室温试验方法》(GB/T 228.1—2021)进行。

钢材拉伸试验的试样制备应符合《钢及钢产品 力学性能试验取样位置及试样制备》(GB/T 2975—2018)、《金属材料 拉伸试验 第1部分：室温试验方法》(GB/T 228.1—2010)等相关金属产品标准的有关规定。

拉伸试验一般在室温 10～35 ℃进行。对温度要求严格的试验，试验温度应为 23 ℃±5 ℃。

拉伸试验的试验速率可以根据要求、条件等，选择采用应变速率控制(方法 A)或应力速率控制(方法 B)。应变速率控制可以使用引伸计测量试样的应变来达到，也可以通过控制试验机横梁位移速率来达到。应力速率控制是用拉伸力除以试样的原始截面面积得到应力，通过控制拉伸力的速率来达到控制应力速率。

一、仪器设备

热轧带肋钢筋屈服强度试验需要用到的仪器设备如下：

(1)静力单轴试验机。拉伸试验的试验机应按照《金属材料 静力单轴试验机的检验与校准 第 1 部分：拉力和(或)压力试验机 测力系统的检验与校准》(GB/T 16825.1—2022)进行校准，并应为 1 级或优于 1 级。

(2)引伸计。引伸计的准确度级别应符合《金属材料 单轴试验用引伸计系统的标定》(GB/T 12160—2019)的要求，测定上屈服强度、下屈服强度、屈服点延伸率、规定塑性延伸强度、规定总延伸强度、规定残余延伸强度，以及规定残余延伸强度的验证试验，应使用不低于 1 级准确度的引伸计；测定其他具有较大延伸率的性能，如抗拉强度、最大力总延伸率和最大力塑性延伸率、断裂伸长率及断后伸长率，应使用不低于 2 级准确度的引伸计。

(3)游标卡尺等。

二、试件制备

试样的一般规定如下：

(1)除非另有协议，试样应从符合交货状态的钢筋产品上制取。

(2)对于从盘卷上制取的试样，在任何试验前应进行简单的弯曲矫直，并确保最小的塑性变形[注：对于拉伸试验和弯曲试验，试样必须是平直的，为了获得满意的平直度，建议对试样进行手工矫直或机械矫直，试样的矫直方式(手工、机械)应记录在试验报告中。]

(3)测定拉伸试验和疲劳试验的性能指标时，可根据需要对试样进行人工时效(对于需要矫直的试样应在矫直后进行人工时效)，当产品标准没有规定人工时效工艺时，可采用如下工艺条件：加热试样到 100 ℃，在 100 ℃±10 ℃下保温 60～75 min，然后在静止的空气中自然冷却到室温。

当对试样进行人工时效时，时效的工艺条件应记录在试验报告中。

(4)试样的平行长度应该足够长，以满足对伸长率测定的要求

(5)当测定断后伸长率(A)时，试样应根据《金属材料拉伸试验 第 1 部分：室温试验方法》(GB/T 228.1—2010)的规定来标记原始标距 L_0。

(6)当通过手工方法测定最大力 F_m 总延伸率(A_{gt})时，等分格标记应标在试样的平行长度上，根据钢筋产品的直径，等分格标记的距离应为 10 mm，根据需要也可采用 5 mm 或 20 mm。

三、试验步骤

1. 屈服强度

采用方法 A 控制试验速率，应变速率可以取 0.000 25 s^{-1}，相对误差为±20%。

采用方法 B 控制试验速率，可按材料弹性模量的大小取相应的应力速率。弹性模量 $E<1.5×10^5$ MPa 时，应力速率不大于 20 MPa·s^{-1}；弹性模量 $E\geqslant1.5×10^5$ MPa 时，应力速率不大于 60 MPa·s^{-1}。

对于有明显屈服现象的钢材，可以采用下列的图解法和指针法测定其上屈服强度和下屈服强度：

(1)图解法。试验时记录力-延伸曲线或力-位移曲线(图1-5)，从曲线图读取首次下降前的最大力和不计初始瞬时效应时屈服阶段中的最小力或屈服平台的恒定力，将其分别除以试样原始横截面面积得到上屈服强度 R_{eH} 和下屈服强度 R_{eL}。

(2)指针法。试验时，读取测力度盘指针首次回转前指示的最大力和不计初始瞬时效应时屈服阶段中指示的最小力

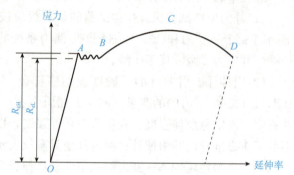

图 1-5 图解法测定屈服强度

或首次停止转动指示的恒定力，将其分别除以试样原始横截面面积得到上屈服强度和下屈服强度。

2. 抗拉强度

采用方法 A 控制试验速率，应变速率可以取 0.006 7 s^{-1}，相对误差为±20%（0.4 min^{-1}，相对误差为±20%）。

采用方法 B 控制试验速率，在测定屈服强度或塑性延伸强度后，试验速率可以用不大于 0.008 s^{-1} 的应变速率；如果仅仅需要测定抗拉强度，则在整个试验过程中取不超过 0.008 s^{-1} 的单一试验速率。

也可以采用下列的图解法、指针法或自动装置测定试样的抗拉强度：

(1)图解法。从试验记录的力-延伸曲线或力-位移曲线(图1-5)上，读取最大力，将最大力除以试样原始横截面面积得到抗拉强度。

(2)指针法。从测力度盘读取试验过程中的最大力，将最大力除以试样原始横截面面积得到抗拉强度。

(3)自动装置。使用自动装置或自动测试系统等测定抗拉强度。

3. 规定塑性延伸强度

采用方法 A 控制试验速率，用引伸计测量应变时，应变速率可以取 0.0002 5 s^{-1}，相对误差为±20%，也可以换算成横梁位移速率。

采用方法 B 控制试验速率，在弹性范围可按材料弹性模量的大小取相应的应力速率，

弹性模量 $E < 1.5 \times 10^5$ MPa 时，应力速率取 $2 \sim 20$ MPa·s^{-1}；弹性模量 $E \geqslant 1.5 \times 10^5$ MPa 时，应力速率取 $6 \sim 60$ MPa·s^{-1}。在塑性范围内，改为按应变速率控制，应变速率应不超过 0.0025 s^{-1}。

在试验得到的应力-延伸率曲线图(图1-5)上，画一条与曲线的弹性直线段部分平行，且在延伸轴上与此直线段的距离等效于规定塑性延伸率，如 0.2% 的直线。此平行线与曲线的交截点给出相应于所求规定塑性延伸强度的力。将此力除以试样原始横截面面积得到规定塑性延伸强度。

如果力-延伸曲线图的弹性直线部分不能明确地确定，以致不能以足够的准确度画出这一平行线，建议用另一种方法(图1-6)。

图1-6中，e 为延伸率，e_p 为规定的塑性延伸率，R 为应力，R_p 为规定塑性延伸强度。试验中，加载超过预期的规定塑性延伸强度后，将力降至约为力的 10%；然后加载直至超过原已达到的力，可以得到一个力-延伸的滞后环。过滞后环的两端点画一条直线，然后作一条与此平行并经过横轴的平行线，其与横轴的交点到曲线原点的距离等效于所规定的塑性延伸率。该平行线与曲线的交截点给出相应于规定塑性延伸强度的力，此力除以试样原始横截面面积得到规定塑性延伸强度。

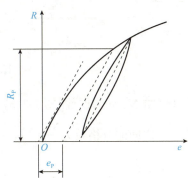

图 1-6　测定规定塑性延伸强度

可以按以下方法修正曲线的原点：作一条平行于滞回环所确定直线的平行线，并使其与力-延伸曲线相切，此平行线与延伸轴的交点即为曲线的修正原点(图1-6)。

4. 断后伸长率

采用方法 A 控制试验速率，应变速率可以取 0.0067 s^{-1}，相对误差为 $\pm 20\%$（0.4 min^{-1}，相对误差为 $\pm 20\%$）。

采用方法 B 控制试验速率，在测定屈服强度或塑性延伸强度后，试验速率可以用不大于 0.008 s^{-1} 的应变速率。

试样被拉伸断裂后，应将其断裂的部分仔细地配接在一起使其轴线处于同一直线上，并采取特别措施确保试样断裂部分适当接触后测量试样断后标距。按前面的定义计算断后伸长率，即断后标距减去原始标距，然后除以原始标距。

应使用分辨率优于 0.1 mm 的量具或测量装置测定断后标距，精确到 ± 0.25 mm；如规定的最小断后伸长率小于 5%，宜采用特殊方法进行测定。

原则上只有断裂处与最接近的标距标记的距离不小于原始标距的 $1/3$ 的情况方为有效。但断后伸长率大于或等于规定值时，无论断裂位置处于何处，测量都为有效。

为了避免因断裂发生在离最接近的标距标记的距离小于原始标距的 $1/3$ 而造成试样报废，可以采用移位法测定断后伸长率(图1-7)。

如图1-7所示，试验前将原始标距 L_0 细分为 $5 \sim 10$ mm[注：5 mm 为《金属材料拉伸试验第1部分：室温试验方法》(GB/T 228.1—2021)标准推荐]的 N 等分。试验后，以符号 X

表示断裂后试样短段的标距标记，以符号 Y 表示断裂后试样长段上的某个标记，使此标记 Y 到断裂处的距离最接近于断裂处到标距标记 X 的距离。测得 X 与 Y 之间的分格数为 n，按以下方法测定断后伸长率。

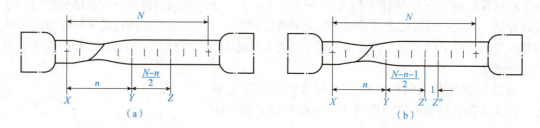

图 1-7　移位法测定断后伸长率

(1)如 $N-n$ 为偶数[图 1-7(a)]，测量 X 与 Y 之间的距离 YX 和 Y 与 Z 之间的距离 YZ $\left(Y\text{ 与 }Z\text{ 之间的分格数为 }\dfrac{N-n}{2}\right)$，按式(1-8)计算断后伸长率：

$$A=\frac{XY+2\times YZ-L_0}{L_0}\times 100\%\tag{1-8}$$

(2)如 $N-n$ 为奇数[图 1-7(b)]，测量 X 与 Y 之间的距离 XY 和 Y 与 Z' 之间的距离 YZ' $\left(Y\text{ 与 }Z'\text{ 之间的分格数为 }\dfrac{N-n-1}{2}\right)$ 和 Y 与 Z'' 之间的距离 YZ'' $\left(Y\text{ 与 }Z''\text{ 之间的分格数为 }\right.$ $\left.\dfrac{N-n+1}{2}\right)$，按式(1-9)计算断后伸长率：

$$A=\frac{XY+YZ'+YZ''-L_0}{L_0}\times 100\%\tag{1-9}$$

5. 最大力总延伸率

采用方法 A 控制试验速率，应变速率可以取 0.006 7 s^{-1}，相对误差为 ±20%（0.4 min^{-1}，相对误差为±20%）。

采用方法 B 控制试验速率，在测定屈服强度或塑性延伸强度后，试验速率可以用不大于 0.008 s^{-1} 的应变速率。

拉伸试验中，用引伸计得到力-延伸曲线图上测定最大力时的总延伸，该总延伸除以引伸计标距，得到最大力总延伸率。

如有些钢材在最大力时曲线呈现一平台，则取曲线平台中点的最大力对应的总延伸，用该总延伸除以引伸计标距。

四、结果处理

钢筋做拉伸试验的两根试样中，如其中一根的试样的屈服点、抗拉试验、伸长率 3 个指标中有一个指标不符合要求，即拉力试验不合格，应再取双倍数量的试样重新测定。如果仍有不合格的指标，即此批钢筋为不合格。

五、记录表格

将试验数据记录表 1-9 中。

表 1-9　钢筋力学性能试验检测记录表

记录编号：

工程名称						工程部件/用途							
样品信息													
试验检测日期						试验条件		温度：℃，相对湿度：%					
检测依据						判定依据							
主要仪器设备名称及编号													

试样编号	试件编号	牌号	试件尺寸			屈服强度		规定非比例延伸强度			抗拉强度		实测抗拉强度与实测屈服强度比	实测屈服强度与屈服强度特征值之比	断后伸长率	
			公称直径/mm	公称截面面积/mm²	原始标距/mm	屈服荷载/kN	屈服强度/MPa	引伸计标距百分率/%	规定非比例延伸力/kN	规定非比例延伸强度/MPa	极限荷载/kN	抗拉强度/MPa			断后标距/mm	断后伸长率/%

附加声明	

检测：　　　记录：　　复核：　　　　　　　　　　　　日期：　　年　　月　　日

任务 6　热轧带肋钢筋弯曲性能试验

⊕ 任务情景

　　某施工企业需要进行热轧带肋钢筋弯曲性能试验检测。作为一名检测人员，在进行试验检测之前，需要掌握哪些关于此项检测试验的要求？需要查阅哪些相关技术规范及其他相关资料？具体的检测方法及步骤是什么？如何科学地分析检测结果？

📖 任务目标

1. 了解热轧带肋钢筋弯曲性能试验的基本原理；
2. 熟悉热轧带肋钢筋弯曲性能试验的适用条件；
3. 了解热轧带肋钢筋弯曲性能试验检测相关的技术规范；
4. 了解热轧带肋钢筋弯曲性能试验的检测原理；
5. 掌握热轧带肋钢筋弯曲性能试验检测仪器的性能及使用方法；
6. 掌握热轧带肋钢筋弯曲性能试验的数据处理方法；
7. 能够运用定量的方法，科学地评定热轧带肋钢筋的质量。

⚙ 任务要求

认真阅读相关技术规范《金属材料　弯曲试验方法》(GB/T 232—2010)。

1. 熟练填写热轧带肋钢筋弯曲性能试验检测委托单；
2. 熟练填写热轧带肋钢筋弯曲性能试验检测原始记录；
3. 熟练出具热轧带肋钢筋弯曲性能试验报告，并对热轧带肋钢筋弯曲性能进行评价；
4. 养成互相帮助、互相讨论、共同进步的团队意识；
5. 培养吃苦耐劳的工匠精神；
6. 培育诚实、守信、科学、公正的职业素养；
7. 培养自主探究学习能力、信息素养及专业精神。

⚙ 任务思考

1. 热轧带肋钢筋弯曲性能试验的目的是什么？
2. 本试验中用到的主要试验仪器设备有哪些？
3. 热轧带肋钢筋弯曲性能试验的试验步骤是什么？
4. 怎样由试验数据得出热轧带肋钢筋弯曲性能？

⚙ 任务实施

钢材原材料
试验检测

一、仪器设备

一般要求弯曲试验应在配备下列弯曲装置之一的试验机或压力机上完成：

(1)支辊式弯曲装置。支辊长度和弯曲压头的宽度应大于试样宽度或直径。弯曲压头的直径由产品标准规定。支辊和弯曲压头应具有足够的硬度。除非另有规定，支辊之间距离应按照式(1-10)确定，此距离在试验期间应保持不变。

$$l = (D + 3a) \pm \frac{a}{2} \tag{1-10}$$

式中　l——支辊之间距离(mm)；

　　　D——弯曲压头直径(mm)；

a——试样厚度或直径(或多边形横截面内切圆直径)(mm)。

注：此距离在试验前期保持不变，对于180°弯曲试样此距离会发生变化。

(2)V型模具式弯曲装置。模具的V形槽其角度应为(180°－a)，弯曲角度a应在相关产品标准中规定。

模具的支承棱边应倒圆，其倒圆半径应为(1～10)倍试样厚度。模具和弯曲压头宽度应大于试样宽度或直径并应具有足够的硬度。

(3)虎钳式弯曲装置。装置由虎钳及有足够硬度的弯曲压头组成，可以配置加力杠杆。弯曲压头直径应按照相关产品标准要求，弯曲压头宽度应大于试样宽度或直径。由于虎钳左端面的位置会影响测试结果。因此，虎钳的左端面不能达到或者超过弯曲压头中心垂线。

(4)符合弯曲试验原理的其他弯曲装置(如翻板式弯曲装置等)也可使用。

二、试件制备

试样的一般规定同钢筋弯曲性能试验。

三、试验步骤

(1)弯曲步骤应在10 ℃±35 ℃的温度下进行，试样应在弯芯上弯曲。

(2)弯曲角度(y)和弯芯直径(D)应符合相关产品标准的规定。

(3)应目视仔细检查试样裂纹和裂缝。

四、结果处理

(1)应按照相关产品标准的要求评定弯曲试验结果。如未规定具体要求，弯曲试验后不使用放大仪器观察，试样弯曲外表面无可见裂纹应评定为合格。

(2)以相关产品标准规定的弯曲角度作为最小值；若规定弯曲压头直径，以规定的弯曲压头直径作为最大值。

五、记录表格

将试验数据记录表1-10中。

表 1-10　钢筋力学性能试验检测记录表

检测单位名称：

工程名称		工程部件/用途	
样品信息			
试验检测日期		试验条件	温度：℃，相对湿度：%
检测依据		判定依据	
主要仪器设备名称及编号			

续表

试样编号	牌号	公称直径/mm	试样编号	弯曲性能			试件编号	反向弯曲								试件编号	反复弯曲		
				弯曲角度/°	弯曲压头直径/mm	试验结果		弯曲压头直径/mm	正向弯曲角度/°	正向弯曲试件检查	人工时效			反向弯曲角度/°	试验结果		弯曲半径/mm	弯曲次数/次	试验结果
											设定温度/℃	开始时刻	结束时刻						

附加声明：

检测：　　　　记录：　　　复核：　　　　　　　　　　　　　　　　日期：　　年　　月　　日

任务 7　预应力混凝土用钢绞线松弛率试验

任务情景

　　某施工企业需要进行预应力混凝土用钢绞线松弛率试验检测。作为一名检测人员，在进行试验检测之前，需要掌握哪些关于此项检测试验的要求？需要查阅哪些相关技术规范及相关资料？具体的检测方法及步骤是什么？如何科学地分析检测结果？

任务目标

　　1. 了解预应力混凝土用钢绞线松弛率试验的基本原理；
　　2. 熟悉预应力混凝土用钢绞线松弛率试验的适用条件；
　　3. 了解预应力混凝土用钢绞线松弛率试验检测相关的技术规范；
　　4. 了解预应力混凝土用钢绞线松弛率试验的检测原理；
　　5. 掌握预应力混凝土用钢绞线松弛率试验检测仪器的性能及使用方法；
　　6. 掌握预应力混凝土用钢绞线松弛率试验的数据处理方法；
　　7. 能够运用定量的方法，科学地评定预应力混凝土用钢绞线的质量。

任务要求

　　认真阅读《预应力混凝土用钢绞线》(GB/T 5224—2014)、《金属材料　拉伸应力松弛试验方法》(GB/T 10120—2013)等相关技术规范。

1. 熟练填写预应力混凝土用钢绞线松弛率试验检测委托单；
2. 熟练填写预应力混凝土用钢绞线松弛率试验检测原始记录；
3. 熟练出具预应力混凝土用钢绞线松弛率试验报告，并对预应力混凝土用钢绞线松弛率进行评价；
4. 养成互相帮助、互相讨论、共同进步的团队意识；
5. 培养吃苦耐劳的工匠精神；
6. 培育诚实、守信、科学、公正的职业素养；
7. 培养自主探究学习能力、信息素养及专业精神。

任务思考

1. 预应力混凝土用钢绞线松弛率试验的目的是什么？
2. 本试验中用到的主要试验仪器设备有哪些？
3. 预应力混凝土用钢绞线松弛率试的试验步骤是什么？
4. 怎样由试验数据得出预应力混凝土用钢绞线松弛率？

任务实施

应力松弛是钢材在规定的温度和规定约束条件下，应力随时间而减少的现象。松弛率为松弛应力与初始应力之比，用松弛率评价钢材的应力松弛性能。由于应力松弛通常会造成不利的后果，特别是在预应力混凝土结构中预应力钢筋或钢绞线等受到很大的拉应力作用，应力松弛造成预应力损失，影响结构性能。

应力松弛性能要求钢材特别是预应力混凝土用钢材的松弛率不得大于规定值。

等温应力松弛试验是在给定温度(除另有其他规定，通常为 20 ℃)下，将试样保持一定长度 $L_0 + \Delta L_0$，从初始力 F_0 开始，测定试样上力的变化。

在给定时间内，力的损失表示为初始力的百分比。

一、仪器设备

(1)机架：机架的任何形变都应处于不影响试验结果的极限之内。

(2)测力装置。测力装置的要求如下：

①可以使用同轴测力传感器或其他合适的装置，如杠杆式加载系统。

②测力传感器应按照《金属材料 静力单轴试验机的检验与校准 第1部分：拉力和(或)压力试验机 测力系统的检验与校准》(GB/T 16825.1—2022)校准，其精度在不大于 1 000 kN 时为±1%，在大于 1 000 kN 时为±2%。任何其他合适的装置应具有与上述测力传感器规定相同的精度。

③力的测量装置的输出分辨率应不小于 $5 \times 10^{-4} F_0$。

(3)长度的测量装置(引伸计)：标距 L_0 不小于 200 mm，尤其对钢绞线，当测量钢绞线中同一根钢丝的实际长度 $L_0 + \Delta L_0$ 时，其标距宜为 1 000 mm 或为钢绞线捻距的整数倍。引伸计准确度应为Ⅰ级。

(4)夹持装置：夹持装置应保证试样在试验期间不产生滑动和转动。

(5)加载装置：加载装置应对试样平稳加载而不能有振荡。在试验过程中，随着试样上力的减少，加载装置应保证试样的长度 $L_0 + \Delta L_0$ 在规定的范围内。

二、试件制备

(1)除非另有其他协议或产品标准规定，试样一般在成品包装前在成品中截取。

(2)当样品是包装产品时（如成卷或成捆），截取试样应防止试样因发生塑性变形而可能改变其性能。必要时，可对本标准相关条款中试样的要求进行具体补充。

三、试验步骤

(1)在整个试验过程中，力的施加应平稳，无振荡。

(2)前 $20\%F_0$ 可按需要加载。从 $20\%F_0 \sim 80\%F_0$ 应连续加载或分为 3 个或多个均匀阶段，或以均匀的速率加载，并在 6 min 内完成。当达到 $80\%F_0$ 后，应连续加载，并在 2 min 内完成。

注：F_0 加载速率为 $(200\pm50)\text{MPa} \cdot \text{min}^{-1}$。

(3)当达到初始荷载 F_0 时，力值应在 2 min 内保持恒定，2 min 后，应立即建立并记录 t。其后对力的任何调整只能用于保证 $L_0 + \Delta L_0$ 恒定。

四、结果处理

(1)试验开始后，按照表 1-11 给出的标准时间间隔连续记录或测量力的损失，然后至少每周测量或记录一次。

表 1-11　松弛率标准时间

分/min	1	2	4	8	15	30	60
小时/h	2	4	6	24	48	96	120

(2)试验时间。

①试验的时间应不少于 120 h。

注：通常试验时间为 120 h 或 1 000 h。

②1 000 h（大于 1 000 h）的应力松弛值可以用不少于 120 h 的松弛试验值进行外推，但应提供充分证据证明外推 1 000 h（大于 1 000 h）的松弛值与实测 1 000 h（大于 1 000 h）的松弛值相当，在这种情况下，试验报告中应注明外推方法。

目前的外推方法按照式(1-11)：

$$\lg\rho = m\lg t + n \tag{1-11}$$

式中　ρ——松弛率(%)；

　　　t——时间(h)；

　　　m 和 n——系数。

项目二

工程制品试验检测

鸭池河大桥位于我国江苏省镇江市，是南京至扬州高速公路的重要组成部分，也是连接京杭运河与扬子江的重要桥梁之一。鸭池河大桥长 2 426 m，主跨跨度为 1 280 m，高度为434 m。它是目前世界上跨径最大的钢桁梁斜拉桥。

鸭池河大桥采用了斜拉桥的形式，需要吊装主缆和斜拉索，这是整个工程中最具挑战性的任务之一。在张拉和悬挂斜拉索的过程中，施工人员需要严格控制每根斜拉索的张力和正确的位置，并精细调整斜拉索的起始位置和末端张力。这不仅需要高超的施工技术和经验，同时还需要先进的检测技术实时反馈钢索斜拉索张力。

任务 1　普通板式橡胶支座极限抗压强度试验

🎯 任务情景

某施工企业需要进行普通板式橡胶支座极限抗压强度试验检测。作为一名检测人员，在进行试验检测之前，需要掌握哪些关于此项检测试验的要求？需要查阅哪些相关技术规范及其他相关资料？具体的检测方法及步骤是什么？如何科学地分析检测结果？

💡 任务目标

1. 了解普通板式橡胶支座极限抗压强度试验的基本原理；
2. 熟悉普通板式橡胶支座极限抗压强度试验的适用条件；
3. 了解普通板式橡胶支座极限抗压强度试验检测相关的技术规范；
4. 了解普通板式橡胶支座极限抗压强度的检测原理；
5. 掌握普通板式橡胶支座极限抗压强度试验检测仪器的性能及使用方法；
6. 掌握普通板式橡胶支座极限抗压强度试验的数据处理方法；
7. 能够运用定量的方法，科学地评定普通板式橡胶支座的质量。

任务要求

认真阅读《公路桥梁板式橡胶支座》(JT/T 4—2019)相关技术规范。学会用普通板式橡胶支座极限抗压强度试验测定橡胶支座性能。

1. 熟练填写普通板式橡胶支座极限抗压强度试验的试验检测委托单；
2. 熟练填写普通板式橡胶支座极限抗压强度试验的试验检测原始记录；
3. 熟练出具普通板式橡胶支座极限抗压强度试验报告，并对普通板式橡胶支座的承载情况进行评价；
4. 养成互相帮助、互相讨论、共同进步的团队意识；
5. 培养吃苦耐劳的工匠精神；
6. 培育诚实、守信、科学、公正的职业素养；
7. 培养自主探究学习能力、信息素养及专业精神。

任务思考

1. 普通板式橡胶支座极限抗压强度试验的目的是什么？
2. 本试验中用到的主要试验仪器设备有哪些？
3. 普通板式橡胶支座极限抗压强度试验的试验步骤是什么？
4. 怎样由试验数据得出普通板式橡胶支座极限抗压强度？

任务实施

板式橡胶支座产品标记由名称代号、型式代号、外形尺寸及橡胶种类四部分组成。

示例 1：公路桥梁矩形普通氯丁橡胶支座，短边尺寸为 300 mm，长边尺寸为 400 mm，厚度为 47 mm，标记为 GJZ 300×400×47(CR)。

示例 2：公路桥梁圆形四氟滑板天然橡胶支座，直径为 300 mm，厚度为 54 mm，支座标记为 GYZF4 300×54(NR)。

示例 3：采用氯丁橡胶制成的普通板式橡胶支座：短边尺寸为 150 mm，长边尺寸为 200 mm，厚度为 30 mm，支座标记为 JBZ 150×200×30(CR)。

示例 4：采用天然橡胶制成的四氟滑板式橡胶支座：直径为 300 mm，厚度为 54 mm，支座标记为 YBZF4 300×54(NR)。

一、仪器设备

(1)压力试验机的示值相对误差最大允许值为±1.0%，并应具有正确的加载中心。加载时应平稳无振动。压力机的使用负荷可在其满负荷的 0.4%~90%。

(2)试验中使用的测量仪表应定期检定。

(3)试验中使用的带有测力装置的千斤顶，其千斤顶和测力计的使用负荷可在其满量程的 1%~90%。

二、试件制备

试样在标准温度为 23 ℃±5 ℃的实验室内停放 24 h，并在该标准温度内进行试验。

三、试验步骤

极限抗压强度试验计算承载力 R 时，按支座有效承压面积(钢板面积)A_0 计算。

(1)将试样放置在压力机的承载板上，并对准中心位置。

(2)以 0.1 MPa/s 的速率连续地加载，至试样极限抗压强度 R_{11} 不小于 70 MPa 为止。

(3)试验过程中随时观察试样受力状态及变化情况，试样是否完好无损。

四、记录表格

将试验数据记录表 2-1 中。

表 2-1　橡胶支座极限抗压强度试验检测记录表

记录编号：

工程部位/用途		委托/任务编号	
试验依据		样品编号	
样品名称		样品描述	
试验条件		试验日期	
主要仪器设备及编号			
中间层橡胶片厚度/mm		单层钢板厚度/mm	
钢板尺寸/mm		形状系数	
试样编号	平均压应力/MPa	极限抗压强度/MPa	试验后试样情况

备注：

检测：　　记录：　　复核：　　　　　　　　　　　　　　　　日期：　　年　　月　　日

任务 2　普通板式橡胶支座抗压弹性模量试验

任务情景

某施工企业需要进行普通板式橡胶支座抗压弹性模量试验检测。作为一名检测人员，在进行试验检测之前，需要掌握哪些关于此项检测试验的要求？需要查阅哪些相关技术规范及相关资料？具体的检测方法及步骤是什么？如何科学地分析检测结果？

任务目标

1. 了解普通板式橡胶支座抗压弹性模量试验的基本原理；
2. 熟悉普通板式橡胶支座抗压弹性模量试验的适用条件；
3. 了解普通板式橡胶支座抗压弹性模量试验的检测相关的技术规范；
4. 了解普通板式橡胶支座抗压弹性模量检测的原理；
5. 掌握普通板式橡胶支座抗压弹性模量试验的检测仪器的性能及使用方法；
6. 掌握普通板式橡胶支座抗压弹性模量试验的数据处理方法；
7. 能够用定量的方法，科学地评定普通板式橡胶的质量。

任务要求

认真阅读《公路桥梁板式橡胶支座》(JT/T 4—2019)相关技术规范。学会用普通板式橡胶支座抗压弹性模量试验法测定普通板式橡胶的极限抗压强度。

1. 熟练填写普通板式橡胶支座抗压弹性模量试验检测委托单；
2. 熟练填写普通板式橡胶支座抗压弹性模量试验检测原始记录；
3. 熟练出具普通板式橡胶支座抗压弹性模量试验报告，并对普通板式橡胶的极限抗压强度进行评价；
4. 养成互相帮助、互相讨论、共同进步的团队意识；
5. 培养吃苦耐劳的工匠精神；
6. 培育诚实、守信、科学、公正的职业素养；
7. 培养自主探究学习能力、信息素养及专业精神。

任务思考

1. 普通板式橡胶支座抗压弹性模量试验的目的是什么？
2. 本试验中用到的主要试验仪器设备有哪些？
3. 普通板式橡胶支座抗压弹性模量试验的试验步骤是什么？
4. 怎样由试验数据得出普通板式橡胶的抗压弹性模量？

桥梁支座试验
检测

任务实施

一、仪器设备

(1)试验机宜具备下列功能：

①微机控制，能自动、平稳连续加载、卸载，且无冲击和颤动现象；

②自动持荷(试验荷载满负荷保持时间不少于 4 h，且试验荷载的示值变动不应大于 0.5%)；

③自动采集数据，自动绘制应力-应变图，自动储存试验原始记录及曲线图，自动打印结果。

(2)试验用承载板应具有足够的刚度，其厚度应大于其平面最大尺寸的 1/2，且不能用分层垫板代替。平面尺寸应大于被测试试样的平面尺寸，在最大荷载下不应发生挠曲。

(3)进行剪切试验时，其剪切试验机的水平油缸、负荷传感器的轴线应和中间钢拉板的对称轴相重合，确保被测试样水平轴向受力。

(4)试验机级别为Ⅰ级，示值相对误差最大允许值为±1.0%，试验机正压力和水平力的使用宜在最大力值 20%～80% 范围内，其示值准确度和相关技术要求应符合《拉力、压力和万能试验机检定规程》(JJG 139—2014)的规定。

(5)测量支座试样变形量的仪表量程应满足测量支座试样变形量的需要，测量转角变形量分度值为 0.001 mm，测量竖向压缩变形量和水平位移变形量为 0.01 mm，其示值误差和相关技术要求应按相关检验规程进行检定。

二、试件制备

1. 试验准备

桥梁支座成品力学性能试验应采用实体支座，当试验设备能力受到限制时，经与用户协商可选用小型支座或特制试样进行试验。

2. 试样停放与试验条件

试样在标准温度为 23 ℃±5 ℃ 的试验室内停放 24 h，并在该标准温度内进行试验。

三、试验步骤

抗压弹性模量试验计算承载力 R 时，按支座有效承压面积(钢板面积)A_0 计算。

(1)试样放置。将试样置于压力机的承载板上，如图 2-1 所示，对准中心，偏差应小于 1% 的试样短边尺寸或直径。缓缓加载至压应力为 1.0 MPa 且稳压后，在承载板四角对称安置 4 只位移传感器(百分表)。

(2)预压。将压应力以 0.03～0.04 MPa/s 速率连续地增至 $\sigma=10$ MPa，持荷 2 min，然后连续均匀地卸载至压应力为 1.0 MPa，持荷 5 min，记录百分表初始值，预压 3 次。

(3)正式加载。每一加载循环自 1.0 MPa 开始，将压应力以 0.03～0.04 MPa/s 速率均匀加载至 4 MPa，持荷 2 min。然后以同样速率每 2 MPa 为一级逐级加载，每级持荷 2 min 至 $\sigma=10$ MPa 为止。

①将压应力由 $\sigma=10$ MPa 连续均匀地卸载至压应力为 1.0 MPa，持荷 10 min。

②正式加载连续进行 3 次。

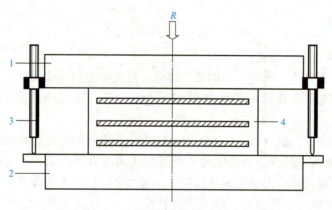

图 2-1　抗压弹性模量试验装置示意

1—上承载板；2—下承载板；3—位移传感器；4—支座试样

四、结果处理

以承载板四角位移传感器所测得的变化值的平均值，作为各级荷载下试样的累计竖向压缩变形 Δc，按试样橡胶层的总厚度 t_e 求出在各级试验荷载作用下，试样的累计压缩应变。

(1)试验结果的计算。

①抗压弹性模量按式(2-1)计算：

$$E_1 = \frac{\sigma_{10} - \sigma_4}{\varepsilon_{10} - \varepsilon_4} \tag{2-1}$$

式中　σ_4、ε_4——第 4 MPa 级试验荷载作用下的压应力和累积压缩应变值；

　　　σ_{10}、ε_{10}——第 10 MPa 级试验荷载作用下的压应力和累积压缩应变值；

　　　E_1——试样实测的抗压弹性模量计算值，精确至 1 MPa。

②每一块试样的抗压弹性模量 E_1 为 3 次加载过程所得的 3 个实测结果的算术平均值。但单项结果和算术平均值之间的偏差应不大于算术平均值的 3%，否则该试样应重新复核试验一次。

五、记录表格

将试验数据记录表 2-2 中。

表 2-2　橡胶支座抗压弹性模量试验检测记录表

实验室名称：　　　　　　　　　　　　　　　　记录编号：

工程部位/用途		委托/任务编号	
试验依据		样品编号	
样品名称		样品描述	
试验条件		试验日期	

续表

主要仪器设备及编号										
橡胶层总序度/mm						试验编号				
						形状系数				
传感器编号		压应力/MPa					实测 ε_i 值/MPa	ε_i 3次平均值/MPa	ε_i 与平均值偏差/%	标准容许值 E/MPa	与标准偏差值/%
		1.0	4.0	6.0	8.0	10.0					
1	N_1										
	N_2										
	N_3										
	N_4										
	A_c										
	ε_i										
2	N_1										
	N_2										
	N_3										
	N_4										
	A_c										
	ε_i										
3	N_1										
	N_2										
	N_3										
	N_4										
	A_c										
	ε_i										
备注：										

检测：　　　记录：　　复核：　　　　　　　　　　　日期：　　年　　月　　日

任务 3　普通板式橡胶支座抗剪弹性模量试验

任务情景

某施工企业需要进行普通板式橡胶支座抗剪弹性模量试验检测。作为一名检测人员，在进行试验检测之前，需要掌握哪些关于此项检测试验的要求？需要查阅哪些相关技术规范及相关资料？具体的检测方法及步骤是什么？如何科学地分析检测结果？

📖 任务目标

1. 了解普通板式橡胶支座抗剪弹性模量试验的基本原理；
2. 熟悉普通板式橡胶支座抗剪弹性模量试验的适用条件；
3. 了解普通板式橡胶支座抗剪弹性模量试验的检测相关的技术规范；
4. 了解普通板式橡胶支座抗剪弹性模量试验的检测原理；
5. 掌握普通板式橡胶支座抗剪弹性模量试验的检测仪器的性能及使用方法；
6. 掌握普通板式橡胶支座抗剪弹性模量试验的数据处理方法；
7. 能够运用定量的方法，科学地评定橡胶支座的质量。

⚙ 任务要求

认真阅读《公路桥梁板式橡胶支座》(JT/T 4—2019)等相关技术规范。学会用普通板式橡胶支座抗剪弹性模量试验测定板式橡胶支座试件性能。

1. 熟练填写普通板式橡胶支座抗剪弹性模量试验的试验检测委托单。
2. 熟练填写普通板式橡胶支座抗剪弹性模量试验的试验检测原始记录。
3. 熟练出具普通板式橡胶支座抗剪弹性模量试验报告，并对橡胶支座承载性能进行评价。
4. 养成互相帮助、互相讨论、共同进步的团队意识。
5. 培养吃苦耐劳的工匠精神。
6. 培育诚实、守信、科学、公正的职业素养。
7. 培养自主探究学习能力、信息素养及专业精神。

⚙ 任务思考

1. 普通板式橡胶支座抗剪弹性模量试验的目的是什么？
2. 本试验中用到的主要试验仪器设备有哪些？
3. 普通板式橡胶支座抗剪弹性模量试验的试验步骤是什么？
4. 怎样由试验数据得出板式橡胶支座试件性能？

⚙ 任务实施

使用普通板式橡胶支座抗剪弹性模量试验计算承载力 R 时，按支座有效承压面积（钢板面积）A_0 计算；计算水平拉力时，按支座平面毛面积（公称面积）A 计算。

一、仪器设备

将试样置于压力机的承载板与中间钢拉板上按双剪组合配置好，对准中心，偏差应小于

1%的试样短边尺寸或直径。当试样为矩形支座，应使支座顺其短边方向受剪，如图 2-2 所示。

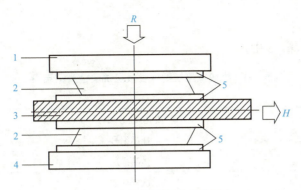

图 2-2　抗剪弹性模量试验示意

1—上承载板；2—板式支座试件；3—中间钢拉板；4—下承载板；5—防滑摩擦板

二、试验步骤

（1）施加竖向荷载。将压应力以 0.03～0.04 MPa/s 的速率连续增至平均压应力 $\sigma=10$ MPa（当支座形状系数小于 7 时为 8 MPa），并在整个抗剪试验过程中保持不变。

（2）调整试验机的剪切试验机构。使水平油缸、负荷传感器的轴线和中间钢拉板的对称轴重合。

（3）预加水平荷载以 0.002～0.003 MPa/s 的速率连续施加水平荷载至剪应力 $\tau=1.0$ MPa，持荷 5 min，然后连续均匀地卸载至剪应力为 0.1 MPa，持荷 5 min，记录初始值。预载 3 次。

（4）正式加载。

①每一加载循环自 $\tau=0.1$ MPa 开始，分级加载至 $\tau=1.0$ MPa 为止；每级加载剪应力增加 0.1 MPa，持荷 1 min。

②连续均匀地将剪应力 $\tau=1.0$ MPa 卸载至剪应力为 0.1 MPa，持荷 10 min。

③正式加载连读进行 3 次。

三、结果处理

将各级水平荷载下位移传感器所测出的试样累积水平剪切变形 Δs，按试样橡胶层的总厚度 t_c，求出在各级试验荷载作用下，试样的累积剪切应变。

（1）抗剪弹性模量按式（2-2）计算：

$$G_1 = \frac{\tau_{1.0} - \tau_{0.3}}{\gamma_{1.0} - \gamma_{0.3}} \qquad (2\text{-}2)$$

式中　$\tau_{1.0}$、$\gamma_{1.0}$——第 1.0 MPa 级试验荷载作用下的剪应力和累积剪切应变值；

$\tau_{0.3}$、$\gamma_{0.3}$——第 0.3 MPa 级试验荷载作用下的剪应力和累积剪切应变值；

G_1——试样的实测抗剪弹性模量计算值（MPa），精确至 1%。

（2）每对检验支座所组成试样的综合抗剪弹性模量 G_1，为该对试样 3 次加载所得到的 3 个结果的算术平均值。但各单项结果与算术平均值之间的偏差应不大于算术平均值的 3%，否则该试样应重新复核试验一次。

四、记录表格

将试验数据记录表 2-3 中。

表 2-3　橡胶支座抗剪弹性模量试验检测记录表

实验室名称：

工程部位/用途		委托/任务编号	
试验依据		样品编号	
样品名称		样品描述	
试验条件		试验日期	
主要仪器设备及编号			
橡胶层总厚度/mm		试验编号	

实测次数	传感器编号	剪应力/MPa										实测 G_1 值 /MPa	G_1 平均值 /MPa	G_1 与平均值偏差/%	标准容许值 G_1 /MPa	与标准容许值偏差 /%
		0.1	0.2	0.3	0.4	0.5	0.6	0.7	0.8	0.9	1.0					
1	1															
	2															
	Δc															
	Y_i															
2	1															
	2															
	Δc															
	Y_i															
3	1															
	2															
	Δc															
	Y_i															
备注：																

试验：　　记录：　　复核：　　　　　　　　　　　　日期：　年　月　日

任务 4　静载锚固性能试验

任务情景

某施工企业需要进行静载锚固性能试验检测。作为一名检测人员，在进行试验检测之前，需要掌握哪些关于此项检测试验的要求？需要查阅哪些相关技术规范及其他相关资料？具体的检测方法及步骤是什么？如何科学地分析检测结果？

任务目标

1. 了解静载锚固性能试验的基本原理；
2. 熟悉静载锚固性能试验的适用条件；
3. 了解静载锚固性能试验检测相关的技术规范；
4. 了解预应力试件性能检测原理；
5. 掌握静载锚固性能试验检测仪器的性能及使用方法；
6. 掌握静载锚固性能试验数据的处理；
7. 能够运用定量的方法，科学地评定锚固器具的质量。

任务要求

认真阅读《公路桥梁预应力钢绞线用锚具、夹具和连接器》(JT/T 329—2010)、《预应力筋用锚具、夹具和连接器》(GB/T 14370—2015)、《预应力筋用锚具、夹具和连接器应用技术规程》(JGJ 85—2010)等相关技术规范。学会用静载锚固性能试验测定预应力试件性能。

1. 熟练填写静载锚固性能试验的试验检测委托单；
2. 熟练填写静载锚固性能试验的试验检测原始记录；
3. 熟练出具静载锚固性能试验报告，并对锚固器具稳定性进行评价；
4. 养成互相帮助、互相讨论、共同进步的团队意识；
5. 培养吃苦耐劳的工匠精神；
6. 培育诚实、守信、科学、公正的职业素养；
7. 培养自主探究学习能力、信息素养及专业精神。

任务思考

1. 静载锚固性能试验的目的是什么？
2. 本试验中用到的主要试验仪器设备有哪些？
3. 静载锚固性能试验的试验步骤是什么？
4. 怎样由试验数据得出预应力试件性能？

任务实施

锚具、夹具及连接器的标记由产品代号、预应力筋类型、预应力钢绞线直径和预应力钢绞线根数四部分组成。纤维增强复合材料筋为 F，预应力钢材不标注。

示例 1：预应力钢绞线的圆锚张拉端锚具，钢绞线直径为 15.2 mm，锚固根数为 12 根，标记为 YM15-12。

示例 2：预应力钢绞线的扁锚固定端挤压式锚具，钢绞线直径为 15.2 mm，锚固根数为 5 根，标记为 YMPB15-5。

示例 3：预应力钢绞线的圆锚连接器，钢绞线直径为 15.2 mm，锚固根数为 7 根，标记为 YMJ15-7。

示例 1～示例 3 标记适用《公路桥梁预应力钢绞线用锚具、夹具和连接器》(JT/T 329—2010)。

示例 4：预应力钢绞线的圆形夹片式群锚锚具，钢绞线直径为 15.2 mm，锚固根数为 12 根，标记为 YJM15-12。

示例 5：预应力钢绞线的用于固定端的挤压式锚具，钢绞线直径为 12.7 mm，锚固根数为 12 根，标记为 JYM13-12。

示例 6：预应力钢绞线的用于挤压式连接器，钢绞线直径为 15.2 mm，锚固根数为 12 根，标记为 JYL15-12。

示例 4～示例 6 标记适用《预应力筋用锚具、夹具和连接器》(GB/T 14370—2015)。

一、仪器设备

静载试验、疲劳荷载试验用设备，一般由加载千斤顶、荷载传感器、承力台座(架)、液压油泵源及控制系统组成。

测力系统必须经过法定的计量检测机构标定，并在有效期内使用。

二、试件制备

夹具、连接器与锚具的试验方法基本相同，以下介绍的试验方法均以锚具为例。

(1)试样准备。试样数量：组装件 3 个(6 个锚环及相配套的夹片、钢绞线)。

(2)组装。组装前必须把锚固零件擦拭干净，然后将钢绞线、锚具与试验台组装，如图 2-3 所示。使每根钢绞线受力均匀，初应力为预应力钢材抗拉强度标准值的 5%～10%。总伸长率装置的标距不宜小于 1 m。

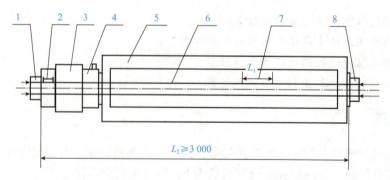

图 2-3　预应力筋-锚具组装件静载试验示意

1—张拉端试验锚具；2—加荷载用千斤顶；3—承力台座；4—预应力筋；
5—测量总应变的装置；6—荷载传感器；7—固定端试验锚具；8—试验锚具

三、试验步骤

1. 加载

(1)加载速率为 100 MPa/min。

(2)以预应力钢绞线抗拉强度标准值的 20％、40％、60％、80％，分 4 级等速加载。

(3)加载到钢绞线抗拉强度标准值的 80％后，持荷 1 h。

(4)持荷 1 h 后缓慢加载至试样破坏。

2. 试验过程中测量项目

试验期间钢绞线及锚具(连接器)零件的位移如图 2-4 所示，试验过程中测量项目如下：

(1)张拉至钢绞线抗拉强度标准值 f_{ptk} 的 10％时位移传感器 1 的标距 L_1。

(2)选取有代表性的若干根钢绞线，按施加荷载的前 4 级，逐级测量期间的相对位移 Δa。

(3)选取锚具或连接器若干有代表性的零件，按施加荷载的前 4 级，逐级测量其间的相对位移 Δb。

(4)试件的实测极限拉力 F_{apu}。

(5)达到实测极限拉力时的总应变 ε_{apu}。

(6)应力达到 $0.8f$ 后，在持荷的 1 h 期间，每 20 min 测量一次相对位移(Δa 和 Δb)。

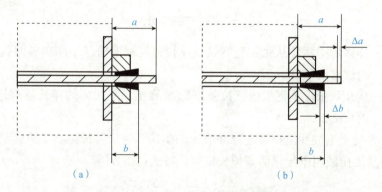

（a）　　　　　　　　　　　　（b）

图 2-4　试验期间钢绞线及锚具(连接器)零件的位移图

(a)锚固之前；(b)锚固之后

3. 试验过程中观察项目

观察锚具的变形。判断：在静载锚固性能满足后，夹片允许出现微裂和纵向断裂，不允许横向、斜向断裂及碎断；预应力筋达到极限破断时，锚板及其锥形锚孔不允许出现过大塑性变形，锚板中心残余变形不应出现明显挠度。

4. 试验过程中记录项目

记录试样的破坏部位与形式。组装件的破坏部位与形式应符合：夹片式锚具、夹具或连接器的夹片加载到最高一级荷载时不允许出现裂纹或断裂；在满足效率系数和总伸长率后允许出现微裂和纵向断裂，不允许出现横向、斜向断裂及碎断。

5. 静载试验结果计算

静载试验应连续进行 3 个组装件的试验，试验结束后需计算锚具效率系数和实测极限拉力时组装件受力长度的总应变。

四、结果处理

(1)锚具、连接器效率系数按式(2-3)和式(2-4)计算：

$$\eta_a = \frac{F_{apu}}{F_{pm}} \qquad (2-3)$$

$$F_{pm} = n \cdot f_{pm} \cdot A_{pk} \qquad (2-4)$$

式中　F_{apu}——钢绞线锚具组装件的实测极限拉力(kN)；

F_{pm}——钢绞线锚具组装件中各根钢绞线计算极限拉力之和(kN)；

f_{pm}——由钢绞线中抽取的试样的极限抗拉强度平均值(MPa)；

A_{pk}——钢绞线单根试样的特征(公称)截面面积(mm²)；

n——钢绞线锚具组装件中钢绞线根数。

(2)总应变的计算如下：

①采用直接测量标距时，按式(2-5)计算：

$$\varepsilon_{apu} = \frac{\Delta L_1 + \Delta L_2}{L_1} \times 100\% \qquad (2-5)$$

式中　ΔL_1——位移传感器 1 从张拉至钢绞线抗拉强度标准值 f_{ptk} 的 10% 加载到极限应力时的位移增量(mm)；

ΔL_2——从 0 到张拉至钢绞线抗拉强度标准值 f_{ptk} 的 10% 的伸长量理论计算值(标距内)(mm)；

L_1——张拉至钢绞线抗拉强度标准值 f_{ptk} 的 10% 时位移传感器 1 的标距(mm)。

②采用测量加荷载用千斤顶活塞伸长量时，按式(2-6)计算：

$$\varepsilon_{apu} = \frac{\Delta L_1 + \Delta L_2 - \Delta a}{L_2} \times 100\% \qquad (2-6)$$

式中　ΔL_1——从张拉至钢绞线抗拉强度标准值 f_{ptk} 的 10% 加载到极限应力时的活塞伸长量(mm)；

ΔL_2——从 0 到张拉至钢绞线抗拉强度标准值 f_{ptk} 的 10% 的伸长量理论计算值(夹持计算长度内)(mm)；

Δa——钢绞线相对试验锚具(连接器)的实测位移量(mm)；

L_2——钢绞线夹持计算长度，即两端锚具(连接器)的端头起夹点之间的距离(mm)。

(3)夹具的效率系数按式(2-7)计算：

$$\eta_g = \frac{F_{gpu}}{F_{pm}} \qquad (2-7)$$

式中　F_{gpu}——钢绞线夹具组装件的实测极限拉力(kN)；

F_{pm}——钢绞线夹具组装件中各根钢绞线计算极限拉力之和(kN)。

每个组装件的试验结果均应满足力学性能要求，不得进行平均。

五、记录表格

将试验数据记录在表 2-4 中。

表 2-4　预应力组件锚固性能试验检测记录表

实验室名称：　　　　　　　　　　　　　　　记录编号：

工程部位/用途		委托/任务编号	
试验依据		样品编号	
预应力筋规格型号		样品名称	
锚(夹)具规格型号		样品描述	
试验条件		试验日期	
主要仪器设备及编号			

	锚具效率系数	序号	预应力筋根数 n	预应力筋的单根公称截面面积 A_{pk}/mm^2	预应力筋公称面积之和 A_p/mm^2	钢材实测极限抗拉强度平均值 f_{pm}/MPa	预应力筋实际平均极限抗拉力 F_{pm}/kN	预应力筋效率系数 η_p	预应力筋锚具组装件的实测极限拉力 $F_{apu}(kN)$	锚具效率系数 η_g
静载锚固性能		1								
		2								
		3								
	夹具效率系数	序号	预应力筋根数 n	预应力筋的单根公称截面面积 A_{pk}/mm^2	预应力筋公称面积之和 A_p/mm^2	钢材实测极限抗拉强度平均值 f_{pm}/MPa	预应力筋实际平均极限抗拉力 F_{pm}/kN	预应力筋夹具组装件的实测极限拉力 F_{apu}/kN	夹具效率系数 η_g	
		1								
		2								
		3								

	预应力钢材抗拉强度标准值 f_{ptk}/MPa	荷载/kN	持续时间/min	预应力钢材相对位移 $\Delta a/mm$			锚具(夹具、连接器)相对位移 $\Delta b/mm$			预应力筋总应变 $\varepsilon_{apu}/\%$		
				1	2	3	1	2	3	1	2	3
锚具位移情况												

破坏部位及形式	
备注：	

试验：　　记录：　　复核：　　　　　　　　　日期：　　年　月　日

任务 5　锚具洛氏硬度试验

任务情景

　　某施工企业需要进行锚具洛氏硬度试验检测。作为一名检测人员，在进行试验检测之前，需要掌握哪些关于此项检测试验的要求？需要查阅哪些相关技术规范及相关资料？具体的检测方法及步骤是什么？如何科学地分析检测结果？

任务目标

　　1. 了解锚具洛氏硬度试验的基本原理；
　　2. 熟悉锚具洛氏硬度试验的适用条件；
　　3. 了解锚具洛氏硬度试验的检测相关的技术规范；
　　4. 了解锚具洛氏硬度试验的检测原理；
　　5. 掌握锚具洛氏硬度试验的检测仪器的性能及使用方法；
　　6. 掌握锚具洛氏硬度试验的数据处理方法；
　　7. 能够运用定量的方法，科学地评定锚具的质量。

任务要求

　　认真阅读《金属材料 洛氏硬度试验 第 1 部分：试验方法(A、B、C、D、E、F、G、H、K、N、T 标尺)》(GB/T 230.1—2009)、《金属材料　布氏硬度试验　第 1 部分：试验方法》(GB/T 231.1—2018)等相关技术规范。学会用锚具洛氏硬度试验法测定锚具硬度。
　　1. 熟练填写锚具洛氏硬度试验的试验检测委托单；
　　2. 熟练填写锚具洛氏硬度试验的试验检测原始记录；
　　3. 熟练出具锚具洛氏硬度试验报告，并对锚具硬度进行评价；
　　4. 养成互相帮助、互相讨论、共同进步的团队意识；
　　5. 培养吃苦耐劳的工匠精神；
　　6. 培育诚实、守信、科学、公正的职业素养；
　　7. 培养自主探究学习能力、信息素养及专业精神。

任务思考

　　1. 锚具洛氏硬度试验的目的是什么？
　　2. 本试验中用到的主要试验仪器设备有哪些？
　　3. 锚具洛氏硬度试验的试验步骤是什么？
　　4. 怎样由试验数据得出锚具洛氏硬度试验？

🔧 任务实施

预应力筋用锚具、
夹具、连接器
试验检测

一、仪器设备

锚具洛氏硬度试验所用到的仪器设备包括直尺和游标卡尺、磁粉、硬度计等。

二、试验步骤

1. 外观及尺寸

外观质量用目测法检测。外观尺寸用直尺和游标卡尺检测。裂纹采用磁粉探伤的方法，按现行《无损检测　磁粉检测　第 1 部分：总则》(GB/T 15822.1—2005)的相关要求进行检测。

2. 硬度

(1)在专用工装上对夹片锥面的硬度进行检测，检测时应使硬度计压头施压方向与夹片外锥母线垂直，其他相关要求符合《金属材料　洛氏硬度试验　第 1 部分：试验方法(A、B、C、D、E、F、G、H、K、N、T 标尺)》(GB/T 230.1—2009)的规定。

(2)在锚板或连接体锥孔小端平面上外圈的两孔之间，检测锚板或连接体的硬度，检测前应磨去检测部位的机加工刀痕，露出金属光泽，其他相关要求符合《金属材料　洛氏硬度试验　第 1 部分：试验方法(A、B、C、D、E、F、G、H、K、N、T 标尺)》(GB/T 230.1—2009)或《金属材料　布氏硬度试验　第 1 部分：试验方法》(GB/T 231.1—2018)的规定。

三、结果处理

1. 外观及尺寸

外观检验的尺寸按厂家提供的尺寸公差进行检验，如有一件尺寸超过允许偏差，应取双倍数量的零件重做检验；如仍有一件不符合要求，则应逐件检验，合格的方可使用。如发现一件有裂纹，即应对全部产品进行逐件检验，合格的方可使用。

2. 硬度

如有一个零件不合格，则应另取双倍数量的零件重做检验；如仍有一个零件不合格，则应逐个检验，合格的方可使用。

3. 静载锚固性能、疲劳荷载和周期荷载

(1)在 3 个组装件试件中，如有一个试件不符合要求，则可另取双倍数量的试件重做试验；如仍有一个试件不合格，则该批产品判为不合格产品。在 3 个组装件试件中，如有两个试件不符合要求，则应判该批产品为不合格产品。

(2)若在钢绞线自由伸长段(非夹片夹持区)内出现断丝，应判定为钢绞线不合格导致试验结果不合格。

(3)若屈强比过高(大于 0.92)的钢绞线与锚具组成的组装件，在静载试验中出现锚固效率系数达到 95% 而伸长率不足 2% 的情况，不宜判定为锚具不合格，应更换钢绞线重新试验。

(4)在疲劳试验后钢绞线出现颈缩断口时，应判为非疲劳破坏，并重新取样重做试验。

四、记录表格

将试验数据记录在表 2-5 中。

表 2-5　洛氏硬度试验检测记录表

检测编号		试验日期	
工程部位/用途		委托/任务编号	
试验依据		样品编号	
试验条件		样品名称	
样品描述			
主要仪器设备及编号			
压头类型		硬度技术指标	
序号	硬度		
	1	2	3
备注：			

试验：　　记录：　　复核：　　　　　　　　　　　　日期：　　年　　月　　日

项目三

构件材质状况无损检测

　　北盘江大桥是目前高度排名世界第一、第二大跨径的钢桁梁斜拉桥。大桥位于我国云贵两省交界处，跨越深 600 m 的北盘江 U 形大峡谷，地势十分险峻，地质条件非常复杂，是杭瑞高速毕都段的控制性工程。大桥采用双塔四车道钢桁梁斜拉桥结构，全长 1 341.4 m，最大跨径 720 m，桥面至江面垂直距离 565 m。

　　大桥建设运用了中跨纵移悬拼施工、"智能"混凝土等多项新技术、新工艺，不仅降低成本，还加快了施工进度。采取大、小起重机协同施工的方法精准安装，将高差控制在 0.5 mm 内。采用自密实高性能混凝土技术，浇筑承台混凝土近 6 000 m³，其中塔身泵送扬程达 269 m，相当于 90 层楼高。整座大桥使用了上万个钢构件，总质量近 3×10⁴ t。

　　按照"多彩贵州·最美高速"的发展理念，大桥从设计、施工、运营全过程始终坚持最小程度破坏、较大限度保护，实现低成本、低污染、低耗能的建设目标。通过开展桥梁集中排水、主桥边跨顶推施工和 500 MPa 高强钢筋的应用，较大限度减小了桥面污水对土壤及水系的影响，极大减少对土地资源的占用，同时简化钢筋现场绑扎，方便施工，达到了节能、降耗、减排和可持续发展的目的。

任务 1　回弹法测定混凝土强度试验

任务情景

　　某施工企业需要进行回弹法测定混凝土强度试验检测。作为一名检测人员，在进行试验检测之前，需要掌握哪些关于此项检测试验的要求？需要查阅哪些相关技术规范及其他相关资料？具体的检测方法及步骤是什么？如何科学地分析检测结果？

任务目标

1. 了解回弹法的基本原理；
2. 熟悉回弹法的适用条件；
3. 了解回弹法检测相关的技术规范；

4. 了解混凝土强度的检测原理；

5. 掌握回弹法检测仪器的性能及使用方法；

6. 掌握回弹法的试验数据处理方法；

7. 能够运用定量的方法，科学地评定混凝土的质量。

⚙ 任务要求

认真阅读《回弹法检测混凝土抗压强度技术规程》(JGJ/T 23—2011)等相关技术规范。学会用回弹法测定混凝土强度。

1. 熟练填写回弹法测定混凝土强度试验检测委托单；

2. 熟练填写回弹法测定混凝土强度试验检测原始记录；

3. 熟练出具回弹法测定混凝土强度试验报告，并对混凝土强度进行评价；

4. 养成互相帮助、互相讨论、共同进步的团队意识；

5. 培养吃苦耐劳的工匠精神；

6. 培育诚实、守信、科学、公正的职业素养；

7. 培养自主探究学习能力、信息素养及专业精神。

⚙ 任务思考

1. 回弹法测定混凝土强度试验的目的是什么？

2. 本试验中用到的主要试验仪器和设备有哪些？

3. 回弹法测定混凝土强度试验的试验步骤是什么？

4. 怎样由试验数据得出混凝土强度？

⚙ 任务实施

回弹法在我国已使用 50 余年，而且使用范围越来越广泛，这不仅是因为回弹法简便、灵活，同时也是由于我国已解决了回弹法使用精度不高和不能普遍推广的一些关键问题。

回弹法是用弹簧驱动重锤，通过弹击杆弹击混凝土表面，并测出重锤被反弹回来的距离，以回弹值(反弹距离与弹簧初始长度之比)作为与强度相关的指标，来推定混凝土强度的一种方法。由于测量在混凝土表面进行，因此应属于表面硬度法的一种。

图 3-1 为回弹法的原理示意。当重锤被拉到冲击前的状态时，若重锤的质量等于 1，则这时重锤所具有的势能 e 见式(3-1)：

$$e = \frac{1}{2}kl^2 \tag{3-1}$$

式中　k——拉力弹簧的刚度系数；

　　　l——拉力弹簧起始拉伸长度。

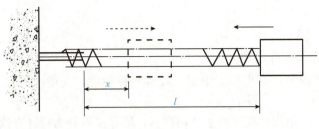

图 3-1　回弹法原理示意

混凝土受冲击后产生瞬时弹性变形，其恢复力使重锤弹回，当重锤被弹回到 x 位置时所具有的势能 e_x 见式(3-2)：

$$e_x = \frac{1}{2}kx^2 \qquad (3\text{-}2)$$

式中　x——重锤反弹位置或重锤弹回时弹簧的拉伸长度。

因此，重锤在弹击过程中，所消耗的能量 Δe 见式(3-3)：

$$\Delta e = e - e_x = \frac{1}{2}k(l^2 - x^2) = e\left[1 - \left(\frac{x}{l}\right)^2\right] \qquad (3\text{-}3)$$

令：

$$R = \frac{x}{l} \qquad (3\text{-}4)$$

在回弹仪中，l 为定值，所以 R 与 x 呈正比，称为回弹值。将 R 代入式(3-3)得：

$$R = \sqrt{1 - \frac{\Delta e}{e}} = \sqrt{\frac{e_x}{e}} \qquad (3\text{-}5)$$

由式(3-5)可知，回弹值只等于重锤冲击混凝土表面后剩余势能与原有势能之比的平方根。简而言之，回弹值的大小取决于与冲击能量有关的回弹能量，而回弹能量主要取决于被测混凝土的弹塑性性能。其能量的传递和变化概述如下：

$$e = \Sigma A_i = A_1 + A_2 + A_3 + A_4 + A_5 + A_6 \qquad (3\text{-}6)$$

式中　A_1——使混凝土产生塑性变形的功；

　　　A_2——混凝土、弹击杆及弹击锤产生弹性变形的功；

　　　A_3——弹击锤在冲击过程中和指针在移动过程中因摩擦所损耗的功；

　　　A_4——弹击锤在冲击过程中和指针在移动过程中克服空气阻力的功；

　　　A_5——混凝土产生塑性变形时增加自由表面所损耗的功；

　　　A_6——仪器在冲击时由于混凝土构件颤动和弹击杆与混凝土表面移动而损耗的功。

A_3、A_4、A_5、A_6 一般很小，当混凝土构件具有足够的刚度且在冲击过程中仪器始终紧贴混凝土表面时，均可忽略不计。在一定的冲击能量作用下，A_2 的弹性变形接近于常数。因此，弹回距离主要取决于混凝土的塑性变形。混凝土的强度越低，则塑性变形越大，消耗于产生塑性变形的功也越大，弹击锤所获得的回弹能量就越小，回弹距离相应也越小，从而回弹值就越小，反之亦然。据此，可由能量建立"混凝土抗压强度-回弹值"的相关曲线，通过回弹仪对混凝土表面弹击后的回弹值来推算混凝土的强度值。

一、仪器设备

1. 回弹仪的构造及工作原理

回弹仪的类型比较多，有重型、中型、轻型和特轻型，一般工程使用最多的是中型回弹仪。

我国自 20 世纪 50 年代中期开始生产回弹仪，回弹仪可分为指针直读式和数字式。其中以指针直读的直射锤击式仪器应用最广，随着数字技术的发展，数字回弹仪应用得也越来越多。回弹仪的外观及构造如图 3-2 所示。

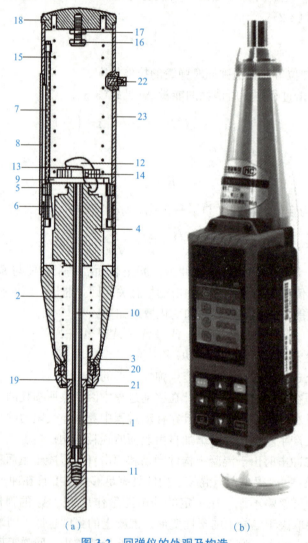

回弹法检测混凝土结构强度

回弹法检测混凝土强度

（a）　　　　　　　　　（b）

图 3-2　回弹仪的外观及构造

（a）回弹仪的构造；（b）数字式回弹仪

1—弹击杆；2—弹击拉簧；3—拉簧座；4—弹击锤；5—指针块；6—指针片；7—指针轴；

8—刻度尺；9—导向法兰；10—中心导杆；11—缓冲压簧；12—挂钩；13—挂钩压簧；14—挂钩销子；

15—压簧；16—调零螺钉；17—紧固螺母；18—尾盖；19—盖帽；20—卡环；21—密封毡帽；22—按钮；23—外壳

仪器工作时，随着对回弹仪施压，弹击杆[图 3-2(a)中 1]徐徐向机壳内推进，弹击拉簧 2 被拉伸，使连接弹击拉簧的弹击锤 4 获得恒定的冲击能量 e，当仪器在水平状态工作时，其冲击能量 e 可由式(3-2)计算，其能量大小为 2.207 J(标准规定弹击拉簧的刚度为 785.0 N/m)，单击拉簧工作时的拉伸长度为 0.075 m。

当挂钩 12 与调零螺钉 16 互相挤压时，弹击锤脱钩，于是弹击锤的冲击面与弹击杆的后端平面相碰撞，此时弹击锤释放出来的能量借助弹击杆传递给混凝土构件，混凝土弹性反应的能量又通过弹击杆传递给弹击锤，使弹击锤获得回弹的能量向后弹回，计算弹击锤回弹的距离 x 和弹击锤脱钩前距弹击杆后端平面的距离 L 之比，即得回弹值 R，它由仪器外壳上的刻度尺 8 示出。

2. 对中型回弹仪的技术要求

(1)水平弹击时，弹击锤脱钩的瞬间，中型回弹仪的标称能量应为 2.207 J。

(2)弹击锤与弹击杆碰撞的瞬间，弹击拉簧应处于自由状态，此时弹击锤起跳点应相应于指针指示刻度尺上"0"处。

(3)在洛式硬度 HRC 为 60±2 的钢砧上，回弹仪的率定值应为 80±2。

(4)数字式回弹仪应带有指针直读示值系统，数字显示的回弹值与指针直读示值相差应不超过 1。

(5)回弹仪使用时的环境温度应为 −4～40 ℃。

3. 回弹仪的率定方法

回弹仪在工程检测前后，应在钢砧上做率定试验，并应符合下述要求。率定试验宜在干燥、室温为 5～35 ℃的条件下进行。率定时，钢砧应稳固地平放在刚度大的物体上。测定回弹值时，取连续向下弹击 3 次稳定回弹值的平均值。弹击杆应分 4 次旋转，每次旋转宜为 90°。弹击杆每旋转一次的率定平均值应为 80±2，率定回弹仪的钢砧应每两年校准一次。

回弹仪使用完毕后，应使弹击杆伸出机壳，清除弹击杆、杆前端球面，以及刻度尺表面和外壳上的污垢、尘土。回弹仪不用时，应将弹击杆压入仪器内，经弹击后方可按下按钮锁住机芯，将回弹仪装入仪器箱，平放在干燥阴凉处。数字回弹仪长期不用时，应取出电池。

二、试验准备

在正常情况下，混凝土强度的检验与评定应按《混凝土结构工程施工质量验收规范》(GB 50204—2015)及《混凝土强度检验评定标准》(GB/T 50107—2010)执行。但是，当出现标准养护试件或同条件试件数量不足或未按规定制作试件时，当所制作的标准试件或同条件试件与所成型的构件在材料用量、配合比、水胶比等方面有较大差异，已不能代表构件的混凝土质量时，当标准试件或同条件试件的试压结果不符合现行标准、规范规定的对结构或构件的强度合格要求，并且对该结果持有怀疑时，总之，当结构中混凝土实际强度有检测要求时，可以考虑依据《回弹法检测混凝土抗压强度技术规程》(JGJ/T 23—2011)执行，采用回弹法来检测，检测结果可作为评价混凝土质量的一个依据。其一般检测步骤如下。

1. 收集基本技术资料

(1)工程名称及设计、施工、监理(或监督)和建设单位名称。

(2)结构或构件名称、外形尺寸、数量及混凝土强度等级。

(3)水泥品种、强度等级、安定性、厂名；砂石种类、粒径；外加剂或掺合料品种、掺量；混凝土配合比等。

(4)施工时材料计量情况，模板、浇筑、养护情况及成型日期等。

(5)必要的设计图纸和施工记录。

(6)检测原因。

2. 确定抽样数量及适用范围

结构或构件混凝土强度检测可采用下列两种方式，其适用范围及结构或构件数量应符合下列规定。

(1)单个检测：适用于单个结构或构件的检测。

(2)批量检测：适用于在相同的生产工艺条件下，混凝土强度等级相同，原材料、配合比、成型工艺、养护条件基本一致且龄期相近的同类结构或构件的检测。按批进行检测的构件，抽检数量不得少于同批构件总数的30％，且构件数量不得少于10件。抽检构件时，应随机抽取并使所选构件具有代表性。当检验批构件数量大于30个时，抽样构件数量可适当调整，并不得少于国家现行有关标准规定的最少抽样数量。

3. 选择符合下列规定的测区

(1)对一般构件，测区数不宜少于10个，当受检构件数量大于30个且不需提供单个构件推定强度，或构件某一方向尺寸不大于4.5 m且另一方向尺寸不大于0.3 m时，其测区数量可适当减少，但应不少于5个。

(2)相邻两测区的间距应不大于2 m，测区离构件端部或施工缝边缘的距离不宜大于0.5 m，且不宜小于0.2 m。

(3)测区宜选在使回弹仪处于水平方向检测的混凝土浇筑侧面。当不能满足这一要求时，也可选择在使回弹仪处于非水平方向检测的混凝土构件的浇筑表面或底面。

(4)测区宜选在构件的两个对称可测面上，当不能布置在对称可测面上时，也可布置在一个可测面上，且应均匀分布。在构件的重要部位及薄弱部位应布置测区，并应避开预埋件。

(5)测区的面积不宜大于0.04 m²。

(6)检测面应为原状混凝土表面，并应清洁、平整，不应有疏松层、浮浆、油垢、涂层，以及蜂窝、麻面。

(7)对弹击时产生颤动的薄壁、小型构件应进行固定，使之有足够的约束力。否则会使检测结果偏小。

(8)结构或构件的测区应标有清晰的编号，必要时应在记录纸上描述测区布置示意图和外观质量。

三、试验步骤

1. 回弹值测量

(1)回弹仪的操作：将弹击杆顶住混凝土的表面，轻压仪器，松开按钮，弹击杆徐徐伸出。使仪器对混凝土表面缓慢均匀施压，待弹击锤脱钩冲击弹击杆后即回弹，带动指针向后移动并停留在某一位置上，即为回弹值。继续顶住混凝土表面并在读取和记录回弹值后，逐渐对仪器减压，使弹击杆自仪器内伸出，重复进行上述操作，即可测得被测构件或结构的回弹值。操作中注意仪器的轴线应始终垂直于混凝土构件的检测面，缓慢施压，准确读数，快速复位。

(2)测点宜在测区范围内均匀分布，相邻两测点的净距不宜小于 20 mm；测点距外露钢筋、预埋件的距离不宜小于 30 mm。测点不应在气孔或外路石子上，同一测点只应弹击一次。测区应记取 16 个回弹值，每一测点的回弹值读数应精确至 1。

2. 碳化深度值测量

(1)回弹值测量完毕后，应在有代表性的位置上测量碳化深度值，测点数不应少于构件测区数的 30％，取其平均值为该构件每测区的碳化深度值。当碳化深度值大于 2.0 mm 时，应在每一测区测量碳化深度值。

(2)碳化深度值测量方法：采用适当的工具在测区表面形成直径约 15 mm 的孔洞，其深度应大于混凝土的预估碳化深度。孔洞中的粉末和碎屑应除净，并不得用水擦洗。同时，采用浓度为 1％～2％的酚酞酒精溶液滴在孔洞内壁的边缘处，当已碳化与未碳化界线清楚时，再用深度测量工具测量已碳化与未碳化混凝土交界面到混凝土表面的垂直距离，测量 3 次，读数精确至 0.25 mm，取其平均值作为检测结果，精确至 0.5 mm。

3. 泵送混凝土检测

检测泵送混凝土强度时，测区应选在混凝土浇筑侧面。

四、结果处理

(1)计算测区平均回弹值，应从该测区的 16 个回弹值中剔除 3 个最大值和 3 个最小值，余下的 10 个回弹值按式(3-7)计算：

$$R_m = \frac{\sum_{i=1}^{10} R_i}{10} \tag{3-7}$$

式中　R_m——测区平均回弹值，精确至 0.1；

　　　R_i——第 i 个测点的回弹值。

(2)非水平方向检测混凝土浇筑侧面时，应按式(3-8)修正：

$$R_m = R_{m\alpha} + R_{a\alpha} \tag{3-8}$$

式中　$R_{m\alpha}$——非水平状态检测时测区的平均回弹值，精确至 0.1；

　　　$R_{a\alpha}$——非水平状态检测时回弹值的修正值，可由表 3-1 查取。

(3)水平方向检测混凝土浇筑顶面或底面时，应按式(3-9)和式(3-10)修正：

$$R_m = R_m^t + R_a^t \tag{3-9}$$

$$R_m = R_m^b + R_a^b \tag{3-10}$$

式中　R_m^t、R_m^b——水平方向检测混凝土浇筑表面、底面时，测区的平均回弹值，精确至 0.1；

　　　R_a^t、R_a^b——混凝土浇筑表面、底面回弹值的修正值，应由表 3-2 查取。

表 3-1　非水平状态检测时回弹值的修正值

R_{ma}	检测角度							
	向上				向下			
	90°	60°	45°	30°	−30°	−45°	−60°	−90°
20	−6.0	−5.0	−4.0	−3.0	+2.5	+3.0	+3.5	+4.0
21	−5.9	−4.9	−4.0	−3.0	+2.5	+3.0	+3.5	+4.0
22	−5.8	−4.8	−3.9	−2.9	+2.4	+2.9	+3.4	+3.9
23	−5.7	−4.7	−3.9	−2.9	+2.4	+2.9	+3.4	+3.9
24	−5.6	−4.6	−3.8	−2.8	+2.3	+2.8	+3.3	+3.8
25	−5.5	−4.5	−3.8	−2.8	+2.3	+2.8	+3.3	+3.8
26	−5.4	−4.4	−3.7	−2.7	+2.2	+2.7	+3.2	+3.7
27	−5.3	−4.3	−3.7	−2.7	+2.2	+2.7	+3.2	+3.7
28	−5.2	−4.2	−3.6	−2.6	+2.1	+2.6	+3.1	+3.6
29	−5.1	−4.1	−3.6	−2.6	+2.1	+2.6	+3.1	+3.6
30	−5.0	−4.0	−3.5	−2.5	+2.0	+2.5	+3.0	+3.5
31	−4.9	−4.0	−3.5	−2.5	+2.0	+2.5	+3.0	+3.5
32	−4.8	−3.9	−3.4	−2.4	+1.9	+2.4	+2.9	+3.4
33	−4.7	−3.9	−3.4	−2.4	+1.9	+2.4	+2.9	+3.4
34	−4.6	−3.8	−3.3	−2.3	+1.8	+2.3	+2.8	+3.3
35	−4.5	−3.8	−3.3	−2.3	+1.8	+2.3	+2.8	+3.3
36	−4.4	−3.7	−3.2	−2.2	+1.7	+2.2	+2.7	+3.2
37	−4.3	−3.7	−3.2	−2.2	+1.7	+2.2	+2.7	+3.2
38	−4.2	−3.6	−3.1	−2.1	+1.6	+2.1	+2.6	+3.1
39	−4.1	−3.6	−3.1	−2.1	+1.6	+2.1	+2.6	+3.1
40	−4.0	−3.5	−3.0	−2.0	+1.5	+2.0	+2.5	+3.0
41	−4.0	−3.5	−3.0	−2.0	+1.5	+2.0	+2.5	+3.0
42	−3.9	−3.4	−2.9	−1.9	+1.4	+1.9	+2.4	+2.9
43	−3.9	−3.4	−2.9	−1.9	+1.4	+1.9	+2.4	+2.9
44	−3.8	−3.3	−2.8	−1.8	+1.3	+1.8	+2.3	+2.8
45	−3.8	−3.3	−2.8	−1.8	+1.3	+1.8	+2.3	+2.8
46	−3.7	−3.2	−2.7	−1.7	+1.2	+1.7	+2.2	+2.7
47	−3.7	−3.2	−2.7	−1.7	+1.2	+1.7	+2.2	+2.7
48	−3.6	−3.1	−2.6	−1.6	+1.1	+1.6	+2.1	+2.6
49	−3.6	−3.1	−2.6	−1.6	+1.1	+1.6	+2.1	+2.6
50	−3.5	−3.0	−2.5	−1.5	+1.0	+1.5	+2.0	+2.5

注：1. 当 R_{ma} 小于 20 或大于 50 时，分别按 20 或 50 查表。
　　2. 表中未列入的相应于 R_{ma} 的修正值 R_{aa}，可用内插法求得，精确至 0.1。

表 3-2　不同浇筑面回弹值的修正值

R_m^t 或 R_m^b	表面修正值(R_a^t)	底面修正值(R_a^b)	R_m^t 或 R_m^b	表面修正值(R_a^t)	底面修正值(R_a^b)
20	+2.5	−3.0	36	+0.9	−1.4
21	+2.4	−2.9	37	+0.8	−1.3
22	+2.3	−2.8	38	+0.7	−1.2
23	+2.2	−2.7	39	+0.6	−1.1
24	+2.1	−2.6	40	+0.5	−1.0
25	+2.0	−2.5	41	+0.4	−0.9
26	+1.9	−2.4	42	+0.3	−0.8
27	+1.8	−2.3	43	+0.2	−0.7
28	+1.7	−2.2	44	+0.1	−0.6
29	+1.6	−2.1	45	0	−0.5
30	+1.5	−2.0	46	0	−0.4
31	+1.4	−1.9	47	0	−0.3
32	+1.3	−1.8	48	0	−0.2
33	+1.2	−1.7	49	0	−0.1
34	+1.1	−1.6	50	0	0
35	+1.0	−1.5			

注：1. 当 R_m^t 或 R_m^b 小于 20 或大于 50 时，分别按 20 或 50 查表。

2. 表中有关混凝土浇筑表面的修正系数，是指一般原浆抹面的修正值。

3. 表中有关混凝土浇筑底面的修正系数，是指构件底面与侧面采用同一类模板在正常浇筑情况下的修正值。

4. 表中未列入的相应于 R_m^t 或 R_m^b 的 R_a^t 或 R_a^b 值，可用内插法求得，精确至 0.1。

　　当检测时回弹仪为非水平方向且测试面为非混凝土的浇筑侧面时，应先对回弹值进行角度修正，再对修正后的值进行浇筑面修正。

　　(4)测区混凝土强度值的确定。构件第 i 个测区混凝土强度的换算值，根据每一测区的回弹平均值及碳化深度值，查阅统一测强曲线[《回弹法检测混凝土抗压强度技术规程》(JGJ/T 23—2011)]得出，当有地区测强曲线或专用测强曲线时，混凝土强度换算值应按地区测强曲线或专用测强曲线换算得出。表中未列入的测区强度值可用内插法求得。对于泵送混凝土要注意规程中的有关规定。

五、记录表格

　　将试验数据记录在表 3-3 中。

表 3-3　回弹法检测混凝土抗压强度报告

实验室名称：　　　　　　　　　　　　　　　　　　　　记录编号：

施工/委托单位		委托编号		
工程名称		样品编号		
工程部位/用途		试验依据		
样品描述		判定依据		
记录编号		检测日期		
主要仪器设备及编号				
混凝土龄期/d		泵送混凝土		

测区混凝土强度计算值						测区布置示意图
测区序号	测区均值	检测角度修正值	检测面修正值	测区混凝土换算强度/MPa	测区泵送混凝土换算强度/MPa	
					构件强度推定值/MPa	强度等级/MPa	判定结果

检测结论：

备注：

单位声明

单位信息

试验：　　　复核：　　　　　　　　　　　　　　　　　　日期：　　年　月　日

任务 2　超声回弹法测定混凝土强度试验

🎯 任务情景

　　某施工企业需要进行超声回弹法测定混凝土强度试验检测。作为一名检测人员，在进行试验检测之前，需要掌握哪些关于此项检测试验的要求？需要查阅哪些相关技术规范及其他相关资料？具体的检测方法及步骤是什么？如何科学地分析检测结果？

📖 任务目标

1. 了解超声回弹法测定混凝土强度试验的基本原理；
2. 熟悉超声回弹法测定混凝土强度试验的适用条件；
3. 了解超声回弹法测定混凝土强度试验的检测相关的技术规范；
4. 了解超声回弹法测定混凝土强度试验的检测原理；
5. 掌握超声回弹法测定混凝土强度试验的检测仪器的性能及使用方法；
6. 掌握超声回弹法测定混凝土强度试验的数据处理方法；
7. 能够运用定量的方法，科学地评定混凝土的质量。

⚙️ 任务要求

认真阅读《超声回弹综合法检测混凝土抗压强度技术规程》(T/CECS 02—2020)等相关技术规范。学会用超声回弹法测定混凝土强度。

1. 熟练填写超声回弹法测定混凝土强度试验的试验检测委托单；
2. 熟练填写超声回弹法测定混凝土强度试验的试验检测原始记录；
3. 熟练出具超声回弹法测定混凝土强度试验的报告，并对混凝土强度进行评价；
4. 养成互相帮助、互相讨论、共同进步的团队意识；
5. 培养吃苦耐劳的工匠精神；
6. 培育诚实、守信、科学、公正的职业素养；
7. 培养自主探究学习能力、信息素养及专业精神。

⚙️ 任务思考

1. 超声回弹法测定混凝土强度试验的目的是什么？
2. 本试验中用到的主要试验仪器和设备有哪些？
3. 超声回弹法测定混凝土强度试验的试验步骤是什么？
4. 怎样由试验数据得出混凝土强度？

⚙️ 任务实施

超声回弹法强度换算方法适用范围：①混凝土用水泥应符合《通用硅酸盐水泥》(GB 175—2007)的要求。②混凝土超声波检测仪。

一、仪器设备

数字式混凝土超声波检测仪。

二、试验准备

(1)测试前宜收集下列资料：

①工程名称及建设、勘察、设计、施工、监理、委托单位名称。

超声-回弹综合法
检测混凝土强度

超声角测方法

②构件名称、设计图纸。

③水泥的安定性、品种规格、强度等级和用量，砂石的品种、粒径，外加剂或掺合料的品种、掺量，混凝土配合比、拌合物坍落度和混凝土设计强度等级等。

④模板类型，混凝土浇筑情况、养护情况、浇筑日期和气象温、湿度等。

⑤混凝土试件抗压强度测试资料及相关的施工技术资料。

⑥构件存在的质量问题或检测原因。

(2)检测数量应符合下列规定：

①构件检测时，应在构件上均匀布置测区，每个构件上测区数量应不少于10个。

②对于检测面一个方向尺寸不大于4.5 m，且另一方向尺寸不大于0.3 m的构件，测区数可适当减少，但应不少于5个。

③当同批构件按批进行一次或二次随机抽样检测时，随机抽样的最小样本容量宜按照《超声回弹综合法检测混凝土抗压强度技术规程》(T/CECS 02—2020)规定执行。

(3)按批抽样检测时，满足下列条件的构件可作为同批构件：

①混凝土设计强度等级相同。

②混凝土原材料、配合比、成型工艺、养护条件和龄期基本相同。

③构件种类相同。

④施工阶段所处状态基本相同。

三、试验步骤

(1)构件的测区布置宜满足下列规定：

①在条件允许时，测区宜优先布置在构件混凝土浇筑方向的侧面。

②测区可在构件的两个对应面、相邻面或同一面上布置。

③测区宜均匀布置，相邻两测区的间距不宜大于2 m。

④测区应避开钢筋密集区和预埋件。

⑤测区尺寸宜为200 mm×200 mm；采用平测时宜为400 mm×400 mm。

⑥测试面应为清洁、平整、干燥的混凝土原浆面，不应有接缝、施工缝、饰面层、浮浆和油垢，并应避开蜂窝、麻面部位。

⑦测试时可能产生颤动的薄壁、小型构件，应对构件进行固定。

(2)对结构或构件上的测区编号，并记录测区位置和外观质量情况。

(3)每一测区，应先进行回弹测试，后进行超声测试。

(4)计算混凝土抗压强度换算值时，非同一测区的回弹值和声速值不得混用。

(5)回弹测试及回弹值计算(同回弹法测试及计算方法)。

(6)超声测试。

①超声测点应布置在回弹测试的同一测区内，每一测区布置3个测点。

②超声测试应符合下列规定：

a. 应在混凝土超声波检测仪上配置满足要求的换能器和高频电缆。

b. 换能器辐射面应与混凝土测试面耦合。

c. 应先测定声时初读数(t_0)，再进行声时测量，读数应精确至0.1 μs。

d. 超声测距①测量应精确至 1 mm，且测量允许误差应为±1%。

e. 检测过程中若更换换能器或高频电缆，应重新测定声时初读数(t_0)。

f. 声速计算值应精确至 0.01 km/s。

四、结果处理

(1)结构或构件中第 i 个测区的混凝土抗压强度换算值，可按式(3-7)或式(3-8)求得修正后的测区回弹代表值 R_{ai} 和声速代表值 V_{ai} 后，优先采用专用测强曲线或地区测强曲线换算而得。

(2)当无专用测强曲线或地区测强曲线时，按《超声回弹综合法检测混凝土抗压强度技术规程》(T/CECS 02—2020)中附录 E 的有关规定通过验证后，按该规程附录 F 的有关规定对测区混凝土抗压强度进行换算，也可按式(3-11)计算：

$$f_{cu,i}^c = 0.028\,6\,v_{ai}^{1.999}R_{ai}^{1.155} \tag{3-11}$$

式中　$f_{cu,i}^c$——第 i 个测区的混凝土抗压强度换算值(MPa)，精确至 0.1 MPa；

v_{ai}——第 i 个测区修正后的测区声速代表值；

R_{ai}——第 i 个测区修正后的测区回弹代表值。

(3)当构件所采用的材料及龄期与制定测强曲线所采用的材料及龄期有较大差异时，采用在构件上钻取混凝土芯样或同条件立方体试件对测区混凝土抗压强度换算值进行修正。

①采用混凝土芯样修正时，采用芯样数量应不少于 4 个，公称直径宜为 100 mm，高径比应为 1。芯样应在测区内钻取，每个芯样应只加工 1 个试件，并应符合现行行业标准《钻芯法检测混凝土强度技术规程》(JGJ/T 384—2016)的有关规定。测区混凝土抗压强度修正量应按式(3-12)~式(3-14)计算：

$$\Delta_{tot} = f_{cor,m} - f_{cu,m0}^c \tag{3-12}$$

$$f_{cor,m} = \frac{1}{n}\sum_{i=1}^{n} f_{cor,i} \tag{3-13}$$

$$f_{cu,m0}^c = \frac{1}{n}\sum_{i=1}^{n} f_{cu,i}^c \tag{3-14}$$

式中　Δ_{tot}——测区混凝土抗压强度修正量(MPa)，精确至 0.1 MPa；

$f_{cor,m}$——芯样试件混凝土抗压强度修正量(MPa)，精确至 0.1 MPa；

$f_{cu,m0}^c$——对应于芯样部位或同条件立方体试件测区混凝土抗压强度换算值的平均值(MPa)，精确至 0.1 MPa；

$f_{cor,i}$——第 i 个混凝土芯样试件的抗压强度；

$f_{cu,i}^c$——对应于第 i 个芯样部位测区回弹值和声速值的混凝土抗压强度换算值；

n——芯样或试件数量。

②采用同条件立方体试件修正时，试件数量应不少于 4 个，试件边长应为 150 mm，并应符合现行国家标准《混凝土物理力学性能试验方法标准》(GB/T 50081—2019)的有关规定。测区混凝土抗压强度修正量应按式(3-15)~式(3-17)计算：

$$\Delta_{tot} = f_{cu,m} - f_{cu,m0}^c \tag{3-15}$$

$$f_{cu,m} = \frac{1}{n}\sum_{i=1}^{n} f_{cu,i} \tag{3-16}$$

$$f_{cu,m0}^c = \frac{1}{n}\sum_{i=1}^{n} f_{cu,i}^c \tag{3-17}$$

式中 Δ_{tot} ——测区混凝土抗压强度修正量（MPa），精确至 0.1 MPa；

$f_{cu,m}^c$ ——同条件立方体试件混凝土抗压强度修正量（MPa），精确至 0.1 MPa；

$f_{cu,i}^c$ ——第 i 个混凝土同条件立方体试件的抗压强度；

$f_{cu,i}^c$ ——对应于 i 个同条件立方体试件测区回弹值和声速值的混凝土抗压强度换算值；

n ——芯样或试件数量。

③测区混凝土抗压强度换算值的修正按式(3-18)计算：

$$f_{cu,i1}^c = f_{cu,i0}^c + \Delta_{tot} \tag{3-18}$$

式中 Δ_{tot} ——测区混凝土抗压强度修正量（MPa），精确至 0.1 MPa；

$f_{cu,i1}^c$ ——第 i 个测区修正后的混凝土强度换算值（MPa），精确到 0.1 MPa；

$f_{cu,i0}^c$ ——第 i 个测区修正前的混凝土强度换算值（MPa），精确到 0.1 MPa。

(4)构件混凝土抗压强度推定值 $f_{cu,e}$ 的确定，应符合下列规定：

①当构件的测区混凝土抗压强度换算值中出现小于 10.0 MPa 的值时，构件的混凝土抗压强度推定值（$f_{cu,e}$）应小于 10.0 MPa。

②当结构或构件中的测区数少于 10 个时，应按式(3-19)计算：

$$f_{cu,e} = f_{cu,min}^c \tag{3-19}$$

式中 $f_{cu,min}^c$ ——构件最小的测区混凝土抗压强度换算值（MPa），精确至 0.1 MPa。

③当构件中测区数不少于 10 个或按批量检测时，应按式(3-20)～式(3-22)计算：

$$f_{cu,e} = m_{f_{cu,min}^c} - 1.645 s_{f_{cu}^c} \tag{3-20}$$

$$m_{f_{cu,i}^c} = \frac{1}{n}\sum_{i=1}^{n} f_{cu,i}^c \tag{3-21}$$

$$s_{f_{cu}^c} = \sqrt{\frac{\sum_{i=1}^{n}(f_{cu,i}^c)^2 - n(m_{f_{cu}^c})^2}{n-1}} \tag{3-22}$$

式中 $f_{cu,i}^c$ ——第 i 个测区的混凝土抗压强度换算值（MPa），精确至 0.01 MPa；

$m_{f_{cu,i}^c}$ ——测区混凝土抗压强度换算值的平均值（MPa），精确至 0.01 MPa；

$s_{f_{cu}^c}$ ——测区混凝土抗压强度换算值的标准差（MPa），精确至 0.01 MPa；

n ——测区数；对单个检测的构件，取一个构件的测区数；对批量检测的构件，取被抽检构件测区数的总和。

(5)对按批量检测的构件，当测区混凝土抗压强度标准差出现下列情况之一时，构件应全部按单个构件进行强度推定：

①测区混凝土抗压强度换算值的平均值（$m_{f_{cu}^c}$）小于 25.0 MPa，测区混凝土抗压强度换算值的标准差；（$s_{f_{cu}^c}$）大于 4.50 MPa；

②测区混凝土抗压强度换算值的平均值（$m_{f_{cu}^c}$）不小于 25.0 MPa 且不大于 50.0 MPa，测区混凝土抗压强度换算值的标准差（$s_{f_{cu}^c}$）大于 5.50 MPa；

③测区混凝土抗压强度换算值的平均值（$m_{f_{cu}^c}$）大于 50.0 MPa，测区混凝土抗压强度换算值的标准差（$s_{f_{cu}^c}$）大于 6.50 MPa。

五、记录表格

将试验数据记录在表 3-4 中。

表 3-4 混凝土抗压强度试验检测记录表（超声回弹法）

实验室名称：　　　　　　　　　　　　　　　　记录编号：

工程部位/用途																	委托/任务编号							
样品名称																	样品编号							
规格型号																	样品描述							
试验依据																								
主要设备及编号																								
超声测试方法					设计强度等级								泵送混凝土							□是□否				
浇筑日期													回弹测试角度/°										
试验条件													检测时间										

检测部位及示意图	测区	回弹值																声时值/μm			声距超测/mm	声速 v /(km·s⁻¹)	修正后声速值/(km·s⁻¹)	备注
		1	2	3	4	5	6	7	8	9	10	11	12	13	14	15	16	t_1	t_2	t_3				
备注：																								

试验：　　　复核：　　　　　　　　　　　　　　　日期：　　年　月　日

任务3　钻芯法测定混凝土强度试验

任务情景

某施工企业需要进行钻芯法测定混凝土强度试验检测。作为一名检测人员，在进行试验检测之前，需要掌握哪些关于此项检测试验的要求？需要查阅哪些相关技术规范及其他相关资料？具体的检测方法及步骤是什么？如何科学地分析检测结果？

任务目标

1. 了解钻芯法测定混凝土强度试验的基本原理；
2. 熟悉钻芯法测定混凝土强度试验的适用条件；
3. 了解钻芯法测定混凝土强度试验的检测相关的技术规范；
4. 了解钻芯法测定混凝土强度试验的检测原理；
5. 掌握钻芯法测定混凝土强度试验的检测仪器的性能及使用方法；
6. 掌握钻芯法测定混凝土强度试验的数据处理方法；
7. 能够用定量的方法，科学地评定混凝土的质量。

任务要求

认真阅读《钻芯法检测混凝土强度技术规程》(JGJ/T 384—2016)等相关技术规范。学会用钻芯法测定混凝土强度。

1. 熟练填写钻芯法测定混凝土强度试验的试验检测委托单；
2. 熟练填写钻芯法测定混凝土强度试验的试验检测原始记录；
3. 熟练出具钻芯法测定混凝土强度试验的报告，并对混凝土强度进行评价；
4. 养成互相帮助、互相讨论、共同进步的团队意识；
5. 培养吃苦耐劳的工匠精神；
6. 培育诚实、守信、科学、公正的职业素养；
7. 培养自主探究学习能力、信息素养及专业精神。

任务思考

1. 钻芯法测定混凝土强度试验的目的是什么？
2. 本试验中用到的主要试验仪器和设备有哪些？
3. 钻芯法测定混凝土强度试验的试验步骤是什么？
4. 怎样由试验数据得出混凝土强度？

⚙ 任务实施

钻芯法测定混凝土强度是从混凝土结构物中钻取芯样来测定混凝土的抗压强度,是一种直观准确的方法。用钻芯法还可以检测混凝土的裂缝、接缝、分层、孔洞或离析等缺陷,具有直观、精度高等特点,因而广泛应用于土木工程中混凝土结构或构筑物的质量检测。

一、仪器设备

混凝土取芯机。

二、试件制备

1. 适用情况

(1)对试块抗压强度的测试结果有怀疑时。

(2)因材料、施工或养护不良而发生混凝土质量问题时。

(3)混凝土遭受冻害、火灾、化学侵蚀或其他损害时。

(4)需检测经多年使用的建筑结构或构筑物中混凝土强度时。

2. 钻取芯样

(1)钻前准备以下资料。

①工程名称(或代号)及设计、施工、建设单位名称。

②结构或构件种类、外形尺寸及数量。

③设计采用的混凝土强度等级。

④成型日期,原材料(水泥品种,粗集料粒径等)和混凝土试块抗压强度试验报告。

⑤结构或构件质量状况和施工中存在问题的记录。

⑥有关的结构设计图和施工图等。

(2)钻取芯样部位。

①结构或构件受力较小的部位。

②混凝土强度质量具有代表性的部位。

③便于钻芯机安放与操作的部位。

④避开主筋、预埋件和管线的位置,并尽量避开其他钢筋。

3. 芯样要求

(1)芯样数量。芯样试件的数量应根据检测批的容量确定。标准芯样试件的最小样本量不宜少于15个,小直径芯样试件的最小样本量应适当增加。

芯样应从检测批的结构构件中随机抽取,每个芯样应取自一个构件或结构的局部部位,且取芯位置应符合上文提到的要求。

(2)芯样直径。抗压试验的芯样试件宜使用标准芯样试件,其公称直径不宜小于集料最大粒径的3倍;也可采用小直径芯样试件,但其公称直径应不小于70 mm且不得小于集料最大粒径的2倍。

(3)芯样高度。芯样抗压试件的高度和直径之比(H/d)宜为 1.00。

(4)芯样外观检查。每个芯样应详细描述有关裂缝、分层、麻面或离析等情况，并估计集料的最大粒径、形状种类及粗细集料的比例与级配，检查并记录存在气孔的位置、尺寸与分布情况，必要时应进行拍照。

(5)芯样测量。在试验前应按下列规定测量芯样试件的尺寸：

①平均直径用游标卡尺在芯样试件中部相互垂直的两个位置上测量，取测量的算术平均值作为芯样试件的直径，精确至 0.5 mm。

②芯样试件高度用钢卷尺或钢板尺进行测量，精确至 1 mm。

③垂直度用游标量角器测量芯样试件两个端面与母线的夹角，精确到 0.1%。

④平整度用钢板尺或角尺紧靠在芯样试件端面上，一面转动钢板尺，一面用塞尺测量钢板尺与芯样试件端面之间的缝隙，也可采用其他专用设备量测。

(6)芯样端面处理方法。锯切后的芯样应进行端面处理，宜采取在磨平机上磨平端面的处理方法。承受轴向压力芯样试件的端面，也可采取下列处理方法：

①用环氧胶泥或聚合物水泥砂浆补平。

②抗压强度低于 40 MPa 的芯样试件，可采用水泥砂浆、水泥净浆或聚合物水泥砂浆补平，补平层厚度不宜大于 5 mm；也可采用硫黄胶泥补平，补平层厚度不宜大于 1.5 mm。

(7)芯样试件内不宜含有钢筋。当不能满足此项要求时，抗压试件应符合下列要求：

①标准芯样试件，每个试件内最多只允许有 2 根直径小于 10 mm 的钢筋。

②公称直径小于 100 mm 的芯样试件，每个试件内最多只允许有一根直径小于 10 mm 的钢筋。

③芯样内的钢筋应与芯样试件的轴线基本垂直并离开端面 10 mm 以上。

(8)芯样试件尺寸偏差及外观质量超过下列数值时，相应的测试数据无效：

①芯样试件的实际高径比(H/d)小于要求高径比的 95% 或大于 105%。

②沿芯样试件高度的任一直径与平均直径相差大于 2 mm。

③抗压芯样试件端面的不平整度在 100 mm 长度内大于 0.1 mm。

④芯样试件端面与轴线的不垂直度大于 1%。

⑤芯样有裂缝或有其他较大缺陷。

三、试验步骤

芯样试件宜在与被检测结构或构件混凝土湿度基本一致的条件下进行抗压试验。如结构工作条件比较干燥，芯样试件应以自然干燥状态进行试验；如结构工作条件比较潮湿，芯样试件应以潮湿状态进行试验。

按自然干燥状态进行试验时，芯样试件在受压前应在室内自然干燥 3 d，按潮湿状态进行试验时，芯样试件应在 20 ℃±5 ℃的清水中浸泡 40~48 h，从水中取出后应立即进行抗压试验。

四、结果处理

(1)芯样试件的混凝土强度换算值，应按式(3-23)计算：

$$f_{\text{cu,cor}} = \frac{F_c}{A} \tag{3-23}$$

式中　$f_{\text{cu,cor}}$——芯样试件混凝土强度换算值（MPa）；

F_c——芯样试件抗压试验测得的最大压力（N）；

A——芯样试件抗压截面面积（mm²）。

检测批混凝土强度的推定值应按下列方法确定：

①确定检测批的混凝土强度推定值应计算推定区间，推定区间的上限值和下限值按式（3-24）～式（3-27）计算。

上限值：

$$f_{\text{cu,e1}} = f_{\text{cu,cor,}m} - k_1 s_{\text{cu}} \tag{3-24}$$

下限值：

$$f_{\text{cu,e2}} = f_{\text{cu,cor,}m} - k_2 s_{\text{cu}} \tag{3-25}$$

平均值：

$$f_{\text{cu,cor,}m} = \frac{\sum\limits_{i=1}^{n} f_{\text{cu,cor,}i}}{n} \tag{3-26}$$

标准差：

$$s_{\text{cu}} = \sqrt{\frac{\sum\limits_{i=1}^{n} (f_{\text{cu,cor,}i} - f_{\text{cu,cor,}m})^2}{n-1}} \tag{3-27}$$

式中　$f_{\text{cu,cor,}m}$——芯样试件的混凝土抗压强度平均值（MPa），精确至 0.1 MPa；

$f_{\text{cu,cor,}i}$——单个芯样试件的混凝土抗压强度值（MPa），精确至 0.1 MPa；

$f_{\text{cu,e1}}$——混凝土抗压强度推定上限值（MPa），精确至 0.1 MPa；

$f_{\text{cu,e2}}$——混凝土抗压强度推定下限值（MPa），精确至 0.1 MPa；

k_1，k_2——推定区间上限值系数和下限值系数，按表 3-5 查得；

s_{cu}——芯样试件抗压强度标本的标准差（MPa），精确至 0.1 MPa。

规范《钻芯法检测混凝土强度技术规程》（JGJ/T 384—2016）规定当采用小直径芯样试件时，k1 可为置信度为 0.85，错判概率为 0.05 条件下的限值系数；k2 可为置信度为 0.85，漏判概率为 0.10 条件下的限值系数。在置信度 0.85 的条件下，试件数与上限值系数、下限值系数的关系见表 3-5（对于其他置信度请查阅规范中的相关表格）。

表 3-5　上、下限系数

试件数 n	k_1(0.05)	k_2(0.10)
10	1.017 30	2.568 37
11	1.041 27	2.502 62
12	1.062 47	2.448 25
13	1.081 41	2.402 40
14	1.098 48	2.363 11

试件数 n	$k_1(0.05)$	$k_2(0.10)$
15	1.113 97	2.328 98
16	1.128 12	2.299 00
17	1.141 12	2.272 40
18	1.153 11	2.248 62
19	1.164 23	2.227 20
20	1.174 58	2.207 78
21	1.184 25	2.190 07
22	1.193 30	2.173 85
23	1.201 81	2.158 91
24	1.209 82	2.145 10
25	1.217 39	2.132 29
26	1.224 55	2.120 37
27	1.231 35	2.109 24
28	1.237 80	2.098 81
29	1.243 95	2.089 03
30	1.249 81	2.079 82
31	1.255 40	2.071 13
32	1.260 75	2.062 92
33	1.265 88	2.055 14
34	1.270 79	2.047 76
35	1.275 51	2.040 75
36	1.280 04	2.034 07
37	1.284 41	2.027 71
38	1.288 61	2.021 64
39	1.292 66	2.015 83
40	1.296 57	2.010 27
41	1.300 35	2.004 94
42	1.303 99	1.999 83
43	1.307 52	1.994 93
44	1.310 94	1.990 21
45	1.314 25	1.985 67
46	1.317 46	1.981 30
47	1.320 58	1.977 08
48	1.323 60	1.973 02
49	1.326 53	1.969 09
50	1.329 39	1.965 29
60	1.354 12	1.933 27
70	1.373 64	1.909 03
80	1.389 59	1.889 88
90	1.402 94	1.874 28

试件数 n	$k_1(0.05)$	$k_2(0.10)$
100	1.414 33	1.861 25
110	1.424 21	1.850 17
120	1.432 89	1.840 59
130	1.440 60	1.832 22
140	1.447 50	1.824 81
150	1.453 72	1.818 20
160	1.459 38	1.812 25
170	1.464 56	1.806 86
180	1.469 31	1.801 96
190	1.473 70	1.797 46
200	1.477 77	1.793 32
250	1.494 43	1.776 67
300	1.506 87	1.764 54
400	1.524 53	1.747 73
500	1.536 71	1.736 41

②$f_{cu,e1}$ 和 $f_{cu,e2}$ 所构成推定区间的置信度宜为 0.85，$f_{cu,e1}$ 与 $f_{cu,e2}$ 之间的差值不宜大于 5.0 MPa 和 $0.10f_{cu,cor_m}$ 两者的较大值。

③宜以 $f_{cu,e1}$ 作为检测批混凝土强度的推定值。

④钻芯确定检测批混凝土强度推定值时，可剔除芯样试件抗压强度样本中的异常值。剔除规则应按《数据的统计处理和解释　正态样本离群值的判断和处理》(GB/T 4883—2008)的规定执行。当确有试验依据时，可对芯样试件抗压强度样本的标准差 s_{cu} 进行符合实际情况的修正或调整。

(2)检测单个构件混凝土强度的推定值应按下列方法确定：

①钻芯确定单个构件的混凝土强度推定值时，有效芯样试件的数量应不少于 3 个；对于较小构件，有效芯样试件的数量不得少于 2 个。

②单个构件的混凝土强度推定值不再进行数据的舍弃，而应按有效芯样试件混凝土抗压强度值中的最小值确定。

对间接测强方法进行钻芯修正时，宜采用修正量的方法，也可采用其他形式的修正方法。

当采用修正量的方法时，芯样试件的数量和取芯位置应符合下列要求：

①标准芯样试件的数量不应少于 6 个，小直径芯样试件数量宜适当增加；

②芯样应从采用间接检测方法的结构构件中随机抽取；

③当采用的间接检测方法为无损检测方法时，钻芯位置应与间接检测方法相应的测区重合；

④当采用的间接检测方法对结构构件有损伤时，钻芯位置应布置在相应测区的附近。

(3)钻芯修正后的换算强度可按式(3-28)和式(3-29)计算：

$$f^c_{cu,i0} = f^c_{cu,i} + \Delta f \tag{3-28}$$

$$\Delta f = f_{cu,cor,m} - f^c_{cu,mi} \tag{3-29}$$

式中　$f^c_{cu,i0}$——修正后的换算强度；

$f_{cu,i}^c$——修正前的换算强度；

Δf——修正量；

$f_{cu,mi}^c$——所用间接检测方法对应芯样测区的换算强度的算术平均值。

五、记录表格

将试验数据记录在表 3-6 中。

表 3-6　混凝土抗压强度试验检测记录表(钻芯法)

实验室名称：　　　　　　　　　　　　　　　　　　记录编号：

工程部位/用途			委托/任务编号	
样品名称			样品编号	
规格型号			样品描述	
试验依据				
主要仪器设备及编号				
设计强度等级			浇筑日期	
试验条件			检测时间	

编号	位置	试件高度/mm	试件平均高度/mm	试件直径/mm	试件平均直径/mm	抗压面积/mm²	破坏荷载/kN	备注

备注：

试验：　　　审核：　　　签发：　　　　　　　　　　报告日期：　　年　　月　　日

任务4　混凝土裂缝检测试验

🎯 任务情景

某施工企业需要进行混凝土裂缝试验检测。作为一名检测人员，在进行该试验检测之前，需要掌握哪些关于此项检测试验的要求？需要查阅哪些相关技术规范及其他相关资料？具体的检测方法及步骤是什么？如何科学地分析检测结果？

📖 任务目标

1. 了解混凝土裂缝检测基本原理；
2. 熟悉混凝土裂缝检测适用条件；
3. 了解混凝土裂缝检测相关的技术规范；
4. 了解混凝土裂缝检测的检测原理；
5. 掌握混凝土裂缝检测仪器的性能及使用方法；
6. 掌握混凝土裂缝检测的数据处理方法；
7. 能够用定量的方法，科学地评定混凝土的质量。

⚙️ 任务要求

认真阅读《建筑结构检测技术标准》(GB/T 50344—2019)等相关技术规范。学会用混凝土裂缝检测法测定混凝土裂缝。

1. 熟练填写混凝土裂缝检测试验检测委托单；
2. 熟练填写混凝土裂缝检测试验检测原始记录；
3. 熟练出具混凝土裂缝检测报告，并对混凝土裂缝进行评价；
4. 养成互相帮助、互相讨论、共同进步的团队意识；
5. 培养吃苦耐劳的工匠精神；
6. 培育诚实、守信、科学、公正的职业素养；
7. 培养自主探究学习能力、信息素养及专业精神。

⚙️ 任务思考

1. 混凝土裂缝检测试验的目的是什么？
2. 本试验中用到的主要试验仪器设备有哪些？
3. 混凝土裂缝检测的试验步骤是什么？
4. 怎样由试验数据得出混凝土裂缝？

任务实施

超声法可用于检测混凝土裂缝的深度。检测时，裂缝中应没有积水和其他能够传声的夹杂物，且裂缝附近混凝土应相当匀质。

结构混凝土裂缝
宽度的检测

结构混凝土裂缝
长度的检测

结构混凝土裂缝
深度的检测

一、仪器设备

数码相机、卷尺、游标卡尺、裂缝计(尺、卡)、探针、手持钻机、锤子、电筒、超声波检测仪、砂浆、水泥钉、高空作业车等。

二、试验步骤

开口垂直裂缝检测分为以下两种情况。

1. 构件断面不大且可对测

(1)在两个测面上等距离布置测点，用对测法逐点测出声时值，如图 3-3(a)所示。

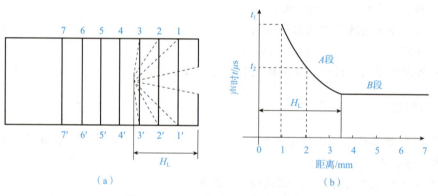

图 3-3 开口垂直裂缝的穿透法探测
(a)用对测法逐点测声时值；(b)测点声时与距离关系曲线

(2)绘制测点声时与距离的关系曲线，如图 3-3(b)所示。曲线 A 段的末端与 B 段的首端的相交位置即为裂缝所到达的区域，对这一区域再采用加密测点的方法即可准确地确定裂缝深度 H_L。

(3)当两探头连线与裂缝平面相交时，随探头的移动，声时逐渐由长变短，未相交时声时不变。实际测量时只要有 3 个不变声时点，即认为声时稳定。

2. 构件断面很大不可对测

只有一个可测面，无法在测面用对测法检测时，可用平测法检测裂缝的深度。

(1)当估计裂缝深度不大于 500 mm 时，宜采用单面平测法进行检测。检测时应在裂缝的被测部位以不同的测距，按跨缝和不跨缝布置测点。测点布置应避开钢筋。

①进行不跨缝的声时测量：将发射换能器 T 和接收换能器 R 置于裂缝附近同一侧，并将 T 耦合好保持不动，以 T、R 两个换能器内边缘间距 l_i' 为 100 mm、150 mm、200 mm 等，依次移动 R 并读取相应的声时值 t_i。以 l' 为纵轴、t 为横轴绘制"时-距"坐标图(图 3-4)，或

用回归分析的方法求声时与测距之间的回归直线方程见式(3-30)：

$$l_i' = a + bt_i \qquad (3\text{-}30)$$

每一个测点的超声实际传播距离 l_i 见式(3-31)：

$$l_i = l_i' + |a| \qquad (3\text{-}31)$$

式中 l_i——第 i 点的超声波实际传播距离(mm)；

l_i'——第 i 点的 R、T 换能器边缘间距(mm)；

a——"时-距"，图中 l' 轴的截距或回归直线方程的常数项(mm)。不跨裂缝平测的混凝土声速值 v 见式(3-32)和式(3-33)：

$$v = \frac{l_n' - l_1'}{t_n - t_1} \qquad (3\text{-}32)$$

或

$$v = b \qquad (3\text{-}33)$$

式中 l_n'、l_1'——第 n 点和第 1 点的测距(mm)；

t_n、t_1——第 n 点和第 1 点读取的声时值(μs)；

b——"时-距"直线的斜率。

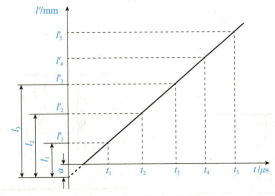

图 3-4 平测"时-距"图

②进行跨缝的声时测量：如图 3-5 所示，将 T、R 换能器分别置于以裂缝为对称轴的两侧，l_1' 取 100 mm、150 mm、200 mm 等，分别读取声时值 t_{ci}，同时观察首波相位的变化。

③裂缝深度按式(3-34)和式(3-35)计算：

$$h_i = \frac{l_i}{2} \sqrt{\left(\frac{t_{ci} v}{l_i}\right)^2 - 1} \qquad (3\text{-}34)$$

$$h_m = \frac{1}{n} \sum_{i=1}^{n} h_i \qquad (3\text{-}35)$$

式中 l_i——不跨缝平测时第 i 点的超声波实际传播距离(mm)；

h_i——以第 i 点计算的裂缝深度(mm)；

t_{ci}——第 i 点跨缝平测时的声时值(μs)；

h_m——各测点计算裂缝深度的平均值(mm)；

n——测点数。

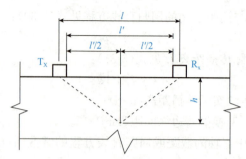

图 3-5　单面平测浅裂缝(深度不大于 500 mm)示意

④裂缝深度的确定方法如下：

a. 跨缝测量中，当在某测距发现首波反相时，可用该测距及两个相邻测距的测量值按式(3-34)计算 h_i 值，取此三点 h_i 的平均值作为该裂缝的深度值 h。

b. 跨缝测量中，如难以发现首波反相，则以不同测距按式(3-34)、式(3-35)计算 h_i；及其平均值 h_m。将各测距 l'_i 与 h_m 作比较，剔除测距 l'_i 小于 h_m 和大于 $3h_m$ 的数据组，然后取余下 h_i 的平均值，作为该裂缝的深度值 h。

(2)对于裂缝深度超过 500 mm，被检测混凝土允许在裂缝两侧钻测试孔的情形，可采用钻孔对测法检测裂缝深度，如图 3-6 所示。

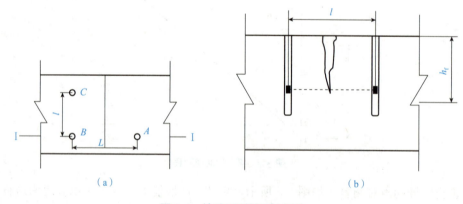

图 3-6　钻孔测裂缝深度示意

(a)平面图(C 为比较孔)；(b)Ⅰ-Ⅰ剖面图

①所钻测试孔应满足下列技术要求：

a. 孔径应比所用换能器的直径大 5～10 mm。

b. 孔深应比被测裂缝的预计深度深 70 mm，经测试，如浅于裂缝深度，则应加深钻孔。

c. 对应的两个测孔应始终位于裂缝两侧，且其轴线保持平行。

d. 两个对应测试孔的间距宜为 2 m，同一检测对象各对应测孔间距应保持相同。

e. 孔中的粉尘碎屑应清理干净。

f. 如图 3-6(a)所示，宜在裂缝一侧多钻一个孔距相同但较浅的孔(C)，通过 B、C 两孔测试无裂缝混凝土的声学参数。

g. 横向测孔的轴线应具有一定倾斜角。

②裂缝深度检测应选用频率为 20～60 kHz 的径向振动式换能器。

③测试前首先向测孔内注满清水，并检查是否有漏水现象，如果漏水较快，说明该测孔与裂缝相交，此孔不能用于测试。经检查测孔不漏水，可将 T、R 换能器分别置于裂缝同侧的 B、C 孔中，以相同高度等间距地同步向下移动，并读取相应的声时和波幅值。再将两个换能器分别置于裂缝两侧对应的 A、B 测孔中，以同样方法同步移动两个换能器，逐点读取声时、波幅和换能器所处的深度。换能器每次移动的间距一般为 100～300 mm，当初步查明裂缝的大致深度时，为便于准确判定裂缝深度，当换能器位于裂缝末端附近时，移动的间距应减小，详见图 3-6(b)。

④若需确定裂缝末端的具体位置，可按图 3-7 所示的方法，将 T、R 换能器相差一个固定高度，然后上下同步移动，在保持每一个测点的测距相等、测线倾角一致的条件下，读取相应声时的波幅值及两个换能器的位置。

⑤裂缝深度及末端位置判定。

a. 裂缝深度判定主要以波幅测值作为依据。具体对测孔所测得的波幅值和相应的孔深，用图 3-7 进行判别。其方法如下：换能器所处深度 h 为纵坐标，对应的波幅值 A 为横坐标，绘制 h-A 坐标图，如图 3-8 所示。随着换能器位置的下移，波幅逐渐增大，当换能器下移至某一位置后，波幅达到最大并基本保持稳定，该位置对应的深度，便是该裂缝的深度。

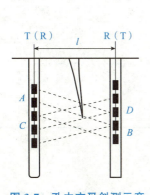

图 3-7　孔中交叉斜测示意

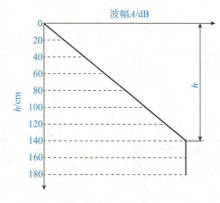

图 3-8　h-A 坐标图

b. 裂缝末端位置判定，如图 3-7 所示。当两个换能器的连线（测线）超过裂缝末端后，波幅测值将保持最大值，根据这种情况可以确定达到裂缝末端的两条测线 AB 和 CD 的位置，该两测线的交点便是裂缝末端的位置。

⑥采用钻孔对测时，应注意混凝土不均匀性的影响、温度和外力的影响及钢筋的影响。

三、记录表格

将试验数据记录在表 3-7 中。

表 3-7　结构混凝土表现及内部缺陷检测记录表(裂缝深度)

实验室名称：　　　　　　　　　　　　　　　　　记录编号：

工程部位/用途				委托/任务编号	
样品名称				样品编号	
样品描述					
试验依据					
主要仪器设备及编号					
试验条件				检测时间	
裂缝编号	换能器内边缘间距/mm 及对应声时/μm	裂缝编号	换能器内边缘间距/mm 对应声时/μm 及对应裂缝深/mm	裂缝编号	换能器从上至下提升距离/mm 及波幅/dB
	11		11		11
	1		1		1
			1		
裂缝图表描述					
备注：					

试验：　　　复核：　　　签发：　　　　　　　　　　　　　　　日期：　　年　　月　　日

任务 5　冲击回波法检测混凝土缺陷试验

🎯 任务情景

　　某施工企业需要进行冲击回波法检测混凝土缺陷试验检测。作为一名检测人员，在进行试验检测之前，需要掌握哪些关于此项检测试验的要求？需要查阅哪些相关技术规范及其他相关资料？具体的检测方法及步骤是什么？如何科学地分析检测结果？

📖 任务目标

　　1. 了解冲击回波法检测混凝土缺陷的设备现场检测的基本操作；

2. 熟悉冲击回波法检测混凝土缺陷原理以及适用范围；

3. 掌握冲击回波法检测混凝土缺陷异常结果的状态；

4. 掌握冲击回波法检测混凝土缺陷的优点、缺点；

5. 掌握冲击回波法检测混凝土缺陷检测仪器的性能及使用方法；

6. 掌握冲击回波法检测混凝土缺陷检测数据处理。

任务要求

认真阅读相关技术规范。学会用冲击回波法检测混凝土缺陷。

1. 熟练填写混凝土缺陷检测试验检测委托单；

2. 熟练填写混凝土缺陷检测试验检测原始记录；

3. 熟练出具混凝土缺陷检测报告，并对混凝土缺陷检测进行评价；

4. 养成互相帮助、互相讨论、共同进步的团队意识；

5. 培养吃苦耐劳的工匠精神；

6. 培育诚实、守信、科学、公正的职业素养；

7. 培养自主探究学习能力、信息素养及专业精神。

任务思考

1. 混凝土缺陷检测试验的目的是什么？

2. 本试验中用到的主要试验仪器和设备有哪些？

3. 混凝土缺陷检测的试验步骤是什么？

4. 怎样由试验数据得出混凝土缺陷？

冲击回波法检测
混凝土构件内部
缺陷

任务实施

一、冲击回波法检测方法

冲击回波法(IEEV)是沿着某个方向，以扫描的形式连续检测(激振和受信)，通过反射信号的特性来检测混凝土内部缺陷的状况。当混凝土存在缺陷时，一方面激振的弹性波在缺陷处会产生反射，同时在底部反射回来的弹性波的传播时间也会比密实的地方长，根据弹性波经过内部有缺陷的部位时达到底部的反射信号增加来判断缺陷的具体位置，最终对混凝土结构给予评价。

二、冲击回波法检测原理及特点

沿一定方向以扫描的形式逐点进行激振和接收信号。通过分析激振信号从混凝土底部反射信号的有无、强弱、传播时间等特性，来判断测试点下方内部缺陷的情况。该方法检测精度高、分辨力强，适用范围较广。冲击回波法梁体中的传播及波形对应关系参考图3-9。

冲击回波法测试具有如下特点：

(1)冲击回波法测试精度高，但测试速度较慢，测试效率相对较低。

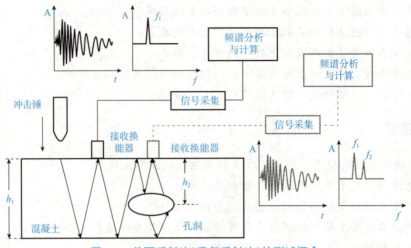

图 3-9 单面反射法(重复反射法)的测试概念

(2)当缺陷的尺寸 d 和壁厚 T 的比值为 $0.3<\dfrac{d}{T}<1.5$ 时，可以检出缺陷及底板；当缺陷的尺寸 d 和壁厚 T 的比值 $\dfrac{d}{T}<0.3$ 时，难以检测出缺陷；当缺陷的尺寸 d 和壁厚 T 的比值 $\dfrac{d}{T}>1.5$ 时，可以检出缺陷，但无法检出底板。

(3)当边界条件复杂(拐角处)或测试面有斜角(如底部有马蹄时)，测试精度会受较大的影响，应调整测试方向。

三、冲击回波法检测工作的重难点分析

用冲击波进行混凝土内部缺陷检测的难点为采用无损检测时，应事先进行波速标定，宜在与检测同期结构密实区域进行测试。

解决办法：该定位检测技术及方案所用的冲击回波法(IEEV)是沿着管道的上方或侧方，以扫描的形式连续检测(激振和受信)，通过反射信号的特性来检测管道内灌浆的状况。当混凝土内部存在缺陷时，一方面激振的弹性波在缺陷处会产生反射，同时在底部反射回来的弹性波的传播时间也会比密实的地方长。利用在混凝土表面激振时，根据弹性波经过内部有缺陷的部位时达到底部的反射信号增加来判断缺陷的具体位置。

四、记录表格

(一)仪器设备

混凝土多功能无损检测仪 SCE-MATS-S。

(二)试验准备

(1)检测前应进行下列准备工作：
①调查、收集检测项目的相关资料；
②制订检测方案；

③核查仪器设备状态。

(2)调查、收集的资料宜包括下列内容：

①工程名称及设计、施工、监理、建设和委托单位名称等；

②被检测结构构件的名称、设计图纸、设计变更、施工记录、施工验收等；

③混凝土原材料品种和规格、配合比、浇筑和养护情况、设计强度等级等；

④构件、结构所属环境条件、使用期间的加固情况；

⑤明确委托方检测目的和具体要求；

⑥结构构件外观质量及存在的问题。

(3)检测方案应根据实际被测对象进行制定，可包括下列内容：

①工程概况、结构构件设计及施工情况；

②检测依据、目的及委托方要求；

③检测人员及仪器设备；

④测区划分、测线布置；

⑤测试方法、步骤、数量、位置及进度；

⑥其他配合工作。

(4)受检构件测区外缘距构件的变截面或侧表面的最小距离，应大于沿冲击方向的构件厚度。

(三)试验步骤

(1)检测部位混凝土表面应清洁、平整，且不应有蜂窝、孔洞等外观质量缺陷。当表面不平时，应打磨平整。

(2)对参照试块进行波速标定，并填写混凝土结构厚度及内容缺陷检测现场记录表(表3-8和表3-9)。

表 3-8　混凝土结构厚度检测现场记录表

混凝土结构厚度检测现场记录表									
班级组号				检测位置编号					
试验依据				混凝土设计标号					
检测日期				使用设备编号					
构件描述									
序号	测试项目	构件编号	激振锤型号	传感器型号	有效数据数量	有效解析结果数量	标准偏差	标定波速/(km·s⁻¹)	实际厚度/mm
1	试块波速标定								
序号	测试项目	构件编号	激振锤型号	传感器型号	有效数据数量	有效解析结果数量	标准偏差	测试结果/m	
2	试块厚度检测								
3									
测点及激振点示意图									

（3）波速标定后，进行混凝土缺陷测定：沿规定测线进行测试，传感器应放置于测点位置，敲击点距传感器宜控制在 3～6 cm 且敲击点位置不重复。在仪器中保存数据并进行分析后，填写表 3-9。

表 3-9　混凝土内部缺陷测定现场记录表

混凝土内部缺陷测定现场记录表								
班级组号					检测位置编号			
试验依据					混凝土设计标号			
检测日期					使用设备编号			
构件描述								
序号	测试项目	构件编号	激振锤型号	传感器型号	有效数据量	有效解析结果数量	标准偏差	标定波速/(km·s⁻¹)	实际厚度/mm
1	试块波速标定								
序号	测试项目	构件编号	激振锤型号	传感器型号	测线1长度/cm	测线2长度/cm	缺陷面积/cm²	测点间距	结构尺寸
2	内部缺陷检测								
测区测点布置简图								

试验：　　复核：　　　　　　　　　　　　　　　日期：　　年　　月　　日

任务 6　混凝土内部缺陷(CT)检测

任务情景

某施工企业需要进行大体积混凝土内部缺陷(蜂窝、空洞等)检测。作为一名检测人员，在进行该检测之前，需要掌握哪些关于此项检测的要求？需要查阅哪些相关技术规范及其他相关资料？具体的检测方法及步骤是什么？如何科学地分析检测结果？

任务目标

1. 了解混凝土内部缺陷(CT)检测的基本原理；
2. 熟悉混凝土内部缺陷(CT)检测的适用条件；
3. 了解混凝土内部缺陷(CT)检测的相关的技术规范；
4. 掌握混凝土内部缺陷(CT)检测的仪器的性能及使用方法；
5. 掌握混凝土内部缺陷(CT)检测的数据处理方法；

6. 能够运用定量的方法，科学地评定混凝土缺陷。

任务要求

认真阅读《混凝土结构现场检测技术标准》(GB/T 50784—2013)等相关技术规范。学会用混凝土内部缺陷(CT)检测法测定混凝土缺陷检测。

1. 熟练填写混凝土内部缺陷(CT)检测试验检测委托单；
2. 熟练填写混凝土内部缺陷(CT)检测试验检测原始记录；
3. 熟练出具混凝土内部缺陷(CT)检测报告，并对混凝土缺陷检测进行评价；
4. 养成互相帮助、互相讨论、共同进步的团队意识；
5. 培养吃苦耐劳的工匠精神；
6. 培育诚实、守信、科学、公正的职业素养；
7. 培养自主探究学习能力、信息素养及专业精神。

任务思考

1. 混凝土内部缺陷(CT)检测的目的是什么？
2. 本试验中用到的主要试验仪器和设备有哪些？
3. 混凝土内部缺陷(CT)检测的试验步骤是什么？
4. 怎样由试验数据得出混凝土缺陷？

任务实施

混凝土内部缺陷(CT)检测是基于无损检测技术，采用弹性波 CT 法对混凝土构件进行检测。当测试区域中存在软弱区域或缺陷时，弹性波信号在混凝土中传播时会产生绕射，传播时间变长，测试区域内通过计算机层析技术反算的弹性波波速降低。因此，通过波速分布及评判标准即可检知混凝土结构内部质量。若按工程经验来判断缺陷，目前按照不同强度等级波速标定结果来确定缺陷判定依据(基准波速请参考 6.1 现有部分)。

一、仪器设备

混凝土多功能无损检测仪 SCE-MATS-S。

二、测线、点布置方案

在被测结构两个对测面上对称布置测线和测点，此处的测线即测试断面，根据检测频率及测区大小，确定测试断面(测线)间距和测点间距，同时对测试断面以及测点进行编号。测试断面以及测点布置以高铁零号块内部缺陷检测为例进行说明，如图 3-10 和图 3-11 所示，该测区有 3 个测试断面。

弹性波 CT 法测试的方法根据测线的交叉情况，分为斜测法与平测法(图 3-12)，斜测法能够确定缺陷的具体位置及大致面积，而平测法对缺陷位置敏感度相对较高，但不能识别缺陷与测试面的距离，能够较准确地确定缺陷对应的测点。

图 3-10　检测断面布置图

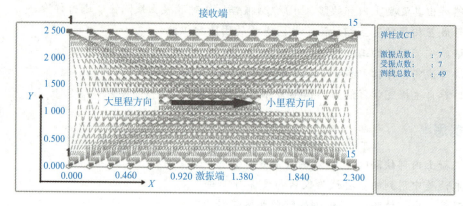

图 3-11　测点(线)分布图(斜测)

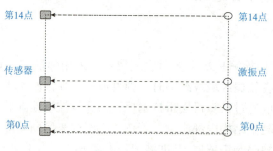

图 3-12　平测法

三、试验步骤

1. 波速标定

为了确立混凝土内部空洞的判断基准，需要在健全部位进行波速标定。对结构进行检测时，采用的检测方法不同，缺陷判定标准的波速也不同。

(1)斜测法检测。当采用斜测法进行检测时，判定基准也采用斜测法进行分析 CT 反演确定。以反演波速的最小波速的 0.9 倍(辽宁省地标：波速在标准值以上的区域为合格区，不到标准值 80% 的区域称为低速异常区)作为缺陷判定标准。

(2)平测法检测。当对结构进行平测法检测时，在健全部位对结构激振及接收部位定点测试，以该部位测试波速的 0.9 倍(辽宁省地标：波速在标准值以上的区域为合格区，不到标准值 80% 的区域称为低速异常区)作为缺陷判定基准。

（3）如没有条件标定，可取测试断面的对测波速平均值的 0.9 倍作为平测法的基准波速；如有 7 个测点，该测试断面就有 49 条测线（此处测线为波传递路径），其中激振和接收 1 对 1，2 对 2，…，7 对 7 即为对测波速（图 3-13、图 3-14）。一次解析后保存 SRN 文件，在打开方式中选择记事本打开 SRN 文件，其中有各测线传播时间，只需要 0-0，1-1，2-2，…，对测测线传播时间，通过结构厚度即可算出对测波速，取其均值即可（图 3-15）。

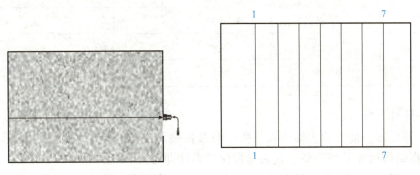

图 3-13　对测示意　　　　　图 3-14　交叉测线中的对测测线示意

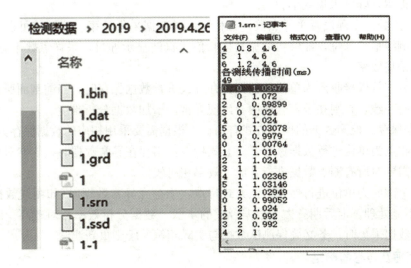

图 3-15　选取对测测线传播时间

表 3-10 为地标中不同强度对应的参考波速。

表 3-10　混凝土波速与强度试验结果对照表

混凝土强度等级	轴心抗压强度标准值/MPa	轴心抗压强度设计值/MPa	弹性模量/GPa	纵波速度/(km·s⁻¹)
C25	16.70	11.50	28.00	3.30
C30	20.10	13.80	30.00	3.70
C35	23.40	16.10	31.50	3.90

续表

混凝土强度等级	轴心抗压强度标准值/MPa	轴心抗压强度设计值/MPa	弹性模量/GPa	纵波速度/(km·s^{-1})
C40	26.80	18.40	32.50	4.05
C45	29.60	20.50	33.50	4.20
C50	32.40	22.40	34.50	4.30
C55	35.50	24.40	35.50	4.40
C60	38.50	26.50	36.00	4.50

2. 重要参数设置

(1)放大器设置。前置放大器放大倍数一般激振端用 1 倍，接收端用 100 倍，接收端放大倍数可根据结构尺寸适当调整，其余参数保持默认即可。

(2)最大电压。数据采集参数中，"最大电压"一般设置为大于 10 V，避免现场采集过程中出现超压提示，降低采集效率。

(3)采样点数。正确设置采样点数，有利于提高数据采集效率。测试前可以将激振及接收点放置在测线最长部位，能够将激振及接收信号首波显示即可，采样点数不宜设置过大，否则会降低采集效率。

需要注意：从以接收点为单位的数据保存方式进行数据保存时，当前剖面所有数据采用参数均需保持一致，否则在数据合成中会出现异常，增加数据分析难度。

(4)数据保存。检测数据的保存方式有两种，根据需要采用相应的数据保存方式。

①以接收点为单位进行数据保存。该方式特点：当存在异常数据时，能够对异常数据进行处理。但需要对所有测点数据进行合成，效率相对较低。

②以每个剖面为单位进行保存。该方式特点：当存在异常数据时（如测线数据与实际不符），数据不能处理。但后期省去了数据合成的步骤，数据分析效率相对较高。因此，采用该方式进行数据采集时，务必确保测试数据与实际相符，否则重新测试。

3. 激振锤及传感器确定

激振锤与传感器的选择方法见表 3-11 及如图 3-16 所示。

表 3-11　激振锤和传感器选择

激振锤	传感器	备　注
D30/D50	S31SC（不带支座）、S305M-16（接在激振锤上）	检测时，激振锤振动强烈，传感器很容易松动，因此，检测时利用电胶布将传感器与激振锤粘接牢固，降低传感器松动频率； 检测时，激振锤传感器与连线容易出现损坏，需要用电胶布粘接线缆与传感器，保护激振传感器

图3-16　增加保护装置的激振锤(未加装防松动措施)

4. 检测波形特征

检测时，保存的波形要求两个通道首波起跳都能清晰可见，典型波形图如图3-17所示。

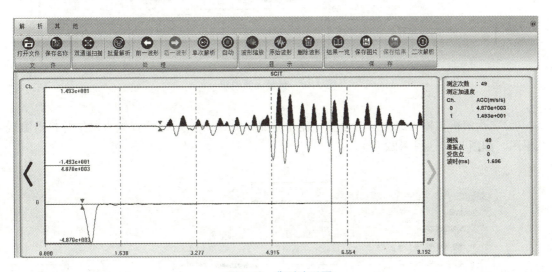

图3-17　典型波形图

5. 数据分析

(1)一次解析。输入被测范围信息，测试断面角点坐标以图3-18为例，如图3-19所示。

注意：角点坐标逆时针设置

4（0，1）　　　　　　　　　　3（3，1）

1（0，0）　　　　　　　　　　2（3，0）

图3-18　测试断面角点坐标示意

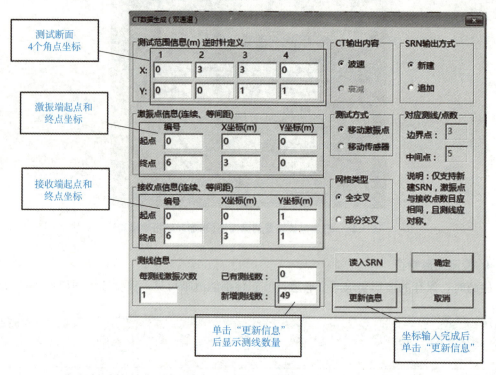

图 3-19　参数设置说明

（2）二次解析。输入二次解析参数，输入界面如图 3-20 所示。检查输入结果并核对测线结果图，如图 3-20～图 3-22 所示。

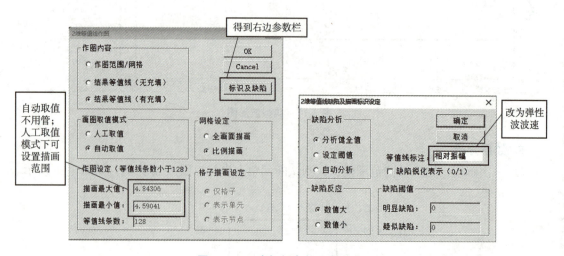

图 3-20　二次解析参数设置说明

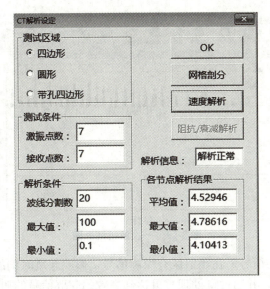

图 3-21　二次解析参数设定

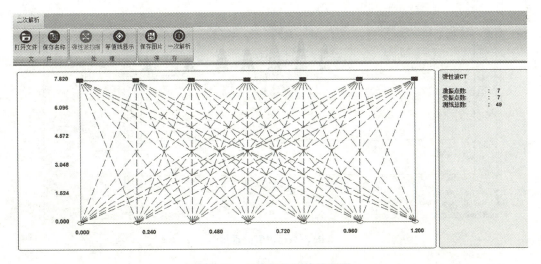

图 3-22　二次解析测线结果图

注意，描画最小值：设置为缺陷判定的基准值。

6. 分析波形

（1）一次解析。批量解析完成后，需要人工浏览一遍是否存在首波位置自动选择有误的波形，发现选择有误的，单击"自动"切换到"人工"模式，右击手动将其选到正确位置，再单击"单次解析"；所有波形确认无误后，单击"结果一览"，再单击"保存结果"按钮。一次解析波形如图 3-23 所示。

为了确保分析时间选择的准确无误，利用记事本打开分析保存的"＊.srn"文件，查看各测线传播时间是否出现异常。

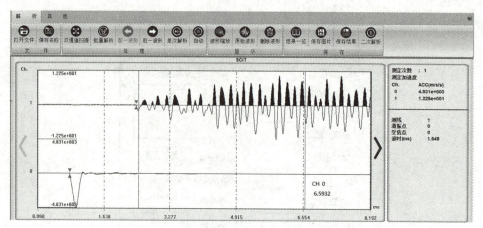

图 3-23　一次解析波形图

若测试数据 CH1 的信号，在预留区有噪声信号，影响起跳时刻的选取，可通过 BPF 设定及波形表示范围设定，并通过批处理，可达到高效的获取信号的初至时刻，降低信号噪声对初至时刻选取的影响(图 3-24、图 3-25)。

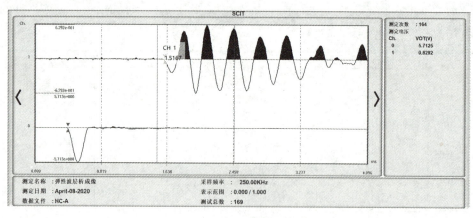

图 3-24　BPF 处理前

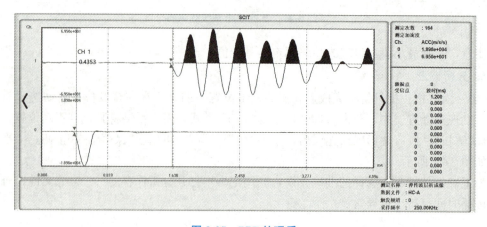

图 3-25　BPF 处理后

（2）二次解析。二次解析测线分布图，如图3-26所示。

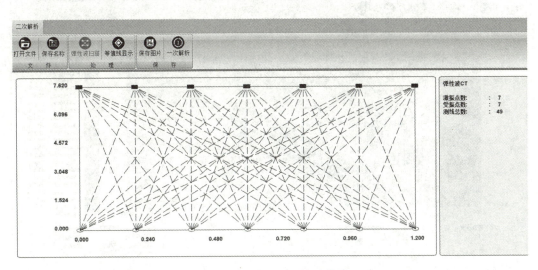

图 3-26　二次解析测线分布图

单击"等值线显示"按钮即可得到结果图，保存图片完成解析，结果如图3-27所示。

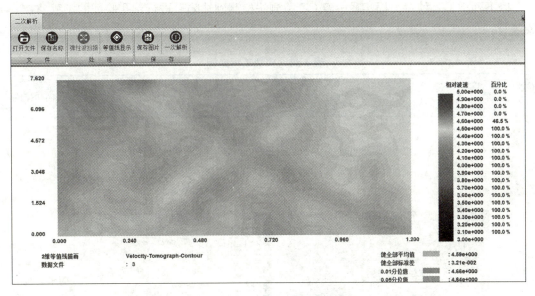

图 3-27　二次解析结果图

7. 结果确定

CT检测结果图中颜色越暖（红）表示波速越高，根据基准波速，通过看等值线图低波速区来确定缺陷坐标即可。辽宁省地标中明确低于波速标准值80％的为低速异常区。

根据分析的结果如图3-28所示，若分析结果图中的"百分比"最低处出现小于100％时，则表示该部位出现混凝土内部缺陷。

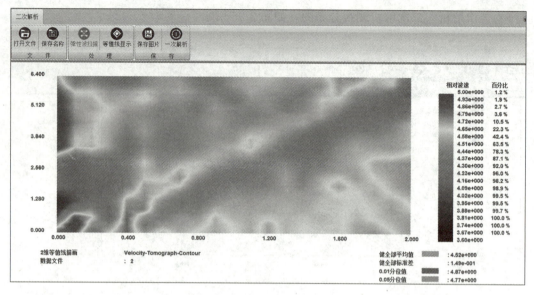

图 3-28　分析结果图

8. 典型实例

以下列举了几种在工程实践中经 CT 检测法检测到缺陷后进行钻孔验证的工程实例，见表 3-12。

表 3-12　典型工程实例

检测位置	检测结果图	开孔图片	芯样描述
右中横梁F剖面	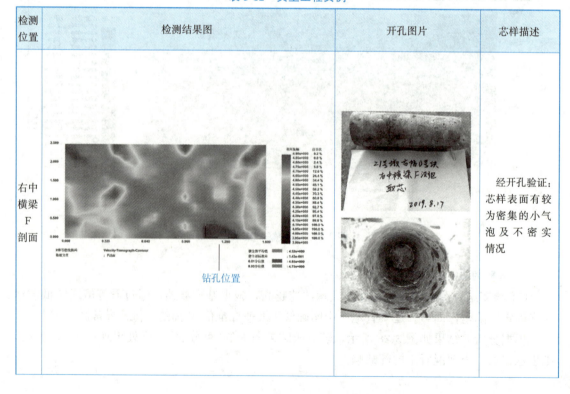		经开孔验证：芯样表面有较为密集的小气泡及不密实情况

续表

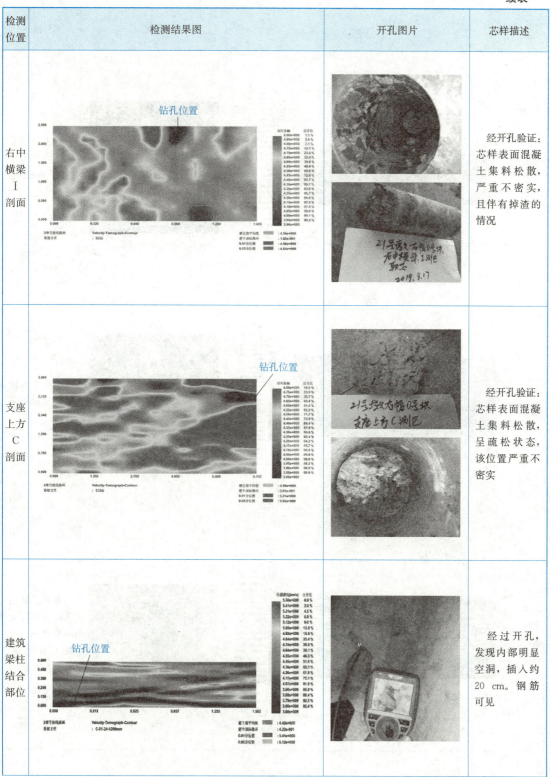

检测位置	检测结果图	开孔图片	芯样描述
右中横梁Ⅰ剖面			经开孔验证：芯样表面混凝土集料松散，严重不密实，且伴有掉渣的情况
支座上方C剖面			经开孔验证：芯样表面混凝土集料松散，呈疏松状态，该位置严重不密实
建筑梁柱结合部位			经过开孔，发现内部明显空洞，插入约20 cm。钢筋可见

检测位置	检测结果图	开孔图片	芯样描述
建筑梁柱结合部位			经过开孔，发现内部明显空洞，内部钢筋清晰可见
建筑梁柱结合部位			混凝土表面疏松，内部出现孔洞
建筑梁柱结合部位			开孔后，钻孔周围有较为明显麻面，混凝土有明显不密实现象

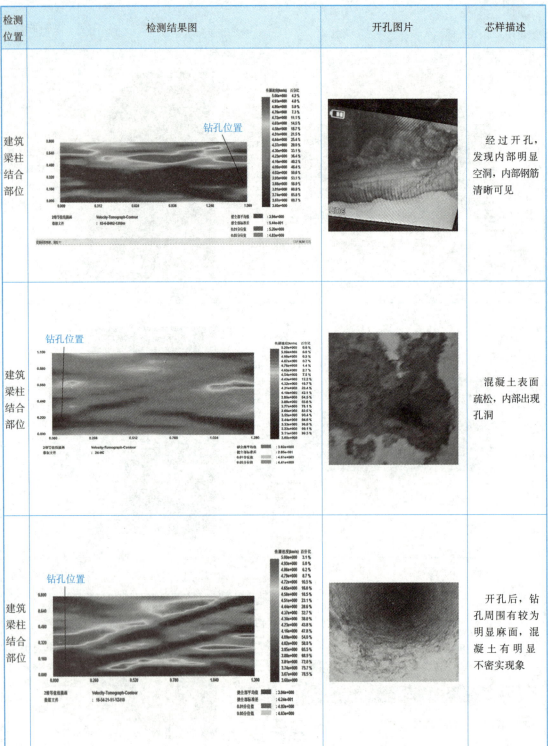

四、记录表格

将试验数据记录在表 3-13 中。

表 3-13　混凝土结构(混凝土缺陷)检测记录表

检测单位名称：　　　　　　　　　　　　　　记录编号：

工程名称										
工程部位/部位										
样品信息										
检测日期					检测条件					
检测依据	T/CECS 925—2021				判定依据		T/CECS 925—2021			
主要仪器设备名称及编号										
混凝土结构(混凝土缺陷)检测										
序号	构件编号	结构尺寸/m	设计强度	浇筑日期	测区编号	X坐标范围/m	Y坐标范围/m	测点间距/m	结构厚度/m	原点位置	激振方向
1											
2											
3											
4											
5											
6											
7											
8											
附加声明：											

试验：　　复核：　　　　　　　　　　　　　　　日期：　　年　　月　　日

任务 7　混凝土中钢筋位置、保护层厚度检测

任务情景

　　某施工企业需要进行混凝土钢筋位置、保护层厚度检测。作为一名检测人员，在进行检测之前，需要掌握哪些关于此项检测的要求？需要查阅哪些相关技术规范及其他相关资料？

具体的检测方法及步骤是什么？如何科学地分析检测结果？

任务目标

1. 了解电磁感应法检测混凝土中钢筋位置、保护层厚度的设备；

2. 熟悉电磁感应法检测混凝土中钢筋位置、保护层厚度的原理以及适用范围；

3. 掌握电磁感应法检测混凝土保护层厚度和钢筋间距检测抽样规定，及测区、测点的布置。

4. 掌握钢筋位置、保护层厚度检测仪器的性能及使用方法；

5. 掌握钢筋位置、保护层厚度检测数据处理方法。

任务要求

认真阅读相关技术规范，学会用混凝土电阻率检测法测定钢筋位置、保护层厚度检测。

1. 熟练填写钢筋位置、保护层厚度检测试验检测委托单；

2. 熟练填写钢筋位置、保护层厚度检测试验检测原始记录；

3. 熟练出具钢筋位置、保护层厚度检测的检测报告，并对钢筋位置、保护层厚度检测进行评价；

4. 养成互相帮助、互相讨论、共同进步的团队意识；

5. 培养吃苦耐劳的工匠精神；

6. 培育诚实、守信、科学、公正的职业素养；

7. 培养自主探究学习能力、信息素养及专业精神。

任务思考

1. 钢筋位置、保护层厚度检测的目的是什么？

2. 本检测中用到的主要检测仪器和设备有哪些？

3. 钢筋位置、保护层厚度检测的试验步骤是什么？

4. 怎样由检测数据得出钢筋位置、保护层厚度？

混凝土中钢筋
位置的检测

混凝土中钢筋保
护层厚度的检测

任务实施

一、电磁感应法检测技术方法

电磁感应法是指通过使用一定的电磁发射感应器，向混凝土的内部发射电磁波，当受到混凝土内部的钢筋结构的作用，电磁波就会产生相应的二次感应磁场，通过接收产生的二次感应磁场的脉波强度来分析混凝土中的钢筋保护层厚度。在这个分析过程中一般的计算方法是，在保证一次场恒定的基础上，根据二次场的强度，采用固定的程式来计算混凝土中钢筋保护层的厚度。这种检测方法总体来说更加的精准、正确。

二、电磁感应法的技术原理

在构件混凝土表面向内部发射电磁波，形成电磁场，当传感器靠近含铁磁的物体时，混凝土内部的钢筋切割磁感线产生感应电磁场，由于感应电磁场的强度及空间梯度变化与钢筋位置、直径、保护层厚度有关。因此，通过测量感应电磁场的梯度变化，并进行分析处理，就能确定钢筋位置、保护层厚度。该方法属于原位无损检测，操作简单、工作效率高。

当水平线圈轴线与通电导线垂直且处于通电导线正上方时，水平线圈信号最强，如图 3-29 所示。

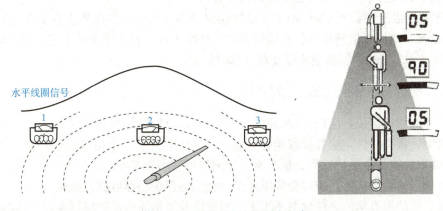

图 3-29 电磁感应信号强度示意

三、电磁感应法的特点

1. 优点

(1)省时省力、操作简便、效率高。

(2)有利于及时了解施工构件保护层厚度的施工水平，调整施工工艺，提高施工质量，可以作为日常检测方法。

2. 局限性

(1)容易受预埋件及其他金属件影响。

(2)测试深度较浅。

四、试验步骤

(1)仪器性能和操作要求应符合《混凝土中钢筋检测技术标准》(JGJ/T 152—2019)、《混凝土结构现场检测技术标准》(GB/T 50784—2013)的有关规定。

(2)检测前，应对钢筋探测仪进行预热和调零，调零时探头应远离金属物体。

(3)进行检测前，宜结合设计资料了解钢筋布置状况。首先应设定钢筋探测仪量程范围及钢筋公称直径，沿被测钢筋轴线选择相邻钢筋影响较小的位置。检测时，应避开钢筋接头和绑丝，钢筋间距应满足钢筋探测仪的检测要求。探头在检测面上移动，直到钢筋探测仪保护层厚度示值最小，此时探头中心线与钢筋轴线应重合，在信号最强处的相应位置做好标记。按上述步骤将相邻的其他钢筋位置逐一标出。

(4)钢筋位置确定后，应按下列方法进行混凝土保护层厚度的检测：

①读取第一次检测的混凝土保护层厚度检测值后，在被测钢筋的同一位置应重复检测1次，读取第2次检测的混凝土保护层厚度检测值；

②当同一处读取的2个混凝土保护层厚度检测值相差大于1 mm，该组检测数据无效，在该处应重新进行检测。若仍不满足要求时，应更换钢筋探测仪或采用钻孔、剔凿的方法验证。(注：大多数钢筋探测仪要求钢筋公称直径已知方能准确检测混凝土保护层厚度，此时钢筋探测仪必须按照钢筋公称直径对应进行设置。)

(5)当实际混凝土保护层厚度小于钢筋探测仪最小示值时，应采用在探头下附加垫块的方法进行检测。垫块对钢筋探测仪检测结果不应产生干扰，表面应光滑平整，其方向厚度值偏差应不大于0.1 mm。所加垫块厚度在计算时扣除。

五、构件抽样、测区(测点)的选取

(1)检验的结构部位，应由监理(建设)、施工等各方根据结构构件的重要性共同选定。

(2)对梁、板类构件，应各抽取构件数量的2％且不少于5个构件进行检验。当有悬挑构件时，抽取的构件中悬挑梁类、板类所占比例均不宜小于50％。

(3)对选定的梁类构件，应对全部纵向受力钢筋的保护层厚度进行检验。

(4)对选定的板类构件，应抽取不少于6根纵向受力钢筋的保护层厚度进行检验。

(5)对每根钢筋，应在有代表性的部位测量1点。

(6)在测定钢筋保护层厚度时须标记检测范围内设计间距相同的连续钢筋轴线位置，连续量测构件钢筋的间距。

(7)当遇到下列情况之一时，应选取不少于30％的已测钢筋且不应少于6处(当试剂检测数量不到6处时全部选取)，采用钻孔、剔凿等方法验证，并填写相应的记录表(表3-14)。

①认为相邻钢筋对检测结果有影响时；

②钢筋工程直径未知或有异议；

③钢筋实际根数、位置与设计有较大偏差；

④钢筋以及混凝土材质与校准试件有显著差异。

六、注意事项

(1)电磁感应法不适合含有铁磁性物质的混凝土检测。

(2)对于具有饰面层的结构和构件，应清除饰面层后在混凝土面上进行检测。

七、记录表格

将试验数据记录在表3-14中。

表 3-14 钢筋保护层厚度及钢筋间距检测现场记录表

钢筋保护层厚度及钢筋间距检测现场记录表								
班级组号				检测位置编号				
试验依据				钢筋直径/mm				
检测日期				设备编号				
构件描述								
实测值								
横向钢筋保护层厚度	钢筋编号							
	测值							
	平均值/mm							
横向钢筋间距	钢筋编号							
	测值							
	平均值/mm							
纵向钢筋间距	钢筋编号							
	测值							
	平均值/mm							
钢筋分布及间距示意图:								

试验: 复核: 日期: 年 月 日

任务 8 钢筋锈蚀率检测试验

任务情景

某施工企业需要进行钢筋锈蚀率检测试验。作为一名检测人员,在进行试验检测之前,需要掌握哪些关于此项检测试验的要求?需要查阅哪些相关技术规范及其他相关资料?具体的检测方法及步骤是什么?如何科学地分析检测结果?

任务目标

1. 了解钢筋锈蚀率检测试验的基本原理;
2. 熟悉钢筋锈蚀率检测试验的适用条件;
3. 了解钢筋锈蚀率检测试验的相关的技术规范;

4. 了解钢筋锈蚀率检测试验的检测原理；

5. 掌握钢筋锈蚀率检测仪器的性能及使用方法；

6. 掌握钢筋锈蚀率检测试验的数据处理方法；

7. 能够运用定量的方法，科学地评定钢筋的质量。

任务要求

认真阅读《混凝土中钢筋检测技术标准》(JGJ/T 152—2019)等相关技术规范。学会用钢筋锈蚀率检测法测定钢筋锈蚀率。

1. 熟练填写钢筋锈蚀率检测试验检测委托单；

2. 熟练填写钢筋锈蚀率检测试验检测原始记录；

3. 熟练出具钢筋锈蚀率检测报告，并对钢筋锈蚀率检测进行评价；

4. 养成互相帮助、互相讨论、共同进步的团队意识；

5. 培养吃苦耐劳的工匠精神；

6. 培育诚实、守信、科学、公正的职业素养；

7. 培养自主探究学习能力、信息素养及专业精神。

任务思考

1. 钢筋锈蚀率检测试验的目的是什么？

2. 本试验中用到的主要试验仪器设备有哪些？

3. 钢筋锈蚀率检测的试验步骤是什么？

4. 怎样由试验数据得出钢筋锈蚀率检测？

任务实施

一、钢筋锈蚀原理

钢筋混凝土结构物的耐久性问题越来越引起人们的重视，而钢筋锈蚀则是影响结构物耐久性的主要因素之一，随着工业污染及建筑结构的老化，钢筋锈蚀问题越来越突出，直接影响到结构物的安全使用。

钢筋锈蚀是一个电化学过程，这已为人们所共知，然而电化学过程的起始与发展还取决于许多复杂的因素，一些工程技术人员往往不重视或不了解这些因素的作用原理与钢筋锈蚀的密切关系，甚至在设计、施工及使用过程中增加一些不利的人为因素，使结构物过早出现腐蚀问题。此外，一切防护措施，均应在全面分析和了解影响钢筋锈蚀的各种因素的基础上制订和实施，方能得到预期的效果。

下面以硅酸盐水泥为例，介绍混凝土中钢筋表面钝化膜的破坏与腐蚀半电池的形成机理。

硅酸盐水泥在水化过程中产生一定的碱，方程式如下：

$$2[3CaO \cdot SiO_2] + 6H_2O \longrightarrow 3CaO \cdot 2SiO_2 \cdot 3H_2O + 3Ca(OH)_2$$

$Ca(OH)_2$ 一部分溶解于混凝土的液相中，使混凝土 pH 值为 $13\sim14$，另一部分则沉淀于混凝土的微孔中，处于强碱环境中的钢筋，其表面生成致密氧化膜，使钢筋处于钝化状态，同时混凝土对钢筋也起着物理保护作用。

但是从热力学的观点来看，钢筋的钝化是不稳定的，钝化状态的保持具有一定的条件，一旦条件改变，钢筋便由钝化状态向活化状态转变。

混凝土通常具有连续贯通的毛细孔隙，起初这些毛细孔隙被水泥水化过程中所产生的自由水和固体 $Ca(OH)_2$ 所填塞，但是，暴露在空气中的混凝土随着时间的推移，会逐渐释放一部分自由水，在干燥过程中，混凝土中的水分挥发，其原来占有的孔隙空间就会被空气所填补，通常空气中包含着大量的 CO_2 和酸性气体，它们能与混凝土中的碱性成分起反应，大气中的 CO_2、SO_2、SO_3 能中和混凝土中的 $Ca(OH)_2$：

$$CO_2 + Ca(OH)_2 \rightarrow CaCO_3 + H_2O$$

$$SO_2 + Ca(OH)_2 \rightarrow CaSO_3 + H_2O$$

$$SO_3 + Ca(OH)_2 \rightarrow CaSO_4 + H_2O$$

这就是人们所说的混凝土碳化。混凝土碳化会使混凝土的 pH 值降低，当 pH 值小于 11 时，混凝土中钢筋表面的致密钝化膜就被破坏，不仅如此，$CaSO_3$、$CaSO_4$ 还会与水泥水化产物中的铝酸三钙反应，生成物体积增大，从而使混凝土胀裂，这就是硫酸盐侵蚀破坏。常说的碱性集料反应(碱性反应)的破坏机理，也与此相似。当混凝土中的碱浓度超过一定临界值后，集料中如微晶和隐晶硅等活性矿料就会起化学反应而生成一种凝胶，而这种凝胶往往是吸水膨胀的，一旦混凝土遭受水的侵蚀，就使凝胶膨胀，从而产生过高的内应力，导致混凝土胀裂，这样一来就加快了混凝土的表面剥落。

一旦钢筋表面钝化膜局部破坏或变得致密度差，即不完整，则钝化膜处就会形成阳极，而周围钝化膜完好的部位构成阴极，从而形成了若干个微电池。虽然有些微电池处于抑制状态，但在一定条件下可以被激化，从而使其处于活化状态发生氧化还原反应，这样就造成钢筋的锈蚀，宏观上混凝土和握裹其中的钢筋形成半电池，也正是通过检测以上所述的处于活化状态的钢筋锈蚀半电池电位来判断当下混凝土内的钢筋锈蚀活化程度。

二、半电池电位法检测钢筋锈蚀率

半电池电位法是指利用混凝土中钢筋锈蚀的电化学反应引起的电位变化来测定钢筋锈蚀状态。通过测定钢筋/混凝土半电池电极与在混凝土表面的铜/硫酸铜参考电极之间电位差的大小，来评定混凝土中钢筋的锈蚀活化程度。

半电池电位法主要针对半电池电位法检测混凝土中钢筋锈蚀状况的原理，规定仪器的使用方法、检测方法和判定标准的应用方法。

钢筋锈蚀状况检测范围应为主要承重构件或承重构件的主要受力部位，或根据一般检查结果有迹象表明钢筋可能存在锈蚀的部位。用于估测在用的现场和试验室硬化混凝土中无镀层钢筋的半电池电位，测试与这些钢筋的尺寸和埋在混凝土中的深度无关，可以在混凝土构件使用寿命中的任何时期使用。

半电池电位法用于检测混凝土中钢筋的锈蚀活化程度。已经干燥到绝缘状态的混凝土或已发生脱空层离的混凝土表面，测试时不能提供稳定的电回路，不适用本方法。对于特殊环境，如海水浪溅区、处于盐雾中的混凝土结构等，也不具有普遍适用性。

电位的测量需由有经验的、从事结构检测的工程师或相关技术专家完成并解释，除了半电池电位测试外，还有必要使用其他数据，如氯离子含量、碳化深度、层离状况、混凝土电阻率和所处环境调查等，以掌握钢筋腐蚀情况及其对结构使用寿命可能产生的影响。

钢筋锈蚀电位的
检测与评定

(一)仪器设备

1. 参考电极

(1)本方法参考电极为铜/硫酸铜半电池。它由一根不与铜或硫酸铜发生化学反应的刚性有机玻璃管、一只通过毛细作用保持湿润的多孔塞、一个处在刚性管里饱和硫酸铜溶液中的紫铜棒构成，如图 3-30 所示。

(2)铜/硫酸铜参考电极温度系数为 0.9 mV/℃。

2. 二次仪表的技术性能要求

(1)测量范围大于 1 000 mV。

(2)准确度优于 0.5 F.S. ±1 mV。

(3)输入电阻大于 10^{10} Ω。

(4)仪器使用环境条件：环境温度 0～40 ℃；相对湿度≤95%。

3. 导线

导线总长应不超过 150 m，一般选择截面面积大于 0.75 mm^2 的导线，以使在测试回路中产生的电压降不超过 0.1 mV。

4. 接触液

为使铜/硫酸铜电极与混凝土表面有较好的电接触，可在水中加适量的家用液态洗涤剂对被测表面进行润湿，减小接触电阻与电路电阻。

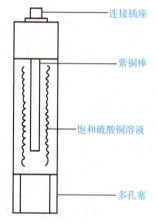

连接插座

紫铜棒

饱和硫酸铜溶液

多孔塞

图 3-30　铜/硫酸铜参考
电极结构图

5. 使用情况

在使用接触液后仍然无法得到稳定的电位差时，应分析是否为电回路的电阻过大或是附近存在与桥梁连通的大地波动电流，在以上情况下，不应使用半电池电位法。

(二)试验步骤

1. 测区的选择与测点布置

(1)钢筋锈蚀状况检测范围应为主要承重构件或承重构件的主要受力部位，或根据一般检查结果有迹象表明钢筋可能存在锈蚀的部位。但测区不应有明显的锈蚀胀裂、脱空或层离现象。

(2)在测区上布置测试网格，网格节点为测点，网格间距可选 20 cm×20 cm、30 cm×30 cm、20 cm×10 cm 等，根据构件尺寸而定，测点位置距离构件边缘应大于 5 cm，一般不宜少于 20 个测点。

(3)当一个测区内相邻测点的读数超过 150 mV 时，通常应减小测点的间距。

(4)测区应统一编号，注明位置，并描述外观情况。

2. 混凝土表面处理

用钢丝刷、砂纸打磨测区混凝土表面，去除涂料、浮浆、污迹、尘土等，并用接触液将表面润湿。

3. 二次仪表与钢筋的电连接

（1）现场检测时，铜/硫酸铜电极一般接二次仪表的正输入端，钢筋接二次仪表的负输入端。

（2）局部打开混凝土或选择裸露的钢筋，在钢筋上钻一小孔并拧上自攻螺钉，用加压型鳄鱼夹夹住并润湿，采用图 3-31 所示的测试系统连接方法连接，确保有良好的电连接。若在远离钢筋连接点的测区进行测量，必须用万用表检查内部钢筋的连续性，如不连续，应重新进行钢筋的连接。

（3）铜/硫酸铜参考电极与测点的接触。测量前应预先将电极前端多孔塞充分浸湿，以保证良好的导电性，正式测读前应再次用喷雾器将混凝土表面润湿，但应注意被测表面不应存在游离水。

测试系统连接方法如图 3-31 所示。

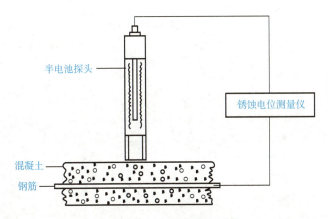

半电池探头

锈蚀电位测量仪

混凝土

钢筋

图 3-31　测试系统连接方法

4. 铜/硫酸铜电极的准备

饱和硫酸铜溶液由硫酸铜晶体溶解在蒸馏水中制成。当有多余的未溶解硫酸铜结晶沉积在溶液底部时，可以认为该溶液是饱和的。电极铜棒应清洁，无明显缺陷；否则，需用稀释盐酸溶液清洁铜棒，并用蒸馏水彻底冲净。硫酸铜溶液应注意更换，保持清洁，溶液应充满电极，以保证电连接。

5. 测量值的采集

测点读数变动不超过 2 mV，可视为稳定。在同一测点，同一支参考电极重复测读的差异不应超过 10 mV；不同参考电极重复测读的差异应不超过 20 mV。若不符合读数稳定要求，应检查测试系统的各个环节。

（三）影响测量准确度的因素及修正

混凝土含水率对测值的影响较大，测量时构件应处在自然干燥状态。为提高现场评定钢筋状态的可靠度，一般要进行现场比较性试验。现场比较性试验通常按已暴露钢筋的锈蚀程度不同，在它们的周围分别测出相应的锈蚀电位。比较这些钢筋的锈蚀程度和相应测值的对应关系，提高评判的可靠度，但不能与有明显锈蚀胀裂、脱空、层离现象的区域比较。若环境温度在 22 ℃±5 ℃范围之外，应对铜/硫酸铜电极做温度修正。此外，各种外界因素产生的波动电流对测量值影响较大，特别是靠近地面的测区，应避免各种电、磁场的干扰。

混凝土保护层电阻对测量值有一定影响，除测区表面处理要符合规定外，仪器的输入阻抗要符合技术要求。

(四)记录表格

将试验数据记录在表 3-15 中。

表 3-15　半电池电位法检测混凝土中钢筋锈蚀电位原始记录

记录编号：　　　　　　　　　　　　　　　　　　　　　　第　　页，共　　页

工程名称		委托/任务单号		检测类别		检测依据	
工程地点		工程部位/构件名称		委托单位		检测日期	
主检仪器及编号							

测区编号	测区位置	锈蚀电位水平/mV																			备注
		1	2	3	4	5	6	7	8	9	10	11	12	13	14	15	16	17	18	19	20	

备注：（测区布置图）

检测：　　复核：　　　　　　　　　　　　　　　　　日期：　　年　　月　　日

任务 9　混凝土电阻率检测试验

任务情景

　　某施工企业需要进行混凝土电阻率检测试验。作为一名检测人员，在进行检测试验之前，需要掌握哪些关于此项检测试验的要求？需要查阅哪些相关技术规范及其他相关资料？具体的检测方法及步骤是什么？如何科学地分析检测结果？

任务目标

　　1. 了解混凝土电阻率检测试验的基本原理；
　　2. 熟悉混凝土电阻率检测试验的适用条件；
　　3. 了解混凝土电阻率检测试验相关的技术规范；
　　4. 了解混凝土电阻率检测试验的检测原理；
　　5. 掌握混凝土电阻率检测试验的检测仪器的性能及使用方法；
　　6. 掌握混凝土电阻率检测试验的数据处理方法；
　　7. 能够运用定量的方法，科学地评定混凝土电阻率。

任务要求

　　认真阅读《混凝土中钢筋检测技术标准》(JGJ/T 152—2019)等相关技术规范。学会用混凝土电阻率检测试验测定混凝土电阻率。
　　1. 熟练填写混凝土电阻率检测试验检测委托单；
　　2. 熟练填写混凝土电阻率检测试验检测原始记录；
　　3. 熟练出具混凝土电阻率检测报告，并对混凝土电阻率检测进行评价；
　　4. 养成互相帮助、互相讨论、共同进步的团队意识；
　　5. 培养吃苦耐劳的工匠精神；
　　6. 培育诚实、守信、科学、公正的职业素养；
　　7. 培养自主探究学习能力、信息素养及专业精神。

任务思考

　　1. 混凝土电阻率检测试验的目的是什么？
　　2. 本试验中用到的主要试验仪器和设备有哪些？
　　3. 混凝土电阻率检测试验的试验步骤是什么？
　　4. 怎样由试验数据得出混凝土电阻率？

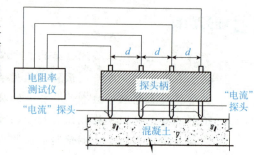

混凝土电阻率的
检测与评定

一、混凝土电阻率检测原理

混凝土的电阻率反映其导电性。混凝土电阻率大，若钢筋发生锈蚀，则发展速度慢，扩散能力弱；混凝土电阻率小，则钢筋锈蚀发展速度快，扩散能力强。因此，测量混凝土的电阻率是对钢筋状况进行检测评定的一项重要内容。

混凝土电阻率检测测区应根据钢筋锈蚀电位测量结果确定。对经钢筋锈蚀电位测试结果表明钢筋可能锈蚀活化的区域，应进行混凝土电阻率测量。

混凝土电阻率可采用四电极阻抗测量法测定，即使混凝土表面等间距接触四支电极，两外侧电极为电流电极，两内侧电极为电压电极，通过检测两电压电极间的混凝土阻抗获得混凝土电阻率，如图 3-32 所示。混凝土电阻率(ρ)计算见式(3-36)：

$$\rho = \frac{2\pi dV}{I} \qquad (3-36)$$

式中 V——电压电极间所测电压；

I——电流电极通过的电流；

d——电极间距。

图 3-32　混凝土电阻率测试技术示意

二、电阻率测试仪及技术要求

混凝土电阻率测试仪应通过技术鉴定，具有产品合格证，并定期进行计量标准检定。

电阻率测试仪由四电极探头与电阻率仪表组成，采用交流测量系统。

(1)探头四电极间距可调，调节范围 10 cm，每一电极内均装有压力弹簧，从而保证可测不同深度的电阻率且电极与混凝土表面接触良好。

(2)电压电极间的输入阻抗大于 1 MΩ。

(3)电极端部直径尺寸不得大于 5 mm。

(4)显示方式：数字显示电阻率值。

(5)电源：直流供电，连续正常工作时间不小于 6 h。

(6)仪器使用环境条件：环境温度 0～4 ℃，相对湿度不大于 85%。

三、试验步骤

试验开始前，应进行仪器的检查：在 4 个电极上分别接三支电阻，则仪器的显示值为相应的电阻率值。例如，电阻值为 1 kΩ，相应电阻率值为 $2\pi d \times 1$ kΩ·cm。

测区与测位布置可参照任务 8 钢筋锈蚀率检测试验步骤测区的选择与测点布置的要求进行，在电位测量网格间进行，并做好编号工作。

混凝土表面应清洁、无尘、无油脂。为了提高测量的准确性，必要时可去掉表面碳化层。

调节好仪器电极的间距，一般采用的间距为 50 mm。为了保证电极与混凝土表面有良好、连续的电接触，应在电极前端涂上耦合剂，特别是当读数不稳定时。测量时探头应垂直于混凝土表面，并施加适当的压力。

四、记录表格

将试验数据记录在表 3-16 中。

表 3-16　混凝土电阻率检测记录表

实验室名称：　　　　　　　　　　　　　　　　记录编号：

工程部位/用途		委托/任务编号	
样品名称		样品编号	
规格型号		检测部位	
样品描述			
试验依据			
主要仪器设备及编号			
检测条件		检测时间	

测区	测试结果/(kΩ·cm)													
	1	2	3	4	5	6	7	8	9	10	11	12	13	14
	15	16	17	18	19	20	21	22	23	24	25	26	27	28

示意图	

备注：

试验：　　复核：　　　　　　　　　　　　　　日期：　　年　月　日

项目四

桥梁地基与基础试验检测

宁波舟山港主通道项目位于舟山群岛，跨越灰鳖洋海域，南接舟山大陆连岛工程，长达 36.78 km，北接岱山岛，远期与北向大通道连接，成为连接宁波、舟山、上海的海上大通道。全线贯通后，将与原有的 49.9 km 的舟山跨海大桥组成长达 86.68 km，世界上最长的连岛高速公路和世界上规模最大的跨海桥梁群。

这一超级工程由三座大桥组成：

富翅门大桥——跨越富翅门水道，连接富翅岛与和舟山本岛，全长 2.01 km，其中通航孔桥长 670 m，宽 27.5 m，双向四车道，为双塔单索面结合梁斜拉桥。通航等级为 500 t 级，通航净空 18 021 m，是宁波舟山港主通道工程中唯一一座采用钢-混凝土结合梁体系的斜拉桥。大桥于 2016 年 2 月开工建设，工期为 39 个月，造价 16.2 亿元。

舟岱大桥——宁波舟山港主通道工程主线中的关键一环，起于岑港互通，路线向北延伸，在马目山入海后转向东北，依次跨越长白西航道、舟山中部港域西航道和岱山南航道，在岱山双合登陆。海中设置长白互通，连接长白岛。海上桥梁全长 16.34 km，其中主通航孔桥跨越中部港域西航道进港主航道，设计为主跨 2 550 m 的三塔整幅钢箱梁斜拉桥，是当今世界上跨径最大的外海三塔钢箱梁斜拉桥。大桥于 2017 年 9 月开工建设，工期 42 个月，造价 122 亿元。大桥主墩采用"内层钢套箱整体安装＋外层钢套箱逐块安装"施工工艺，内层钢套箱整体采用 PPU 组合式模块车装船，起重船整体吊装，依靠轻便的吊索具、刚性悬吊系统、水平限位及精调系统等相关结构的设计与优化，实现钢套箱快速化施工；该双层结构设计为世界首例。

鱼山大桥——宁波舟山港主通道的支线工程，连接鱼山岛与岱山本岛，是舟山国际绿色石化基地对外连接的唯一陆上交通干道。鱼山大桥全长 7 781.75 m，其中通航孔桥与北通航孔桥并列为世界上外海最大跨径的节段拼装混凝土箱梁与钢箱梁混合结构的连续刚构桥。大桥于 2016 年 9 月开工建设，工期 27 个月，造价 21.72 亿元。这座大桥的建设创下了多项世界、国家记录：①世界上外海最大跨径的节段拼装混凝土箱梁与钢箱梁混合结构的连续刚构桥设计施工；②世界交通工程领域最大直径(5 m)钢管复合变径钻孔灌注桩施工；③中国国内最长外海海域(7.8 km)钢栈桥搭设；④中国国内最高(12.143 m)变截面预应力混凝土节段箱梁浇筑。

任务 1　平板荷载试验

任务情景

某施工企业需要进行桥梁地基承载力和变形参数试验检测。作为一名检测人员，在进行试验检测之前，需要掌握哪些关于此项试验检测的要求？需要查阅哪些相关技术规范及其他相关资料？具体的检测方法及步骤是什么？如何科学地分析检测结果？

任务目标

1. 了解平板荷载试验的基本原理；
2. 熟悉平板荷载试验的适用条件；
3. 了解平板荷载试验检测相关的技术规范；
4. 了解承压板下压力主要影响范围内的承载力和变形模量检测原理；
5. 掌握平板荷载试验检测仪器的性能及使用方法；
6. 掌握平板荷载试验数据处理方法；
7. 能够运用定量的方法，科学地评定地基承载力。

任务要求

认真阅读《公路工程地质原位测试规程》(JTG 3223—2021)、《地基与基础设计规范》(JTG 3363—2019)等相关技术规范。学会用平板荷载试验法测定承压板下压力主要影响范围内的承载力和变形模量。

1. 熟练填写平板荷载试验检测委托单；
2. 熟练填写平板荷载试验检测原始记录；
3. 熟练出具平板荷载试验报告，并对地基承载力进行评价；
4. 养成互相帮助、互相讨论、共同进步的团队意识；
5. 培养吃苦耐劳的工匠精神；
6. 培育诚实、守信、科学、公正的职业素养；
7. 培养自主探究学习能力、信息素养及专业精神。

任务思考

1. 平板荷载试验的目的是什么？
2. 本试验中用到的主要试验仪器和设备有哪些？
3. 平板荷载试验的试验步骤是什么？
4. 怎样由试验数据得出承压板下压力主要影响范围内的承载力和变形模量？

地基承载力检测

任务实施

平板荷载试验是用于确定地基承压板下应力主要影响范围内土层承载力和变形模量的原位测试方法。它要求岩土体在原有位置上，在保持土的天然结构、含水率及应力状态下来测定岩土的性质。地基平板荷载试验可分为浅层平板荷载试验和深层平板荷载试验。但深层平板荷载试验由于孔底土体的扰动，板与土体之间的接触难以控制，同时应力复杂难以分析，限制了试验成果的应用，现已很少采用，故本任务未将其纳入。

一、仪器设备

平板荷载试验设备由稳压加荷装置、反力装置和沉降观测装置三部分组成。

以半自动稳压油压荷载试验设备为例，利用高压油泵，通过稳压器及反力锚碇装置，将压力稳定地传递到承压板。它由下列三部分组成：

（1）稳压加荷装置。其稳压加荷装置是由承压板、加荷千斤顶、立柱、稳压器和支撑稳压器的三脚架组成的加荷及稳压系统。加荷千斤顶、稳压器、储油箱和高压油泵分别用高压油管连接，构成一个油路系统。

（2）反力装置。其反力装置为一个反力锚系统，该系统包括析架和反力锚两部分，析架由中心柱套管、深度调节丝杆、斜撑管、主钢丝绳、三向接头等组成。

（3）沉降观测装置。用百分表或其他自动观测装置进行观测。

目前，常用的荷载板试验加载方式如图4-1所示。根据现场情况，可采用地锚代替荷重的方式，也可两者兼用。总的要求是加荷、卸荷要既简便，又安全，并对试验的沉降量观测不产生影响。荷载板为刚性的方形或圆钢板。

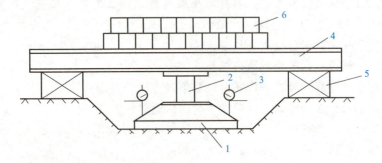

图 4-1　现场荷载试验

1—荷载板；2—千斤顶；3—百分表；4—反力架；5—枕木垛；6—荷重

用油压千斤顶加荷、卸荷虽然方便，但要注意设备是否变形、千斤顶是否漏油及荷载板是否下沉等，要防止千斤顶压力不稳定。注意随时调节，保持其压力恒定。

二、试验内容

（1）基坑宽度不应小于承压板宽度 b 或直径 d 的 3 倍。

(2)承压板一般采用 50 cm×50 cm 或 70.7 cm×70.7 cm 的方板。

(3)试验土层：应保持土层在原有位置上，保持土的原状结构、天然湿度。试坑开挖时，在试验点位置周围预留一定厚度的土层，在安装承压板前再清理至试验高程。

(4)承压板与土层接触处，应铺设约 20 mm 厚的中砂或粗砂找平，以保证承压板与土层水平、均匀接触。

(5)试验加荷分级应不少于 8 级，第一级荷载包括设备重力。每级荷载增量为地基土层预估极限承载力的 1/10～1/8。最大加载量不应小于设计要求的 2 倍或接近试验土层的极限荷载。

(6)试验精度不应低于最大荷载的 1%，承压板的沉降采用百分表或电测位移计量测，其精度不应低于 0.01 mm。

(7)加荷稳定标准：每级加载后，按间隔 10 min、10 min、10 min、15 min、15 min，以后为每隔 30 min 测读一次沉降量。当在连续 2 h 内，每小时的沉降量小于 0.1 mm 时，则认为已经趋于稳定，可加下一级荷载。

(8)出现下列情况之一时，可终止试验：

①承压板周围的土体有明显侧向挤出或发生裂纹。

②在某一级荷载下，24 h 内沉降速率不能达到稳定标准。

③沉降量急剧增大，P-S 曲线出现陡降段。

④沉降量与承压板宽度或直径之比不小于 0.06。

(9)回弹观测：分级卸荷，观测回弹值。分级卸荷量为分级加荷量的 2 倍，15 min 观测一次，1 h 后再卸下一级荷载。荷载完全卸除后，应继续观测 3 h。

(10)试验完后，试验点附近应有取土孔提供土工试验指标或其他原位测试资料。试验后，应在沉压板中心向下开挖取土试样，并描述 2 倍承压板直径(或宽度)范围内土层的结构变化。

三、结果处理

根据试验数据绘制 P-S 曲线，利用 P-S 曲线可以得到：

(1)地基土承载力基本容许值的确定应符合下列规定：

①当 P-S 曲线有比例界限时，取该比例界限所对应的荷载值。

②满足前三款终止加载条件之一时，其相对应的前一级荷载定为极限荷载。当极限荷载值小于比例界限荷载值的 2 倍时，取极限荷载值的 1/2。

③若不能按上述两条规定要求确定时，当压板面积为 0.25～0.50 m² 时，可取 S/b(或 S/d)＝0.01～0.015 所对应的荷载值，但其值不应大于最大加载量的 1/2。

同一土层参加统计的试验点不应少于 3 点。当试验实测值的极差不超过其平均值的 30% 时，取其平均值作为该土层的地基承载力基本容许值。当极差不满足要求时，应查明原因，必要时重新划分地基统计单元进行评价。

(2)计算地基土的变形模量 E。一般取 P-S 曲线的直线段，用式(4-1)计算：

$$E_0 = (1-\mu^2)\frac{\pi B}{4} \cdot \frac{\Delta P}{\Delta S} \tag{4-1}$$

式中 B——承压板直径(m)，当为方形板时，$B=\sqrt[2]{\dfrac{A}{\pi}}$ 为方形板面积(m^2)；

$\dfrac{\Delta P}{\Delta S}$——$P$-$S$ 曲线直线段的斜率(kPa/m)；

μ——地基土的泊松比，对于砂土和粉土，$\mu=0.33$；对于可塑黏性土和硬塑黏性土，$\mu=0.38$；对于软塑、流塑黏性土和淤泥质黏性土，$\mu=0.41$。

当 P-S 曲线的直线段不明显时，可用上述确定地基土承载力的方法所确定地基承载力的基本值与相应的沉降量代入式(4-1)计算 E_0，但此时应与其他原位测试资料比较，综合考虑确定 E_0 值。

利用 P-S 曲线还可以估算地基土的不排水抗剪强度和地基土基床反力系数等。

四、记录表格

将试验数据记录在表 4-1 中。

表 4-1   地基承载力试验检测记录表(承载板法)

实验室名称：   记录编号：

工程部位/用途				委托编号		
试验依据				样品编号		
样品描述				试验条件		
主要仪器设备及编号				试验日期		

时间	分级	荷载/kPa	量程读数/mm					平均量程/mm	量程差值/mm	累计沉降/mm	备注
			1	2	3	4	5				

荷载–沉降曲线载荷/kPa

沉降量/mm

试验：   复核：   日期：   年   月   日

任务 2　圆锥动力触探试验

🎯 任务情景

某施工企业需要进行动力触探试验检测。作为一名检测人员，在进行试验检测之前，需要掌握哪些关于此项试验检测的要求？需要查阅哪些相关技术规范及其他相关资料？具体的检测方法及步骤是什么？如何科学地分析检测结果？

📖 任务目标

1. 了解圆锥动力触探试验的基本原理；
2. 熟悉圆锥动力触探试验的适用条件；
3. 了解圆锥动力触探试验检测相关的技术规范；
4. 了解探头贯入的难易程度检测原理；
5. 掌握圆锥动力触探试验检测仪器的性能及使用方法；
6. 掌握圆锥动力触探试验的数据处理方法；
7. 能够运用定量的方法，科学地评定混凝土的质量。

⚙ 任务要求

认真阅读《公路工程地质原位测试规程》(JTG 3223—2021)、《地基与基础设计规范》(JTG 3363—2019)等相关技术规范。学会用圆锥动力触探试验法测定探头贯入的难易程度。

1. 熟练填写圆锥动力触探试验检测委托单；
2. 熟练填写圆锥动力触探试验检测原始记录；
3. 熟练出具圆锥动力触探试验报告，并对混凝土物理性质进行评价；
4. 养成互相帮助、互相讨论、共同进步的团队意识；
5. 培养吃苦耐劳的工匠精神；
6. 培育诚实、守信、科学、公正的职业素养；
7. 培养自主探究学习能力、信息素养及专业精神。

⚙ 任务思考

1. 圆锥动力触探试验的目的是什么？
2. 本试验中用到的主要试验仪器和设备有哪些？
3. 圆锥动力触探试验的试验步骤是什么？
4. 怎样由试验数据得出探头贯入的难易程度？

⚙ 任务实施

圆锥动力触探试验(DPT)是利用一定质量的落锤，以一定高度的自由落距将标准规格的锥形探头打入土层中，根据探头贯入的难易程度判定土层的物理力学性质。这是公路桥涵工程勘察中的原位测试方法之一。

一、仪器设备

圆锥动力触探试验设备主要由圆锥触探头、触探杆、穿心锤三部分组成，如图 4-2 和图 4-3 所示。

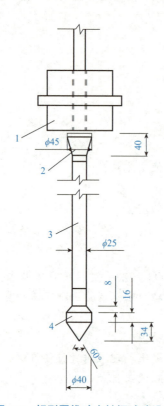

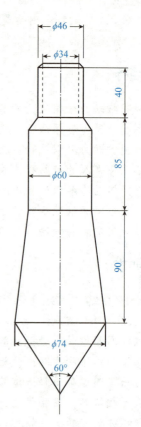

图 4-2　轻型圆锥动力触探试验设备
（尺寸单位：mm）

1—穿心锤；2—锤垫；3—触探杆；4—探头

图 4-3　重型、超重
型圆锥动力触探试验探头

二、试验步骤

1. 试验设备安装

试验前和试验过程中，应认真检查机具设备是否完好。安装过程中各部件连接紧固，触探架安装平稳，保持触探孔垂直。

2. 试验方法

（1）做圆锥动力触探试验前对设备进行检查，确定各部件是否符合要求。部件磨损及变形超过规定的，应予以更换或修复。

（2）机具设备应安装稳固，作业时支架不得偏移，所有部件连接处丝扣必须紧固。

（3）试验时应先用钻具钻至预定试验深度，再将动力触探探头平稳放至孔底，严禁冲击或压入测试土层。

（4）圆锥动力触探时，应保持触探杆、导向杆连接后的垂直度，始终保持落锤沿导向杆铅直下落，防止锤击偏心、触探杆倾斜或侧向晃动，锤击频率应控制在 15～30 击/min。

（5）轻型圆锥动力触探试验应符合下列规定：

①轻型圆锥动力触探作业时，应对测试土层连续向下贯入。

②进行连续贯入采用的穿心锤落距应为 50 cm，并使其自由下落，锤垫距孔口的高度不宜超过 1.5 m。

③以每贯入 30 cm 的锤击数作为试验指标，以 $N10$ 表示；遇密实土层，当贯入 30 cm 的锤击数大于 90 击或贯入 15 cm 的锤击数超过 45 击时，可停止试验。

（6）重型、超重型圆锥动力触探试验应符合下列规定：

①重型圆锥动力触探试验的落距应为 76 cm，超重型圆锥动力触探试验的落距应为 100 cm，落锤应沿导向杆自由下落，锤垫距孔口的高度不宜超过 1.5 m。

②锤击应连续进行，重型圆锥动力触探和超重型圆锥动力触探均应以每贯入 10 cm 的锤击数作为试验指标，分别以 $N63.5$ 和 $N120$ 表示。

③重型和超重型圆锥动力触探可根据地层强度的变化互换使用。重型圆锥动力触探试验实测击数大于 50 击/10 cm 时，宜改用超重型圆锥动力触探试验；重型圆锥动力触探试验实测击数小于 5 击/10 cm 时，不应采用超重型圆锥动力触探试验。

④试验可在钻孔中分段进行，每一试验段的试验宜连续进行，中间不应停顿。

三、结果处理

1. 触探指标

（1）实测触探锤击数。各种类型的圆锥动力触探试验是以贯入一定深度的锤击数（如 $N10$、$N'63.5$、$N'120$）作为触探指标的，通过与其他室内试验和原位测试指标建立相关关系获得地基土的物理力学性质指标，从而评价地基土的性质。

（2）修正后的触探杆锤击数。

①探杆长度的修正。当采用重型和超重型圆锥动力触探试验确定碎石土的密实度时，锤击数应按式(4-2)、式(4-3)进行修正。

$$N_{63.5} = \alpha_1 \cdot N'_{63.5} \tag{4-2}$$

$$N_{120} = \alpha_2 \cdot N'_{120} \tag{4-3}$$

式中　$N_{63.5}$、N_{120}——修正后的重型和超重型圆锥动力触探试验锤击数；

　　　α_1、α_2——重型和超重型圆锥动力触探试验锤击数修正系数，按表 4-2 和表 4-3 取值；

　　　$N'_{63.5}$、N'_{120}——实测重型和超重型圆锥动力触探锤击数。

②侧壁摩擦影响的修正。对于砂土和松散-中密的圆砾、卵石，触探深度在 1～15 m 时，一般不考虑侧壁摩擦的影响。

③地下水影响的修正。对于地下水水位以下的中砂、粗砂、砾砂和圆砾、卵石，锤击数可按式(4-4)修正。

$$N_{63.5}=1.1N'_{63.5}+1.0 \tag{4-4}$$

式中　$N'_{63.5}$——修正前的锤击数。

表4-2　重型圆锥动力触探锤击数修正系数 α_1

杆长/m ＼ $N'_{63.5}$	5	10	15	20	25	30	35	40	≥50
2	1.00	1.00	1.00	1.00	1.00	1.00	1.00	1.00	—
4	0.96	0.95	0.93	0.92	0.90	0.89	0.87	0.86	0.84
6	0.93	0.90	0.88	0.85	0.83	0.81	0.79	0.78	0.75
8	0.90	0.86	0.83	0.80	0.77	0.75	0.73	0.71	0.67
10	0.88	0.83	0.79	0.75	0.72	0.69	0.67	0.64	0.61
12	0.85	0.79	0.75	0.70	0.67	0.64	0.61	0.59	0.55
14	0.82	0.76	0.71	0.66	0.62	0.58	0.56	0.53	0.50
16	0.79	0.73	0.67	0.62	0.57	0.54	0.51	0.48	0.45
18	0.77	0.70	0.63	0.57	0.53	0.49	0.46	0.43	0.40
20	0.75	0.67	0.59	0.53	0.48	0.44	0.41	0.39	0.36

表4-3　超重型圆锥动力触探锤击数修正系数 α_2

杆长/m ＼ N'_{120}	1	3	5	7	9	10	15	20	25	30	35	40
1	1.00	1.00	1.00	1.00	1.00	1.00	1.00	1.00	1.00	1.00	1.00	1.00
2	0.96	0.92	0.91	0.90	0.90	0.90	0.90	0.89	0.89	0.88	0.88	0.88
3	0.94	0.88	0.86	0.85	0.84	0.84	0.84	0.83	0.82	0.82	0.81	0.81
5	0.92	0.82	0.79	0.78	0.77	0.77	0.76	0.75	0.74	0.73	0.72	0.72
7	0.90	0.78	0.75	0.74	0.73	0.72	0.71	0.70	0.68	0.68	0.67	0.66
9	0.88	0.75	0.72	0.70	0.69	0.68	0.67	0.66	0.64	0.63	0.62	0.62
11	0.87	0.73	0.69	0.67	0.66	0.66	0.64	0.62	0.61	0.60	0.59	0.58
13	0.86	0.71	0.67	0.65	0.64	0.63	0.61	0.58	0.57	0.56	0.56	0.55
15	0.86	0.69	0.65	0.63	0.62	0.61	0.59	0.58	0.56	0.55	0.54	0.53
17	0.85	0.68	0.63	0.61	0.60	0.60	0.57	0.56	0.54	0.53	0.52	0.50
19	0.84	0.66	0.62	0.60	0.58	0.58	0.56	0.54	0.52	0.51	0.50	0.48

(3)动贯入阻力。荷兰公式是目前国内外应用最广泛的动贯入阻力计算公式,《岩土工程勘察规范》(DGJ 32/TJ 208—2016)和水利电力部《土工试验规程》(YS/T 5225—2016)的条文说明都推荐该公式。

$$q_d=\frac{M}{M+m}\cdot\frac{MgH}{Ae} \tag{4-5}$$

式中　q_d——动贯入阻力(MPa);

M——落锤质量(kg);

m——圆锥探头及杆件系统(包括探头、导向杆等)的质量(底);

g——重力加速度；

H——落锤高度(m)；

A——圆锥探头截面面积(cm^2)；

e——每击贯入度。

该公式是建立在古典牛顿碰撞理论基础上的，且假定为绝对非弹性碰撞，不考虑弹性变形能量的消耗。

2. 触探曲线

对于圆锥动力触探试验所获得的锤击数值(或动贯入阻力)，应在剖面图上或柱状图上绘制随深度变化的关系曲线($N_{63.5}-h$ 曲线、$N_{120}-h$ 曲线或 q_d-h 曲线)。根据触探曲线的形态，结合钻探资料，进行地层的力学分层。

四、记录表格

将试验数据记录在表 4-4 中

表 4-4　地基承载力试验检测记录表(动力触探法)

实验室名称：　　　　　　　　　　　　　　记录编号：

工程单位/用途				委托/任务编号	
试验依据				样品编号	
样品描述				试验条件	
主要仪器设备及编号				试验日期	
触孔标高					
项目/依据		测量初始深度/cm		动力触探类型	土类型
测点编号/桩号		试验数据			
测点标高/m					
探杆长度/m					
贯入深度/cm					
累计贯入度/cm					
实际触探击数/次					
按贯入度试验换算同类型击数/次					测点示意图
特重型修正后 N63.5/次/10 cm					
有效击数/次					
基本承载力/kPa					
极限承载力/kPa					
备注：					

检测：　　　复核：　　　　　　　　　　　　　　日期：　　年　月　日

任务 3　泥浆性能检测试验

任务情景

某施工企业需要进行泥浆性能检测试验。作为一名检测人员，在进行该检测试验之前，需要掌握哪些关于此项检测试验的要求？需要查阅哪些相关技术规范及其他相关资料？具体的检测方法及步骤是什么？如何科学地分析检测结果？

任务目标

1. 了解泥浆性能检测试验的基本原理；
2. 熟悉泥浆性能检测试验的适用条件；
3. 了解泥浆性能检测试验的相关的技术规范；
4. 了解泥浆性能检测试验的检测原理；
5. 掌握泥浆性能检测试验仪器的性能及使用方法；
6. 掌握泥浆性能检测试验数据处理方法；
7. 能够用定量的方法，科学地评定泥浆的质量。

任务要求

认真阅读《公路桥涵施工技术规范》(JTG/T 3650—2020)等相关技术规范。学会用泥浆性能检测法测定泥浆性能。

1. 熟练填写泥浆性能检测试验检测委托单；
2. 熟练填写泥浆性能检测试验检测原始记录；
3. 熟练出具泥浆性能检测报告，并对泥浆性能进行评价；
4. 养成互相帮助、互相讨论、共同进步的团队意识；
5. 培养吃苦耐劳的工匠精神；
6. 培育诚实、守信、科学、公正的职业素养；
7. 培养自主探究学习能力、信息素养及专业精神。

任务思考

1. 泥浆性能检测试验的目的是什么？
2. 本试验中用到的主要试验仪器和设备有哪些？
3. 泥浆性能检测的试验步骤是什么？
4. 怎样由试验数据得出泥浆性能？

任务实施

在基桩的岩土地层钻孔过程中，一般都要采取护壁措施。泥浆作为钻探的冲洗液，除起护壁作用外，还具有携带岩土、冷却钻头、堵漏等功能，泥浆性能的好坏直接影响钻进效率和生产安全。钻孔泥浆一般由水、黏土（或膨润土）和添加剂按适当配合比配制而成。

《公路桥涵施工技术规范》(JTG/T 3650—2020)对泥浆性能指标的规定可参照表 4-5 选用。

表 4-5　泥浆性能指标选择

钻孔方式	地层情况	泥浆性能指标							
		相对密度	黏度/(Pa·S⁻¹)	含砂率/%	胶体率/%	失水率/(mL·30 min⁻¹)	泥皮厚/(mm·30 min⁻¹)	静切力/Pa	pH 值
正循环	一般地层	1.05～1.20	16～221	8～4	≥96	≤25	≤2	1.0～2.5	8～10
	易坍地层	1.20～1.45	9～28	8～4	≥96	≤15	≤2	3～5	8～10
反循环	一般地层	1.02～1.06	16～201	≤4	≥95	≤20	≤3	1～2.5	8～10
	易坍地层	1.06～1.10	8～28	≤4	≥95	≤20	≤3	1～2.5	8～10
	卵石土	1.10～1.15	20～35	≤4	≥95	≤20	≤3	1～2.5	8～10
推钻、冲抓	一般地层	1.02～1.15	18～22	≤4	≥95	≤20	≤3	1～2.5	8～11
冲击	易坍地层	1.20～1.40	22～30	≤4	≥95	≤20	≤3	3～5	8～11

注：1. 地下水水位高或其流速大时，指标取高限，反之取低限。
　　2. 地质状态较好、孔径或孔深较小的取低限，反之取高限。

对于大直径或超长钻孔灌注桩，泥浆的选择应根据钻孔的工程地质情况、孔位、钻机性能、泥浆材料等确定。在地质复杂、覆盖层较厚、护筒下沉不到岩层的情况下，宜使用丙烯酰胺即 PHP 泥浆。

一、试验方法

1. 相对密度

用泥浆相对密度计测定。将要量测的泥浆装满泥浆杯，加盖，并洗净从小孔溢出的泥浆，然后置于支架上，移动游码，使杠杆呈水平状态（水平泡位于中央），读出游码左侧所示刻度，即为泥浆的相对密度 γ_x。

若工地无泥浆相对密度计，可用量杯先称其质量 m_1，再装满清水称其质量 m_2，再倒去清水，装满泥浆并擦去量杯周溢出的泥浆，称其质量 m_3，则：

$$\gamma_x = \frac{m_3 - m_1}{m_2 - m_1}$$

(4-6)

2. 黏度 η

工地用标准漏斗黏度计测定黏度，黏度计如图 4-4(a)所示，将滤去大砂粒后的 700 mL 泥浆注入漏斗，然后使泥浆从漏斗下口流出，流满 500 mL 量杯所需时间(s)，即为所测泥浆的黏度。

校正方法：漏斗中注入 700 mL 清水，流出 500 mL，所需时间应是 15 s，其偏差如超过 ±1 s，测量泥浆黏度时应校正。

3. 静切力 θ

工地可用浮筒切力计[图 4-4(b)]测量泥浆切力，泥浆切力可用式(4-7)表示：

$$\theta = \frac{G - \pi d\delta h\gamma}{2\pi dh - \pi d\delta} \tag{4-7}$$

式中　G——铝制浮筒质量(g)；

　　　d——浮筒的平均直径(cm)；

　　　h——浮筒的沉没深度(cm)；

　　　γ——泥浆密度(g/m³)；

　　　δ——浮筒壁厚(cm)。

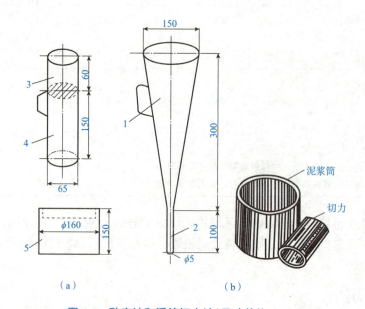

图 4-4　黏度计和浮筒切力计(尺寸单位：mm)

(a)黏度计；(b)浮筒切力计

1—漏斗；2—管子；3—200 mL 量杯；4—500 mL 量杯(部分)；5—筛网及杯

量测时，先将约 500 mL 泥浆搅拌均匀后，立即倒入切力计中，将切力筒沿刻度尺垂直向下移至与泥浆接触时，轻轻放下，当它自由下降到静止不动时，即静切力与浮筒重力平衡时，读出浮筒上泥浆面所对应的刻度[刻度是按式(4-7)计算值刻划的]，即为泥浆的初切力。取出切力筒，按净黏着的泥浆，用棒搅动筒内泥浆后，静置 10 min，用上述方法量测，所得即为泥浆的终切力。它们的单位均为 Pa，切力计可自制。

4. 含砂率

工地用含砂率计(图 4-5)测定含砂率。量测时,把调好的 50 mL 泥浆倒进含砂率计,然后倒入 450 mL 清水,将仪器口塞紧,摇动 1 min,使泥浆与水混合均匀。再将仪器垂直静放 3 min,仪器下端沉淀物的体积(由仪器刻度上读出)乘以 2 就是含砂率(%)。另有一种大型的含砂率计,容积为 1 000 mL,从刻度读出的数不需乘以 2,即为含砂率。

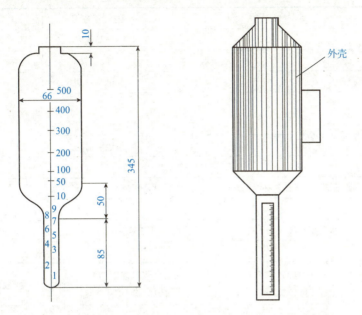

图 4-5 含砂率计(尺寸单位:mm)

5. 胶体率(%)

胶体率也称稳定率,它是泥浆中土粒保持悬浮状态的性能。其测定方法:可将 100 mL 泥浆倒入干净量杯中,用玻璃片盖上,静置 24 h 后,量杯上部泥浆可能澄清为透明的水,量杯底部可能有沉淀物,以 100 mL−(水+沉淀物)体积即等于胶体率。

6. 失水量(mL/30 min)和泥皮厚(mm)

用一张 120 mm×120 mm 的滤纸,置于水平玻璃板上,中央画一直径为 3 cm 的圆,将 2 mL 的泥浆滴入圆圈中心,30 min 后,量算湿润圆圈的平均半径减去泥浆摊平成为泥饼的平均半径,算出的结果即为失水量,单位为 mL/30 min。在滤纸上量出泥浆皮的厚度,即为泥皮厚。泥皮越平坦、越薄,则泥浆质量越高,一般不宜厚于 2~3 mm。

7. 酸碱度

酸碱度,即酸和碱的强度简称,也可简称为酸碱值。pH 值是常用的酸碱标度之一。pH 值等于溶液中氢离子浓度的负对数值,即 $pH = -lg[H^+] = lg(1/[H^+])$。pH 值等于 7 时溶液为中性,大于 7 时为碱性,小于 7 时为酸性。工地测量 pH 值的方法是,取一条 pH 试纸放在泥浆面上,0.5 s 后拿出来与标准颜色相比,即可读出 pH 值。

二、记录表格

将试验数据记录在表 4-6 中。

表 4-6　泥浆物理性能试验检测记录表

实验室名称：　　　　　　　　　　　　　　　　　记录编号：

工程部位/用途		委托/任务编号	
试验依据		样品编号	
样品描述		样品名称	
试验条件		试验日期	
主要仪器设备及编号			
钻孔方法		地层情况	
相对密度			
黏度	泥浆流满 500 mL 量杯时间/s	黏度修正值/s	黏度
含砂率	含砂率计体积/mL	仪器下端沉淀物体积/mL	含砂率/%
胶体率	100 mL 泥浆静置 24 h 后上部水的体积/mL	100 mL 泥浆静置 24 h 后下部沉淀物的体积	胶体率/%
失水率	2 mL 泥浆滴于滤纸上，30 min 后湿润圆圈直径/mm	2 mL 泥浆滴于滤纸上 30 min 后泥浆直径/mm	失水率/(mL·30 min^{-1})
泥皮厚/(mm·30 min^{-1})			
静切力/Pa			
酸碱度/pH 值			

备注：

试验：　　复核：　　　　　　　　　　　　　　　　日期：　　年　　月　　日

任务 4　成孔质量检测试验

任务情景

　　某施工企业需要进行成孔质量检测试验。作为一名检测人员，在进行该检测试验之前，需要掌握哪些关于此项检测试验的要求？需要查阅哪些相关技术规范及其他相关资料？具体的检测方法及步骤是什么？如何科学地分析检测结果？

任务目标

　　1. 了解成孔质量检测试验的基本原理；
　　2. 熟悉成孔质量检测试验的适用条件；
　　3. 了解成孔质量检测试验相关的技术规范；
　　4. 了解成孔质量检测试验的检测原理；
　　5. 掌握成孔质量检测试验的检测仪器的性能及使用方法；
　　6. 掌握成孔质量检测试验的数据处理方法；
　　7. 能够用定量的方法，科学地评定混凝土的质量。

任务要求

　　认真阅读《公路桥涵施工技术规范》(JTG/T 3650—2020)等相关技术规范。学会用成孔质量检测法测定成孔质量。
　　1. 熟练填写成孔质量检测试验检测委托单；
　　2. 熟练填写成孔质量检测试验检测原始记录；
　　3. 熟练出具成孔质量检测报告，并对混凝土强度进行评价；
　　4. 养成互相帮助、互相讨论、共同进步的团队意识；
　　5. 培养吃苦耐劳的工匠精神；
　　6. 培育诚实、守信、科学、公正的职业素养；
　　7. 培养自主探究学习能力、信息素养及专业精神。

任务思考

　　1. 成孔质量检测试验的目的是什么？
　　2. 本试验中用到的主要试验仪器和设备有哪些？
　　3. 成孔质量检测的试验步骤是什么？
　　4. 怎样由试验数据得出成孔质量？

任务实施

桩基或孔质量
检测

钻、挖孔在终孔和清孔后，应进行孔位、孔深检验。《公路桥涵施工技术规范》(JTG/T 3650—2020)标准规定如下：

(1)孔径、孔形和倾斜度宜采用专用仪器测定。当缺乏专用仪器时，可采用外径为钻孔桩钢筋笼直径加 100 mm(不得大于钻头直径)，长度为 4～6 倍外径的钢筋检孔器吊入钻孔内检测。

(2)钻、挖孔成孔的质量标准见表 4-7。

表 4-7　钻、挖孔成孔的质量标准

项目	允许偏差
孔的中心位置/mm	群桩：100；单排桩：50
孔径/mm	不小于设计桩径
倾斜度	钻孔：小于 1%；挖孔：小于 0.5%
孔深/mm	摩擦桩：不小于设计规定； 支承桩：比设计深度超深不小于 50 mm
沉淀厚度/mm	摩擦桩：符合设计要求，当设计无要求时，对于直径不大于 1.5 m 的桩，沉淀厚度不大于 200 mm，对桩径大于 1.5 m 或桩长大于 40 m 或土质较差的桩，沉淀厚度不大于 300 mm； 支承桩：不大于设计规定，设计未规定时不大于 50 mm
清孔后泥浆指标	相对密度：1.03～1.10；黏度：17～20 Pa·s；含砂率：小于 2%；胶体率：＞98%

注：清孔后的泥浆指标是从桩孔的顶、中、底部分别取样检验的平均值。本项指标的测定，限指大直径桩或有特定要求的钻孔桩。

试验步骤

1. 桩位偏差测量

桩位偏差是指成桩后的位置与设计位置的差距。桩位应在基桩施工前按设计桩位平面图放样桩的中心位置，但由于施工中测量放线不准、护筒埋设有偏差、钻机对位不正、钻孔偏斜、钢筋笼下孔偏差等因素，成桩后导致桩位与设计位置偏离。如桩位偏离超过设计允许范围，桩的受力状况发生变化，将导致桩的承载力和可靠性降低、工程造价增加、工期延误等。因此，成桩后要对实际桩位进行复测，用精密经纬仪或红外测距仪测量桩的中心位置，看其是否满足设计规定和相应规范、标准对桩位中心位置的偏差要求。

2. 钻孔倾斜度检查

在灌注桩的施工过程中，能否确保基桩的倾斜度，是衡量基桩能否有效地发挥作用的一个关键因素。一般对于竖直桩，其倾斜度允许偏差范围在 50～20 mm，或是桩长的 0.5%～1%。

钻孔倾斜度的检查可采用图 4-6 所示的简易方法。在孔口沿钻孔直径方向设一标尺，标尺上 0 点与钻孔中心重合，并使滑轮、标尺 0 点和钻孔中心处于同一铅垂线上，其高度为 H_0。穿过滑轮的测绳一端连接于用钢筋弯制的圆球（圆球直径比钻孔直径略小些），另一端通过转向滑轮用手拉住。将圆球慢慢放入钻孔中，并测读测绳在标尺上的偏距 e，则倾斜角 $\alpha=\arctan\left(\dfrac{e}{H_0}\right)$。该方法工具简单，操作方便，但测读范围以 e 值小于钻孔的半径为最大限度，且读数较为粗糙。

当检查的桩孔度较深且倾斜度较大时，可根据地质及施工情况选用 JDL-1 型陀螺斜测仪或 Jx-3 型井斜仪检查，也可采用声波孔壁测定仪绘出连续的孔壁形状和垂直度。

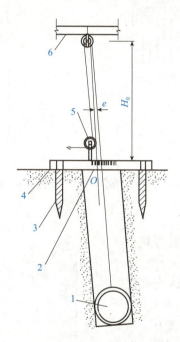

图 4-6　桩的倾斜度检查
1—钢筋圆球；2—标尺；3—固定桩；4—木板；5—导向滑轮；6—钻架横梁

3. 桩的孔径和垂直度检测

桩的孔径和垂直度检测是成孔质量检测中的两项重要内容。

目前有钢筋笼检测、伞形孔径仪检测、超声波法检测三种方法，它们大多可同时检测孔径和垂直度。

（1）钢筋笼检测。钢筋笼式检孔器是一种简便的检测工具，其制作简单、检测方便、应用广泛。钢筋笼式检孔器检测孔径如图 4-7 所示。钢筋笼式检孔器测量孔的垂直度如图 4-8 所示。

检孔器的尺寸可根据设计桩径大小设计，检孔器的外径 D 不应小于设计桩孔直径，长度 L 为 4～6 倍的外径。检孔器用钢筋制作，应有一定的刚度，每次检测前十字交叉测量检孔器外径 D，两者之差不宜大于 20 mm，并防止使用过程中变形。检测前，待钻孔的孔深、清孔泥浆指标等检查合格后，再用三脚架将孔径器放入孔内。检孔器对中后，上吊点的位置应固定，并保持在整个检测过程中位置不变。检孔器靠自重下沉，如能在自重作用下顺利下沉到孔底，则表明孔径能满足设计要求。如不能下沉到孔底，则说明孔径小于设计孔径，应进行扩孔等处理。

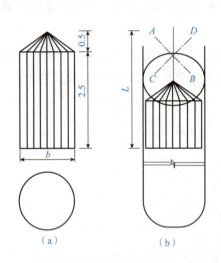

图 4-7　钢筋笼式检孔器测量孔径(尺寸单位：m)

(a)检孔器；(b)测量孔径

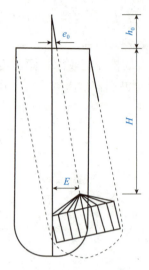

图 4-8　钢筋笼式检孔器测量孔的垂直度

(2)伞形孔径仪检测。伞形孔径仪由测头、设调放大器和记录仪三部分组成。测头为机械式的构件，测头放入测孔之前，将四条腿合拢并用弹簧锁定，待测头放入孔底后，四条腿即自动张开。当测头缓缓上提时，在弹簧力作用下，四条腿端始终紧贴孔壁，随着孔壁凹凸不平状况相应张开和收拢，带动测头密封筒内的活塞上下移动，使四组串联滑动电阻来回滑动，将电阻变化转化为电压变化，经信号设调放大器放大，并由记录仪记录，即可绘出孔径大小随孔深的变化情况。伞形孔径仪如图 4-9 所示。

用伞形孔径仪测量孔斜是在孔内不同深度连续多点测量其顶角和方位角，从而计算钻孔的倾斜度。顶角测量是利用铅垂原理，测量系统由顶角电阻(阻值已知)和一端装有重块并始终保持与水平面垂直的测量杆组成。当钻孔倾斜时，

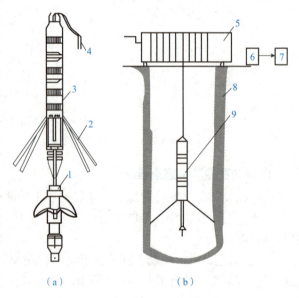

图 4-9　伞形孔径仪

(a)测头；(b)测量原理

1—锁腿架；2—测腿；3—密封桶；4—电缆；
5—电缆绞车；6—放大器；7—记录仪；
8—桩孔；9—测头

顶角电阻和测量杆间就有一角度，仪器内部机构便根据角度的大小短路一部分电阻，剩下的电阻值即为被测点的顶角。方位角由定位电阻、接触片等磁定向机构来测量，接触片始终保持指北状态，方位角变化时使接触片的电阻也随之变化，知道电阻值的大小，即可确定被测点的方位角。

（3）超声波检测法。

①测试原理及仪器设备。把泥浆作为均匀介质，则超声波在泥浆介质中传播速度 c 是恒定的。若超声波的发射探测器至孔壁的距离为 L，实测声波发射至接收的时间差为 Δt，则按式(4-8)计算：

$$L = c \cdot \frac{\Delta t}{2} \tag{4-8}$$

超声波孔壁测试仪，一般由主机（由超声记录仪、声波发射和接收探头组成）、绕线器和绞车三大部分组成。在现场检测中，通过绞车将探测器自动放入孔内，并靠探测器自重保持测试探头处于铅垂位置。测试时，超声振荡器产生一定频率的电脉冲，经放大后由发射换能器转换为声波，并通过孔内泥浆向孔壁方向传播，由于泥浆与孔壁地层的声阻抗差异很大，声波到达孔壁后绝大部分被反射回来，经接收换能器接收。声波从发送到接收的时间，由计时门打开至关闭的时间差，即为声波在孔内泥浆中的传播时间。超声波测试原理如图 4-10 所示。

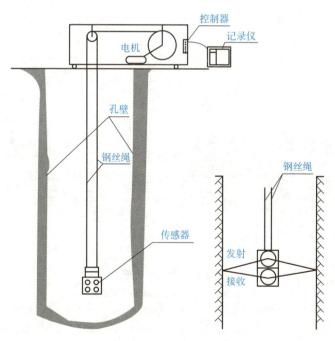

图 4-10　超声波测试原理

声波探头中的四组换能器（一发一收为一组）呈十字交叉布置，可以探测孔内某高程测点两个方向相反的换能器与孔壁之间的距离，进行连续测试，即可得到该钻孔两个方向孔壁的剖面变化图。如某测点声波探头的两方向相反探头测得的换能器至孔壁的距离分别为 L_1 和

L_2，则桩孔在该点的孔径为 $D=L_1+L_2+d$，其中，L_1 和 L_2 为两方向相反的换能器至孔壁的距离，d 为两个方向相反换能器发射面间的距离。用同样的方法可以计算与此呈正交方向的钻孔孔径。

如此改变测点的高度，就可获得整个钻孔在该断面测点剖面孔径变化图。记录的数据经同步放大并产生高压脉冲电流，利用记录笔的高压放电在专用记录纸上同时记录两孔壁信号。当声波探头提升的绞车在测试时始终保持吊点不变且电缆垂直，即可通过钻孔孔壁剖面图得到钻孔的垂直度。

②孔径分析。如图 4-11(a)所示，假设某截面测试的两个方向 AB 与 CD，孔为圆形，O 为圆心，半径为 R_1，O' 为测试探头中心，L_A、L_B、L_C、L_D 分别为 O' 点到 A、B、C、D 点的距离，于是可导出 R 的计算公式见式(4-9)：

$$R=\frac{\sqrt{(L_C+L_D)^2+(L_B-L_A)^2}+\sqrt{(L_A+L_B)^2+(L_C-L_D)^2}}{4} \tag{4-9}$$

探头中心偏离孔的中心距离 OO' 见式(4-10)：

$$S=OO'=0.5\times\sqrt{(L_A-L_B)^2+(L_C-L_D)^2} \tag{4-10}$$

按式(4-10)计算出孔口截面探头中心偏离孔的中心距离 S_0 以及任一截面探头中心偏离孔的中心距离 S，两者之差即为该截面偏离孔口中心轴线的距离。

$$\Delta L=S-S_0 \tag{4-11}$$

③倾斜度分析。按上述方法分析计算出孔口中心轴的距离 $\Delta L_\text{底}$，$\Delta L_\text{底}$ 与孔深 H 之比的百分率即为倾斜度，如图 4-11(b)所示。

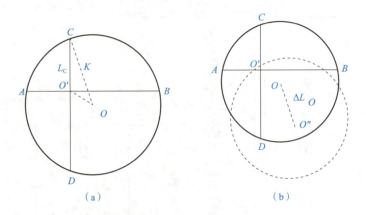

图 4-11 测试计算示意

(a)任意截面计算示意；(b)倾斜度计算示意

O—圆心；实线圆—孔口截面；O'—测试探头中心；虚线圆—孔底截面；

$S=OO'$；OO'—孔中心偏移距离 $\Delta L_\text{底}$；AB、CD—相互垂直的两个剖面孔的直径为 $2R$

$$倾斜度=\frac{\Delta L_\text{底}}{H}\times100\% \tag{4-12}$$

4. 桩底沉淀厚度检测

桩底沉淀土厚度的大小极大地影响桩端承载力的发挥，因此在施工过程中必须严格控制桩底沉淀土的厚度。根据《公路桥涵施工技术规范》(JTG/T 3650—2020)的规定，对于摩擦桩清孔后，沉淀厚度应符合设计要求。当设计无要求时，对于直径不大于1.5 m的桩，沉淀厚度不大于200 mm；对于桩径大于1.5 m或桩长大于40 m或土质较差的桩，沉淀厚度不大于300 mm；支承桩的沉淀厚度不大于设计规定值。

测定沉淀土厚度的方法目前还不够成熟，下面介绍工程中常用的几种方法。

(1)垂球法。垂球法是一种惯用的简易测定沉淀土厚度的方法。其将质量不小于1 kg的平底圆锥体垂球，端部连接专用测绳，把垂球慢慢沉入孔内，接触孔底时，轻轻拉起垂球并放下，判断孔底位置，其施工孔深和量测孔深的差值即为沉淀土厚度。

(2)电阻率法。电阻率法沉淀土测定仪由测头、放大器和指示器组成。它根据介质不同，如水、泥浆和沉淀颗粒具有不同的导电性能，由电阻阻值变化来判断沉淀土厚度。测试时将测头慢慢沉入孔中，观察表头指针的变化，当出现突变时，记录深度h_1；继续下沉测头，指针再次突变，记录深度h_2；直到测头不能下沉为止，记录深度h_3。设施工深度为H，则各沉淀土厚度为(h_2-h_1)、(h_3-h_2)和$(H-h_3)$……

(3)电容法。电容法沉淀土厚度测定原理是当金属两极间距和尺寸不变时，其电容量和介质的电解率呈正比关系，水、泥浆和沉淀土等介质的电解率有较明显差异，从而由电解率的变化量测定沉淀土的厚度。

钻(探)孔在终孔和清孔后，应进行孔位、孔深检验。一般情况下，孔径、孔形和倾斜度宜采用上述专用仪器测定。当缺乏专用仪器时，可采用外径为钻孔桩钢筋笼直径加100 mm(不得大于钻头直径)，长度为4～6倍外径的钢筋笼检孔器吊入钻孔内检测。

任务5　低应变反射波法桩身完整性检测

任务情景

某施工企业需要进行混凝土桩的桩身完整性和缺陷位置及程度试验检测。作为一名检测人员，在进行试验检测之前，需要掌握哪些关于此项试验检测的要求？需要查阅哪些相关技术规范及其他相关资料？具体的检测方法及步骤是什么？如何科学地分析检测结果？

任务目标

1. 了解低应变反射波法的基本原理；
2. 熟悉低应变反射波法的适用条件；
3. 了解低应变反射波法检测相关的技术规范；
4. 了解桩基完整性检测原理；
5. 掌握低应变反射波法检测仪器的性能及使用方法；
6. 掌握低应变反射波法数据处理方法；
7. 能够运用定量的方法，科学地评定混凝土桩的桩身完整性。

任务要求

认真阅读《公路工程基桩检测技术规程》(JTG/T 3512—2020)、《基桩动测仪》(JG/T 518—2017)、《建筑基桩检测技术规范》(JGJ 106—2014)等相关技术规范。学会用低应变反射波法测定桩基完整性。

1. 熟练填写低应变反射波法试验检测委托单；

2. 熟练填写低应变反射波法试验检测原始记录；

3. 熟练出具低应变反射波法报告，并对混凝土桩的桩身完整性和缺陷位置及程度进行评价；

4. 养成互相帮助、互相讨论、共同进步的团队意识；

5. 培养吃苦耐劳的工匠精神；

6. 培育诚实、守信、科学、公正的职业素养；

7. 培养自主探究学习能力、信息素养及专业精神。

任务思考

1. 低应变反射波法桩身完整性试验检测的目的是什么？

2. 本试验中用到的主要试验仪器和设备有哪些？

3. 低应变反射波法桩身完整性检测的试验步骤是什么？

4. 怎样由试验数据得出桩基完整性？

任务实施

钻孔灌注桩桩身完整性检测方法有低应变反射波法、声波透射法和钻探取芯法三种。低应变反射波法具有仪器轻便、操作简单、检测速度快、成本低等特点，可检测桩身缺陷及位置，判定桩身完整性类别，但检测深度有限，在桩基工程质量普查中应用较广。声波透射法需要在基桩混凝土浇筑前预埋声测管，测试操作较复杂，可检测灌注桩桩身缺陷及其位置，能较可靠地判定桩身完整性类别。经上述两种方法检测后，对桩身缺陷仍存在疑虑时，可用钻芯法进行验证。钻芯法使用设备笨重、操作复杂、成本高，但检验成果直观、可靠。它可以检测桩长、桩身混凝土强度、桩底沉渣厚度，鉴别桩底岩土性状，准确地判定桩身完整性类别。如将上述三种方法有机结合，并考虑桩的设计条件、承载性状及施工等因素进行综合分析，不仅可对桩身完整性类别做出可靠的评价，还可对桩的承载力做出评估。

一、仪器设备

反射波法检测系统由基桩动测仪、传感器和激振设备组成。

1. 基桩动测仪

目前，国内外动测仪都把采集、放大、存储各部件与计算分析软件融为一体，集成为基桩动测仪。我国已制定了《基桩动测仪》(JG/T 518—2017)，对基桩动测仪的主要技术性能指标做出规定，将动测仪器产品主要技术性能分为1、2、3三个等级。1级较低，3级较高。

2级基桩动测仪的性能指标要求如下：

（1）A/D转换器分辨率不小于16 bit，单道采样频率不小于25 Hz。

（2）加速度测量系统频率响应，幅频误差不大于±10%时，2～5 000 Hz；幅值非线性振动不大于5%；冲击测量时，零漂不大于1%F. s.；传感器安装谐振频率不小于10 kHz。

（3）速度测量子系统频率响应，幅频误差不大于±10%时，10～1 200 Hz；幅值非线性振动不大于10%；传感器安装谐振频率不小于2 kHz。

（4）单通道采样点数不小于1 024；系统动态范围不小于66 dB；输出噪声电平有效值不大于2 mV；衰减挡（或程控放大）误差不大于1%；任意两道间的通道幅值一致性误差不大于±0.2%，相位一致性误差不大于0.05。

（5）环境条件：工作时相对湿度（温度40 ℃时）为20%～90%。

从上述性能指标看，国内外基桩动测仪生产厂家，其性能指标均已达到或超过2级基桩动测仪的技术性能指标，完全可以满足反射波法桩基检测的需要。

动测仪器是在野外恶劣的环境条件下使用的，容易损坏。为了实现我国计量法规定的量值传递要求，保证有效使用范围，根据计量认证规定，要每年定期对基桩动测仪进行计量检定。有关动测仪器各部件的技术性能指标及检定条件，可参考现行《基桩动测仪》（JG/T 518—2017）中的有关规定。

2. 传感器

传感器宜选用压电式加速度传感器或磁电式速度传感器，频响曲线的有效范围应覆盖整个测试信号的频带范围。

加速度传感器的电压灵敏度应大于100 mV/g，电荷灵敏度应大于20 PC/g，上限频率应不小于5 kHz，安装谐振频率应不小于6 kHz，量程应大于100 g。

速度传感器的固有谐振频率应不大于30 Hz，灵敏度应大于200 mV/(cm·s^{-1})，上限频率应不小于1.5 kHz，安装谐振频率应不小于1.5 kHz。

3. 激振设备

（1）激振锤的材质与性能。为了满足不同的桩型和检测目的，应选择符合材质和质量要求的力锤或力棒，以获得所需的激振频率和能量。反射波法基桩质量检验用的手锤和力棒，其锤头的材质有铜、铝、硬塑、橡皮等。改变锤的质量和锤头材质，即可获得检测所需的能量和激振频谱要求。表4-8所列数据为不同激振锤敲击桩头，由安装在锤头上的力传感器和安装于桩头上的测量传感器所记录的信号，分析得到不同材质和质量激振桩头的不同效果。激振锤的材质与性能见表4-8。

表 4-8　激振锤的材质与性能参数

序号	锤型	材质	质量 m/kg	主频/kHz	脉宽 t/ms	力值/kN
1	小钢管	钢	0.09	3.28	0.6	0.14
2	小钢杆	钢	0.27	2.02	0.9	0.41
3	铁锤	钢	1.23	2.50	0.8	1.89
4	木槌	杂木	0.39	1.92	1.0	0.59

序号	锤型	材质	质量 m/kg	主频/kHz	脉宽 t/ms	力值/kN
5	橡胶锤	生胶	0.30	0.86	2.0	0.43
6	Rs手锤	聚乙烯	0.94	0.96	2.0	1.30
7	Rs力棒	尼龙	2.97	1.38	1.5	4.49
8	Rs力棒 NG	铁	2.95	1.55	1.2	4.46

由表4-8可见，在相同材质情况下，质量大的，力值也大，主频相对减小；在锤的质量相同时，主频随钢、铝、硬塑、橡皮、杂木硬度的降低而减小。

锤击桩头的目的是要在桩顶输入一个符合检测要求的初始应力波脉冲，其基本技术特性为：波形、峰值、脉冲宽度或频谱、输入能量。当波形一定时，关注的是峰值和脉宽两个主要问题。峰值决定激励桩身的应力大小，脉宽决定激励的有效频段范围，两者组合将决定输入能量大小及能量在整个有效频段内的分配。

(2)锤激振源对基桩检测信号的影响。

①锤激能量。其大小取决于锤的质量和下落速度。对大直径长桩，应选择质量大的锤或力棒，以产生主频率低、能量大的激励信号，获得较清晰的桩底反射信号，但这时桩身的微小缺陷会被掩盖。

②锤头材料。锤头材料硬，产生的高频脉冲波有利于提高桩身缺陷的分辨率，但高频信号衰减快，不容易探测桩身深部缺陷；锤头材料软，产生低频脉冲波，信号衰减较慢，有利于获得桩底反射信号，但降低了桩身缺陷的分辨率。

③脉冲宽度。小钢锤的脉冲宽度约为 0.6 ms，尼龙锤约为 2.0 ms，橡皮锤约为 4.8 ms。激振脉冲宽度大，有利于探测桩身的深部缺陷，但波长大于缺陷尺寸时，由于波的绕射作用，桩身内的小缺陷不容易识别，从而降低了分辨率；激振力脉冲宽度小，应力波频率高，波长短，有利于对桩身小缺陷的分辨率，但在桩浅部不能满足一维弹性杆件的平截面假定条件，会出现接收信号波形畸变。

反射波法现场测试仪器设备如图4-12所示。

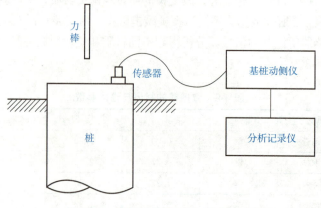

图 4-12　反射波法现场测试仪器设备

二、试验步骤

1. 准备工作

(1)现场踏勘及资料收集。在接受检测任务后，检测人员应了解场地地质条件、建筑物的类型、桩型、桩设计参数、成桩工艺、施工记录及相关的资料，然后根据检测委托书，编制检测纲要。

(2)桩头处理。应根据相应的技术规范、标准的规定，并参考现场施工记录和基桩在工程中所起的作用来确定抽检数量及桩位。公路桥梁的钻孔灌注桩通常是每根桩都要进行检测，对受检桩，要求桩顶的混凝土质量、截面尺寸与桩身设计条件基本相同。桩头应凿去浮浆或松散、破损部分，并露出坚硬的混凝土，对桩头外露主筋不宜太长。桩头表面应平整干净、无积水，并将传感器安装点与敲击点部位磨平。

(3)传感器的安装。一般采用加速度传感器，因为它的频率响应范围比较宽、动态范围大、失真度小，能较好地反映桩身的反射信息。速度传感器灵敏度高，低频性能好，对检测桩体深部缺陷信息较好。

《公路工程基桩检测技术规程》(JTG/T 3512—2020)对传感器安装作如下规定：传感器底安装可采用石膏、黄油、橡皮泥等耦合剂，黏结应牢固，并与桩顶面垂直。

①对于混凝土灌注桩，传感器宜安装在距桩中心 2/3 半径处，且距离桩的主筋不宜小于 50 mm。当桩径不大于 1 000 mm 时，不宜少于 2 个测点；当桩径不小于 1 000 mm 时，应设置 3～4 个检测点；测点宜以桩心为中心对称布置。

②对混凝土预制桩，当边长或桩径小于 600 mm 时，不宜少于 2 个测点；当边长或桩径大于或等于 600 mm 时，不宜少于 3 个测点。

③对预应力管桩，激振点、检测点和桩中心连线形成的夹角宜为 90°，且不应少于 2 个测点。

④各测点记录的有效信号数应不少于 3 次，且检测波形应具有良好的一致性。

⑤当检测环境存在干扰时，宜采用信号叠加增强技术进行重复激振，提高信噪比，当时域信号一致性较差时，应分析原因，排除人为和检测仪器等干扰因素，重新检测或增加检测点数量。

2. 仪器参数设置

(1)采样频率。每通道的采样点数应不小于 1 024 点，采样频率应满足采样定理。采样频率 f_s 计算公式见(4-13)：

$$f_s \geqslant 2f_m \tag{4-13}$$

式中　f_s——采样频率；

　　　f_m——信号频率上限，在基桩检测中，通常取 $f_s = 3f_m$。

在基桩测试中，通常在 0～2 kHz 已能满足要求。对不同的测试要求，可改变频率范围，如要测 3～5 m 的浅部缺陷，可将频率调到 1～2 kHz；要测桩底反射信号，则可降低频率范围至 0～0.6 kHz。

(2)采样点数 N。应满足式(4-14)的要求

$$N \geqslant \frac{3L}{c\Delta t} \tag{4-14}$$

一般每通道的采样点数不少于 1 024 点。

采样时间 T，又称采样长度，是一次采样 N 个点数据所需的时间，可表示为 $T = N \cdot \Delta t$。

采样间隔 Δt 是对信号离散采样时，每采一点所需的时间，可表示为 $\Delta t = \frac{1}{f_s}$ 这样频率间隔 Δf 频域里两相邻数据的频率间隔，可用(4-15)表示：

$$\Delta f = \frac{1}{T} = \frac{1}{N \cdot \Delta t} \tag{4-15}$$

由式(4-15)可见，采样频率越高，采样间隔越小，时域分辨率越高，而频域分辨率越低；反之亦然。这是因为 Δt 与 Δf 是互为倒数关系。

(3)适调放大器。放大增益要足够大，在屏幕上有足够大波形，以不限幅为原则。

3. 信号采集

(1)根据桩径大小，在与桩心对称处布置 2~4 个测点。

(2)实测信号能反映桩身完整性特征，有明显的桩底反射信号，每个测点记录的有效信号数不宜少于 3 个。

(3)不同测点及同一测点的多次实测时域信号一致性好；否则，应分析原因，找出问题后进行重测。

(4)信号幅值适度，波形光滑，无毛刺、振荡出现，信号曲线最终归零。

在大直径桩的测试中，由仪器本身和外界产生的随机噪声所引起的干扰频段，大多在响应信号的有效频段范围内，干扰信号滤去了，有用信号也受到很大损害。桩的尺寸效应能使桩头径向干扰振型激发出来，即使这种干扰被滤去，还是背离应力波一维纵波传播理论，它所引起的误差仍无法消除。用控制激励脉冲宽度和传感器安装谐振频率及低频飘移，可减小干扰信号的产生。所以在现场检测时，通过改变锤头材料或锤垫厚度，用机械滤波手段，也是提高测试波形质量的有效办法。

三、结果处理

1. 时域分析

(1)桩身波速平均值的确定。当桩长已知、桩底反射信号明确时，选用相同条件下(地质条件、设计桩型、成桩工艺相同)不少于 5 根 I 类桩的桩身波速值，按式(4-16)~式(4-18)计算其平均值。

$$c_m = \frac{1}{n}\sum_{i=1}^{n} c_i \tag{4-16}$$

$$c_i = \frac{2\ 000\ L}{\Delta T} \tag{4-17}$$

$$c_i = 2L \cdot \Delta f \tag{4-18}$$

式中　c_m——桩身波速的平均值(m/s)；

c_i——第 i 根受检桩的桩身波速值(m/s)，且 $\left|\dfrac{(c_i-c_m)}{c_m}\right|\leqslant5\%$；

L——测点下桩长(m)；

ΔT——速度波第一峰与桩底反射波峰间的时间差(ms)；

Δf——幅频曲线上相邻谐振峰间的频差(Hz)；

n——参加波速平均值计算的基桩数量，$n\geqslant5$。

（2）桩身缺陷位置计算。当桩身有缺陷但测不到桩底信号时，可根据本地区、本工程同类桩型的波速测试值，按式(4-19)计算桩身缺陷 x 的位置。

$$x=\frac{1}{2000}\cdot\Delta t_x\cdot c$$

或

$$x=\frac{1}{2}\cdot\frac{c}{\Delta f}\qquad(4\text{-}19)$$

式中　x——桩身缺陷至传感器安装点的距离(m)；

Δt_x——速度波第一峰与缺陷反射波峰间的时间差(ms)；

c——受检桩的桩身波速(m/s)，无法确定时，用 c_m 值代替；

Δf——幅频曲线上缺陷相邻谐振峰间的频差(Hz)。

（3）桩身完整性判定。在实际检测中，一般以时域分析为主、频域分析为辅。不同规范的判定依据侧重点不同。按照《公路工程基桩检测技术规程》(JTG/T 3512—2020)的规定，桩身完整性类别评判应结合时域或频域曲线的完整性，并结合场地的岩土工程特征、成桩工艺、施工记录和设计桩型等因素，按表 4-9 综合分析评判；按照《建筑基桩检测技术规范》(JGJ 106—2014)，桩身完整性类别应结合缺陷出现的深度、测试是、信号衰减特性，以及设计桩型、成桩工艺、地基条件、施工情况，按表 4-10 进行综合分析判定。

表 4-9　桩身完整性判定表(一)

类别	时域信号及频域特征	说明
Ⅰ类桩	桩底反射波较明显，桩身无缺陷反射，频谱图中谐振峰排列基本等间距，混凝土波速处于正常范围	桩身完整、均匀，混凝土密实
Ⅱ类桩	桩底反射波较明显，桩底前有轻微缺陷反射波，混凝土波速处于正常范围，频谱图中轻微缺陷叠加在桩底谐振峰上	桩身基本完整，桩身混凝土局部有离析、空洞、缩径等缺陷
Ⅲ类桩	桩底反射信号不明显，可见缺陷二次反射波；或有桩底反射，但波速明显偏低	桩身完整性差，其缺陷对桩身结构承载力有影响
Ⅳ类桩	无桩底反射波，可见因缺陷引起的多次强烈反射波；或平均波速明显高于正常波速	桩身有严重缺陷，强度和承载力不满足设计要求

表 4-10　桩身完整性判定表(二)

类别	时域信号特征	幅频信号特征
Ⅰ类桩	$2L/c$ 时刻前无缺陷反射波,有桩底反射波	桩底谐振峰排列基本等间距,其相邻频差 $\Delta f \sim c/2L$
Ⅱ类桩	$2L/c$ 时刻前出现轻微缺陷反射波,有桩底反射波	桩底谐振峰排列基本等间距,其相邻频差 $\Delta f \sim c/2L$,轻微缺陷产生的谐振峰与桩底谐振峰之间的频差 $\Delta f' > c/2L$
Ⅲ类桩	有明显缺陷反射波,其他特征介于Ⅰ类和Ⅳ类之间	
Ⅳ类桩	$2L/c$ 时刻前出现严重缺陷反射波或周期性反射波,无桩底反射波; 或因桩身浅部严重缺陷使波形呈现低频大振幅衰减振动,无桩底反射波	缺陷谐振峰排列基本等间距,相邻频差 $\Delta f' > c/2L$,无桩底谐振峰; 或因桩身浅部严重缺陷只出现单一谐振峰,无桩底谐振峰

注:对同一场地、地基条件相近、桩型和成桩工艺相同的基桩,因桩端部分桩身阻抗与持力层阻抗相匹配,导致实测信号无桩底反射波时,可按本场地同条件下有桩底反射波的其他桩实测信号判定桩身完整性类别。

2. 频域分析

尽管现场动测时的时域信号能较真实地反映桩身情况,但许多实测曲线不可避免地夹杂着许多干扰信号,这给时域分析带来困难,因此对测试信号进行频域分析是必要的。

根据动态信号测试原理,对于反射法动测桩时激励桩头所得的响应信号,在频域中可用式(4-20)表示系统响应的总和:

$$V(\omega) = P(\omega) \cdot B(\omega) \cdot F(\omega) \cdot A(\omega) \cdot R(\omega) \tag{4-20}$$

式中　$V(\omega)$——对应的傅里叶变换;

$P(\omega)$——桩身完整性响应函数;

$B(\omega)$——传感器安装后的频响特性;

$F(\omega)$——激振产生的响应函数;

$A(\omega)$——采集和分析时所用带宽与放大器综合函数;

$R(\omega)$——外来干扰因素;

ω——频率自变量,$\omega = 2\pi f$。

可以证明,对于自由桩而言,式(4-20)中 $P(\omega)$ 共振峰频率与桩底和缺陷的位置有关,其系统固有频率的表达式见式(4-21)和式(4-22):

$$f_b^L = \left(n + \frac{\arctan\lambda_L}{\pi}\right)\frac{c}{2L} \quad (n=1, 2, \cdots) \tag{4-21}$$

$$f_n^b = \left(n + \frac{\arctan\lambda_b}{\pi}\right)\frac{c}{2b} \quad (n=1, 2, \cdots) \tag{4-22}$$

式中　λ_L、λ_b 分别为桩底和缺陷有关的函数。

在自由端时 $\lambda_L \to 0$;在支承端时 $\lambda_L \to 0$。一般情况下,λ_L 介于两者之间,由此可导出完整桩的波速。

$$c = 2L \cdot \Delta f \tag{4-23}$$

式中 L——桩长(m)；

Δf——频谱分析中的频差峰-峰值(1/s)。

而在缺陷桩所形成的相邻共振峰频差和缺陷位置的关系见式(4-24)：

$$L'=\frac{c}{2\cdot\Delta f}\tag{4-24}$$

式中 L'——缺陷部位的深度(m)。

将式(4-23)变换后可写成各阶振型的固有频率形式时，见式(4-25)：

$$\Delta f=f_n-f_{n-1}=\frac{c}{2L}\tag{4-25}$$

同样，如桩存在缺陷，其缺陷处距桩顶距离 L' 与两阶谐振峰频率之差的关系见式(4-26)：

$$\Delta f'=f'_n-f'_{n-1}=\frac{c}{2L'}\tag{4-26}$$

式(4-25)、式(4-26)可作为频域法判断桩身缺陷的依据，一根桩身完整的幅频特性曲线如图4-13所示。

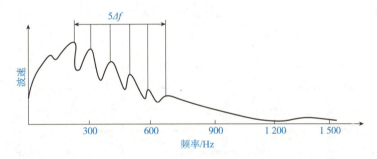

图4-13 桩身完整的幅频特性曲线

3. 时域与频域分析的互相验证

通常，人们只对时域曲线进行积分、滤波、指数放大等信号处理后，即可将桩身存在的各种缺陷反映充分展示出来，从而判断桩身完整性问题。但有时桩身有多个缺陷，加之各种干扰信号，时域曲线变得非常复杂，这时需要进行信号的频域分析，将干扰信号滤去后，找出桩身的缺陷反射信息，再判定桩身完整性。而时域、频域分析可作为反射波法分析时的互相验证与补充，两者各有优点、缺点：

(1)多数情况下的时域、频域分析结果能很好地统一和相互验证，但时域和频域分析的精度互相矛盾，采样频率越高，时域的分辨率越高，而频域分辨率越低；反之亦然。对缺陷位置和桩长来说，还是以时域计算为准。

(2)非桩土系统引起的干扰振荡较严重时，时域局限性较大，应以频域分析为主体。

(3)桩身存在多个等间距缺陷时，时域难以区分深部缺陷反射与浅部缺陷的多次反射，分析频域的基频和频差可对其加以甄别。

(4)有些桩底反射信号不明显，频谱中有较明显的整桩基频和频差。

(5)涉及离析、缩颈、裂隙等缺陷性状的区分时，时域、频域的相互印证有时特别重要，离析处的谐振峰多见低缓形式，而裂隙的谐振峰较尖锐。

四、记录表格

将试验数据记录在表 4-11 中。

表 4-11 桩基完整性试验检测记录表(低应变法)

实验室名称：　　　　　　　　　　　　　　　　　记录编号：

工程名称			
检测依据	JTG/T 3512—2020		
检测仪器/编号	基桩动测仪/GL02030011		
桩型	□灌注桩□预制桩	桩型	□圆形□方形
设计桩径/mm		有效桩长/m	
扩底/mm		桩受力类型	
总桩数		抽检比例	
强度等级		预设波速/(m·s^{-1})	
桩顶标高	□位于设计标高□高于设计标高□低于设计标高		
桩号	桩长/m	桩径/mm	成桩日期	检测日期

桩位平面布置图

检测：　　复核：　　　　　　　　　　　　　　　日期：　　年　　月　　日

任务6　声波透射法检测桩身完整性

任务情景

某施工企业需要进行声波透射法检测桩身完整性试验。作为一名检测人员，在进行试验检测之前，需要掌握哪些关于此项检测试验的要求？需要查阅哪些相关技术规范及其他相关资料？具体的检测方法及步骤是什么？如何科学地分析检测结果？

任务目标

1. 了解声波透射法的基本原理；
2. 熟悉声波透射法的适用条件；
3. 了解声波透射法检测的相关技术规范；
4. 了解桩身完整性检测原理；
5. 掌握声波透射法检测仪器的性能及使用方法；
6. 掌握声波透射法的数据处理方法；
7. 能够用定量的方法，科学地评定混凝土的质量。

任务要求

认真阅读《公路工程基桩检测技术规程》(JTG/T 3512—2020)等相关技术规范。学会用声波透射法测定桩身完整性。

1. 熟练填写声波透射法试验检测委托单；
2. 熟练填写声波透射法试验检测原始记录；
3. 熟练出具声波透射法报告，并对混凝土强度进行评价；
4. 养成互相帮助、互相讨论、共同进步的团队意识；
5. 培养吃苦耐劳的工匠精神；
6. 培育诚实、守信、科学、公正的职业素养；
7. 培养自主探究学习能力、信息素养及专业精神。

任务思考

1. 声波透射法检测试验的目的是什么？
2. 本试验中用到的主要试验仪器和设备有哪些？
3. 声波透射法检测的试验步骤是什么？
4. 怎样由试验数据得出桩身完整性？

🔧 任务实施

桩身完整性
检测

美国在 20 世纪 50 年代就开始使用电子管声波仪检测混凝土的质量。随着微机技术的发展,我国的声波仪也步入智能化时代。由微机软件进行数据信息处理和自动判读的智能型数字声波仪已日趋成熟,可在现场实时、动态显示波形,从而大大提高了现场工作效率,缩短了室内数据处理时间。

声波透射法是在预埋声测管的混凝土灌注桩中检测桩身完整性,判定桩身缺陷的程度及其位置。它的特点是检测的范围可覆盖全桩长的各个检测剖面,检测全面细致,信息量大,成果准确可靠;现场操作不受场地、桩长、长径比的限制,操作简便,工作进度快。声波透射法以其鲜明的特点,成为混凝土灌注桩(尤其是大直径桩)桩身完整性检测的一个重要手段,在工民建、水利、交通桥梁和港口等工程建设领域中得到了广泛应用。

一、仪器设备

超声波检测仪器有两大类:一类是模拟式超声波检测仪,它所显示和分析的是模拟信号,其声波幅值随时间的变化是连续的,这种信号称为时域信号。这类模拟式超声波检测仪,测试时由人工操作,现场工作量大,工作效率低,容易出错,使用场所越来越少。另一类是数字式超声波检测仪,它通过信号采集器采集信号,将采集的模拟信号变为数字信号,由计算机分析软件自动进行声时和波幅判读,既提高了检测精确度,又提高了效率,因而得到了广泛的应用。

1. 数字式超声波检测仪

数字式超声波检测仪的作用是重复产生 100 Hz(或 50 Hz)频率的高压电脉冲去激励发射换能器。为了测量从发射到接收声波所经过的时间,超声波检测仪从刚开始桩身混凝土发射声波脉冲的同时,就将同步计时门打开,计时器开始不断计时。当发射换能器发射的超声波经水耦合进入混凝土,在混凝土中传播后被接收换能器接收,经超声波检测仪放大、A/D 转换为数字信号后加以存储,再经 D/A 转换为模拟量。在某一时刻出现接收波形时,超声波检测仪即将波形采集下来,转变为数字信号存储。然后转化为模拟波形,显示在屏幕上。同时,启动计算机分析软件,比较前后各信号,找到波形刚刚变大且以后一直较大的那个采样点,即为接收波的起点,并立即关闭计时器,从而获得声时结果。这种数字信号便于存储、传输和各种处理分析,由计算机分析软件自动进行声时和波幅判读后显示打印,可得到声速、波幅、PSD 随深度变化的曲线,供基桩桩身质量分析,判定桩身完整性类别。

《公路工程基桩检测技术规程》(JTG/T 3512—2020)对超声波检测仪的技术指标要求如下。

(1)超声波检测仪的技术性能应符合下列规定:

①超声波检测仪系统应由径向换能器、声波发射、接收放大、数据采集、数据处理、显示及存储等部分组成。

②超声波检测仪应具有波形实时显示和声参量自动判读功能。当采用单孔声波折射法检测时,应具有一发双收功能。

③超声波发射应采用高压脉冲激振，其波形为阶跃脉冲或矩形脉冲，脉冲电压宜为 250~1 000 V，且分挡可调。

(2)接收放大器与数据采集器应符合下列规定：

①接收放大器的频带宽度为 5~200 kHz，增益分辨率不低于 0.1 dB，噪声有效值不大于 10 μV；仪器动态范围不小于 100 dB，测量允许误差小于 1 dB。

②声时测量范围大于 2 000 μs，声时分辨率优于 1 μs，声时测量误差优于 2%。

③采集器模-数转换精度不应低于 8 bit，采样频率不应小于 10 MHz，最大采样长度不应小于 8 kB。

(3)径向振动换能器应符合下列规定：

①径向水平面无指向性。

②谐振频率宜大于 25 kHz。

③在 1 MPa 水压下能正常工作。

④收、发换能器的导线均应有长度标注，其标注允许偏差不应大于 10 mm。

⑤收换能器宜带有前置放大器，频带宽度宜为 5~60 kHz。

⑥单孔检测采用一发双收一体型换能器，其发射换能器至接收换能器的最近距离不应小于 300 mm，两接收换能器的间距宜为 200 mm。

《建筑基桩检测技术规范》(JGJ 106—2014)对超声波检测仪的技术指标要求如下。

(1)声波发射与接收换能器应符合下列规定：

①圆柱状径向振动，沿径向无指向性；

②外径小于声测管内径，有效工作段长度不大于 150 mm；

③谐振频率为 30~60 kHz；

④水密性满足 1 MPa 水压不渗水。

(2)超声波检测仪应符合下列规定：

①实时显示和记录接收信号时程曲线以及频率测量或频谱分析；

②最小采样时间间隔不大于 0.5 μs，系统频带宽度为 1~200 kHz，声波幅值测量相对误差小于 5%，系统最大动态范围不小于 100 dB；

③声波发射脉冲为阶跃或矩形脉冲，电压幅值为 200~1 000 V；

④首波实时显示；

⑤自动记录声波发射与接收换能器位置。

2. 声测管埋设要求

声测管应选择透声性好、便于安装和费用较低的材料。考虑到混凝土的水化热作用及施工过程中受外力作用较大，容易使声测管变形、断裂，影响换能器上、下管道的畅通，以选用强度较高的金属管为宜。

(1)声测管内径应大于换能器外径(大于 15 mm)。

(2)声测管应下端封闭、上端加盖、管内无异物。声测管连接处应光滑过渡，管口应高出桩顶 100~300 mm，且各声测管管口高度应一致。

(3)应采取适宜方法固定声测管，使其成桩后相互平行。

(4)声测管埋设数量与桩径大小有关，根据《公路工程基桩检测技术规程》(JTG/T

3512—2020)的规定,桩径 D 不大于 1 500 mm 时,埋设 3 根管;当桩径大于 1 500 mm 时,应埋设 4 根管。《建筑基桩检测技术规范》(JGJ 106—2014)规定,桩径不大于 800 mm 时,不少于 2 根声测管;桩径大于 800 mm 且小于或等于 1 600 mm 时,不少于 3 根声测管;桩径大于 1 600 mm 时,不少于 4 根声测管;桩径大于 2 500 mm 时,宜增加预埋声测管数量。

声测管应沿桩截面外侧呈对称形状布置,按图 4-14 所示以路线前进方向的顶点为起始点顺时针旋转依次编号。

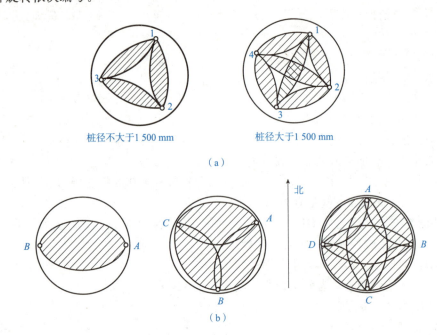

图 4-14 声测管布置图

(a)《公路工程基桩检测技术规程》(JTG/T 3512—2020)声测管埋设要求;

(b)《建筑基桩检测技术规范》(JGJ 106—2014)声测管埋设要求

二、试验步骤

1. 检测准备工作

桩身完整性检测对混凝土龄期有要求,《公路工程基桩检测技术规程》(JTG/T 3512—2020)规定混凝土龄期不应小于 14 d。《建筑基桩检测技术规范》(JGJ 106—2014)规定受检桩混凝土强度不应低于设计强度的 70%,且不应低于 15 MPa。

检测前的准备工作:

(1)用大于换能器直径的圆钢疏通,以保证换能器在声测管全程范围内升降顺畅,然后用清水清洗声测管。

(2)准确测量声测管的内、外径和声测管外壁间的净距离。

(3)采用标定法确定仪器系统延迟时间。

(4)计算声测管及耦合水层声时修正值。

2. 检测方法

声波透射法检测混凝土灌注桩有桩内单孔透射法和跨孔透射法两种。单孔透射法是在桩身只有一个通道的情况下，如钻孔取芯后需要了解孔芯周围的混凝土质量情况，作为钻芯检测的补充手段使用。这时采用一发两收换能器放于一个钻芯孔中，声波从发送换能器经水耦合进入孔壁混凝土表层滑行，再经水耦合到达接收换能器，从而测出声波沿孔壁混凝土传播的各项声学参数。单孔透射法的声波传播途径比跨孔法复杂得多，信号分析难度大，且有效检测范围约为一个波长，故此法不常采用。

下面介绍跨孔透射法。跨孔透射法是在桩内预埋两根或两根以上的声测管，把发射换能器和接收换能器分别置于两根管中，跨孔透射法现场检测装置如图 4-15 所示。

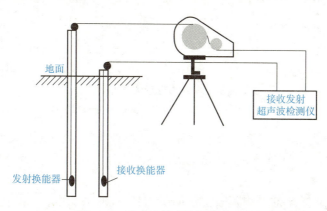

图 4-15　跨孔透射法检测装置示意

测试系统由超声波检测仪、发射换能器、接收换能器、位移量测系统(深度记录、三脚架、井口滑轮)、传输电缆等组成。其中，超声波检测仪和径向换能器组成超声脉冲测量部分。

3. 测试过程

将发、收换能器放入桩内声测管中同一深度的测点处，超声波检测仪通过发射换能器发射超声波，经桩身混凝土传播，在另一声测管中的接收换能器接收到超声波，经电缆传输给超声波检测仪，实时高速记录显示接收波形，并判读声学参量。换能器在桩内移动过程的位置，位移测量系统也实时传输给超声波检测仪。当换能器到达预定位置时，超声波检测仪自动存储该测点的波形及声学参量，实现换能器在桩身测管内移动过程中自动记录存储各测点声学参量及波形的目的。全桩各个检测剖面检测出的桩身声学参量(声时、幅值和主频等)，按照规范编制软件进行数据处理后，可绘制成基桩质量分析的成果图。

现场测试过程中应保持发射电压与仪器设置参数不变，使同一次测得的声参数具有可比性。

4. 测试方式

声波透射法检测桩身完整性的测试方式可分为三种，如图 4-16 所示。

(1)对测(普查)。发射换能器和接收换能器分别置于两声测管的同一高度，自下而上，将收发换能器以相同步长(不大于 100 mm)向上提升，进行水平检测。若平测后，存在桩身质量的可疑点，则进行加密平测，以确定异常部位的纵向范围。

(2)斜测。让发射换能器、接收换能器保持一定的高程差，在声测管中以相同步长，同步升降进行测试。斜测分单向斜测和交叉斜测。斜测时，发、收换能器中心连线与水平夹角一般取 30°～40°。斜测可探出局部缺陷、缩径或专测管附着泥团、层状缺陷等。

（3）扇形测。扇形测在桩顶、桩底斜测范围受限或为减小换能器升降次数时采用。一只换能器固定在某一高程不动，另一只逐步移动，测线呈扇形分布。此时，换算的波速可以相互比较，但幅值无可比性，只能根据相邻测点幅值的突变来判断是否有异常。

通过上述三种方法检测，结合波形进行综合分析，可查明桩身存在缺陷性质和范围大小。

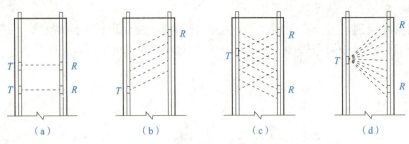

图 4-16　声波透射方法图

(a)对测；(b)单向斜测；(c)交叉斜测；(d)扇形扫描测

当现场进行平测以后，发现其 PDS、声速、波幅明显超过临界值，接收频率、波形（或频谱）等物理量异常时，为了找出缺陷所造成阴影的范围，确定缺陷位置、范围大小和性质，需要进行更详细的检测。

双管对测时，各种缺陷的细测判断方法如图 4-17～图 4-20 所示。其基本方法是将一个探头固定，另一探头上下移动，找出声阴影所在边界位置。在混凝土中，由于各种不均匀界面的漫射和低频波的绕射等原因，使阴影边界十分模糊，但通过上述物理量的综合运用仍可定出其范围。

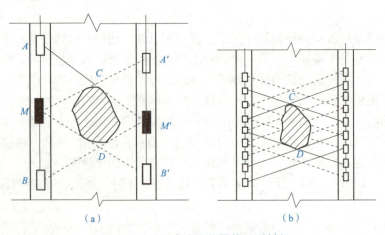

图 4-17　孔洞大小及位置的细测判断

(a)扇形扫描；(b)加密测点平移扫测

在运用上述分析判断方法时，应注意排除声测管和耦合水声时值、管内混响、箍筋等因素的影响，且检测龄期应在 7 d 以上。

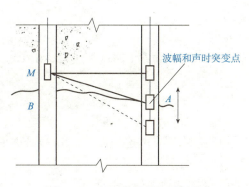

图 4-18　断层位置的细测判断　　　　　　　　图 4-19　厚夹层上下界面的细测判断

PSD 判据也可用于其他结构物大面积扫测时缺陷判别，即将扫测网络中每条测线上的数据用 PSD 判据处理，然后把各测线处理结果综合在一起，同样可定出缺陷的性质、大小及位置。

如图 4-20 所示，颈缩现象的细测判断现场检测一般首先采用水平同步平测法，将接收换能器、发射换能器置于两个声测管中，从管顶（或管底）开始，以一定间距向下进行水平逐点对测，直到桩底为止。为保证测点间声场可以覆盖而不至于漏测，其测量点距可取 20～40 cm。超声波检测仪对每一个测点自动步进式编号，从测点编号，即可知道换能器的测试深度。一对声测管测完后，再转入下一对声测管进行测试，可对全桩各个检测剖面进行检测，即可测出桩身声学参数（声时、幅值和主频等）供计算分析，判定桩身混凝土质量情况。

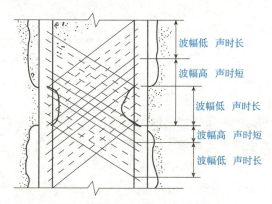

图 4-20　颈缩现象的细测判断现场

三、结果处理

灌注桩声波透射法检测分析和处理的参数主要有声时 t_c、声速 v、波幅 A_p 及主频 f，同时要观测和记录实测波形。目前使用的数字式声波仪有很强的数据处理和分析功能，可以直接绘制出声速-深度（v-z）曲线、波幅-深度（A_p-z）曲线和 PSD 判据图来分析桩身质量情况。下面简单地介绍数据整理的方法，将有助于对桩身缺陷的判定。

1. 波速计算

第 i 测点声时 t_{ci} 可由第 i 测点声时测量值 t_i 减去仪器系统延迟时间 t_0 和声测管与耦合水

层声时修正值 t' 得到。即

$$t_{ci}=t_i-t_0-t'\tag{4-27}$$

根据每检测剖面两声测管的外壁间净距离 l'（mm），求得第 i 测点声速 v_i（km/s）。

$$v_i=\frac{l'}{t_{ci}}\tag{4-28}$$

2. 声速临界值计算

声速临界值应按下列步骤计算：将检测剖面各测点的声速值 $v_i(j)$ 由大到小依次排序，即

$$v_1(j)\geqslant v_2(j)\geqslant\cdots v_{k'}(j)\geqslant\cdots v_{i-1}(j)\geqslant v_i(j)\geqslant v_i+1(j)$$
$$\geqslant\cdots v_{n-k}(j)\geqslant\cdots v_{n-1}(j)\geqslant v_k(j)\tag{4-29}$$

式中 $v_i(j)$——第 j 检测剖面第 i 声测线声速，$i=1，2，\cdots，n$；

n——第 j 检测剖面的声测线总数；

$v_k(j)$——拟去掉的低声速值的数据个数，$k=0，1，2，\cdots$；

$v_{k'}(j)$——拟去掉的高声速值的数据个数，$k=0，1，2，\cdots$。

对逐一去掉 $v_i(j)$ 中 k 个最小数值和 k' 个最大数值后的其余数据，按式(4-30)和式(4-31)进行统计计算：

$$v_{01}(j)=v_m(j)-\lambda\cdot s_x(j)$$
$$v_{02}(j)=v_m(j)+\lambda\cdot s_x(j)$$
$$v_m(j)=\frac{1}{n-k-k'}\sum_{i=k'+1}^{n-k_i}v_i(j)$$
$$s_x(j)=\sqrt{\frac{1}{n-k-k'-1}\sum_{i=k'+1}^{n-k}\left[v_i(j)-v_m(j)\right]^2}\tag{4-30}$$

$$C_v(j)=\frac{s_x(j)}{v_m(j)}\tag{4-31}$$

式中 $v_{01}(j)$——第 i 剖面的声速异常小值判断值；

$v_{02}(j)$——第 i 剖面的声速异常大值判断值；

$v_m(j)$——$(n-k-k')$ 个数据的平均值；

$s_x(j)$——$(n-k-k')$ 个数据的标准差；

$C_v(j)$——$(n-k-k')$ 个数据的变异系数；

λ——可由《建筑基桩检测技术规范》(JGJ 106—2014)表 10.5.3 中的与 $(n-k-k')$ 相对应的系数查得。

按照 $k=0$、$k'=0$、$k=1$、$k'=1$、$k=2$、$k'=2\cdots\cdots$的顺序，将参加统计的数列最小数据 v_{n-k} 与异常判断值 v_{01} 进行比较，当 $v_{n-k}\leqslant v_{01}$ 时，v_{n-k} 及其以后的数据均为异常，去掉 v_{n-k} 及其以后的异常数据；将最大数据 $v_{k'+1}$ 与异常判断值 v_{02} 进行比较，当 $v_{k'+1}\geqslant v_{02}$ 时，$v_{k'+1}$ 及其以前的数据均为异常，去掉 $v_{k'+1}$ 及其以前的异常数据。每次剔除一个数据，对剩余数据构成的数列重复计算，直到 $v_{n-k}>v_{01}$，$v_{k'+1}<v_{02}$。

此时，剖面各测点的声速异常判断概率统计值 v_0，按下列方法确定：

$$v_0 = \begin{cases} v_m(1-0.015\lambda) & \text{当 } C_v < 0.015 \text{ 时} \\ v_{01} & \text{当 } 0.015 \leqslant C_v \leqslant 0.045 \text{ 时} \\ v_m(1-0.045\lambda) & \text{当 } C_v > 0.015 \text{ 时} \end{cases} \tag{4-32}$$

检测剖面的声速异常判断临界值 v_c。应根据预留同条件混凝土试件或钻孔取芯法获取的芯样试件的抗压强度与声速对比试验，结合本地区经验，分别确定桩身混凝土声速的低限值 v_L 和平均值 v_p。

当 $v_L < v_0 < v_p$ 时，$v_c = v_0$；当 $v_0 \leqslant v_L$ 或 $v_0 \geqslant v_p$ 时，应分析原因，v_c 的取值可参考同一桩的其他检测剖面的声速异常判断临界值，或同一工程相同桩型的混凝土质量较稳定的被检桩的声速异常判断临界值，进行综合确定。

当 $v_i \leqslant v_c$ 时，测点的声速可判定为异常，应将其作为可疑缺陷区。

3. 波幅临界值计算

波幅异常时的临界值判据应按式(4-33)和式(4-34)计算：

$$A_D = A_m - 6 \tag{4-33}$$

$$A_m = \sum_{i=1}^{n} \frac{A_i}{n} \tag{4-34}$$

式中　A_D——波幅临界值(dB)；

　　　A_m——波幅平均值(dB)；

　　　A_i——第 i 个测点波幅值(dB)；

　　　n——测点数。

当测点的波幅值小于波幅临界值时，应将其作为可疑缺陷区。

4. PSD 判据

当采用斜率法的 PSD 值作为辅助异常点判据时，PSD 值应按式(4-35)计算：

$$PSD = \frac{(t_i - t_{i-1})^2}{z_i - z_{i-1}} \tag{4-35}$$

式中　PSD——声时-深度曲线上相邻两点连线的斜率与声时差的乘积($\mu s^2/m$)；

　　　t_i——第 i 测点声时(μs)；

　　　z_i——第 i 测点深度(m)。

可根据 PSD 值在某深度处的突变，结合波幅变化情况，作为异常点判定的辅助依据。

从工程实践经验可知，声速指标比较稳定，重复性好，数据有可比性，但对桩身缺陷不够敏感。波幅虽对桩身缺陷反应很敏感，但它受传感器与桩身混凝土耦合状态的影响很大，可比性较差。斜率法(PSD)判据将桩内缺陷处与正常测点的声时差取平方，将其特别放大，但 K 值很大的地方，有可能是缺陷的边缘。因为 K 值的大小主要取决于相邻两点的声时差值，对于因声测管不平行造成测试误差的干扰有削弱作用。灌注桩所产生各种类型的缺陷，使声学参数变化的特征有所不同：如沉渣是松散介质，声速很低(2 000 m/s 以下)，对声波衰减相当剧烈，其波幅、声速均剧烈下降。泥沙与水泥砂浆的混合物在桩身中存在，则是断桩；如在桩顶出现，则是混凝土强度不够。它们的特点是声速、波幅都明显下降，但前者是突变，后者为缓变。孔壁坍塌或泥团，其声速、波幅均较低，如果是局部泥团，并未包裹声测管时，下降程度不大。粗集料本身波速高，但声学界面多，对声波的反射、散射加剧，能量损耗，幅值下降，混凝土气泡密集时，虽不致形成空洞，但混凝土质量下降，波速不会明显下降，波幅却明显下降。

一般分析步骤：首先，以波速值进行概率统计法统计判断，得到低于临界值的异常点位置和深度，再分析振幅大小的变化，将上述两者都偏低的测点定为异常部位；再进一步进行细测和斜测，确定缺陷的范围和大小；最后，根据施工情况综合判定缺陷的种类和性质，判定桩身完整性类别。《公路工程基桩检测技术规程》(JTG/T 3512—2020)中桩身完整性类别判定见表4-12，《建筑基桩检测技术规范》(JGJ 106—2014)中桩身完整性判定见表4-13。

表4-12 桩身完整性类别判定

类别	特征
Ⅰ类桩	各声测剖面每个测点的声速、波幅均大于临界值，波形正常
Ⅱ类桩	某一声测剖面个别测点的声速、波幅略小于临界值，但波形基本正常
Ⅲ类桩	某一声测剖面连续多个测点或某一深度桩截面处的声速、波幅值小于临界值，PSD 值变大，波形畸变
Ⅳ类桩	某一声测剖面连续多个测点或某一深度桩截面处的声速、波幅值明显小于临界值，PSD 突变，波形严重畸变

表4-13 桩身完整性判定

类别	特征
Ⅰ类桩	所有声测线声学参数无异常，接收波形正常； 存在声学参数轻微异常、波形轻微畸变的异常声测线，异常声测线在任一检测剖面的任一区段纵向不连续分布，且在任一深度横向分布的数量小于检测剖面数量的50%
Ⅱ类桩	存在声学参数轻微异常、波形轻微畸变的异常声测线，异常声测线在一个或多个检测剖面的一个或多个区段内纵向连续分布，或在一个或多个深度横向分布的数量大于或等于检测剖面数量的50%； 存在声学参数明显异常、波形明显畸变的异常声测线，异常声测线在任一个检测剖面的任一区段内纵向不连续分布，且在任一深度横向分布的数量小于检测剖面数量的50%
Ⅲ类桩	存在声学参数明显异常、波形明显畸变的异常声测线，异常声测线在一个或多个检测剖面的一个或多个区段内纵向连续分布，但在任一深度横向分布的数量小于检测剖面数量的50%；存在声学参数明显异常、波形明显畸变的异常声测线，异常声测线在任一检测剖面的任一区段内纵向不连续分布，但在一个或多个深度横向分布的数量大于或等于检测剖面数量的50%； 存在声学参数严重异常、波形严重畸变或声速低于限值异常的声测线，异常声测线在任一检测剖面的任一区段内纵向不连续分布，且在任一深度横向分布的数量小于检测剖面数量的50%
Ⅳ类桩	存在声学参数明显异常、波形明显畸变的异常声测线，异常声测线在一个或多个检测剖面的一个或多个区段内纵向连续分布，且在一个或多个深度横向分布的数量大于或等于检测剖面数量的50%； 存在声学参数严重异常、波形严重畸变或声速低于限值的异常声测线，异常声测线在一个或多个检测剖面的一个或多个区段内纵向连续分布，或在一个或多个深度横向分布的数量大于或等于检测剖面数量的50%

注：1. 完整性类别由Ⅳ类往Ⅰ类依次判定。

2. 对于只有一个检测剖面受检查，桩身完整性判定应按该检测剖面代表桩全部横截面的情况对待。

任务 7　立柱长度及埋深检测

🎯 任务情景

某施工企业需要进行立柱长度及埋深检测。作为一名检测人员，在进行检测之前，需要掌握哪些关于此项检测的要求？需要查阅哪些相关技术规范及其他相关资料？具体的检测方法及步骤是什么？如何科学地分析检测结果？

📖 任务目标

1. 了解冲击弹性波法检测立柱长度及埋深的设备现场检测的基本操作；
2. 熟悉冲击弹性波法检测立柱长度及埋深的原理及适用范围；
3. 掌握冲击弹性波法质量与波形的对应关系；
4. 掌握桩、柱、杆无损检测仪器的性能及使用方法；
5. 掌握桩、柱、杆无损检测的数据处理方法；
6. 能够运用定量的方法，科学地评定桩、柱、杆无损检测的质量。

⚙ 任务要求

认真阅读相关技术规范。学会进行桩、柱、杆无损检测。
1. 熟练填写桩、柱、杆无损检测委托单；
2. 熟练填写桩、柱、杆无损检测原始记录；
3. 熟练出具桩、柱、杆无损检测报告，并对桩、柱、杆无损检测进行评价；
4. 养成互相帮助、互相讨论、共同进步的团队意识；
5. 培养吃苦耐劳的工匠精神；
6. 培育诚实、守信、科学、公正的职业素养；
7. 培养自主探究学习能力、信息素养及专业精神。

⚙ 任务思考

1. 桩、柱、杆无损检测的目的是什么？
2. 本试验中用到的主要试验仪器和设备有哪些？
3. 桩、柱、杆无损检测的试验步骤是什么？
4. 怎样由试验数据得出桩、柱、杆无损检测？

立柱长度及埋深
检测

一、冲击弹性波法检测方法

在固体材料中传播的物质粒子的微小振动传播形成的波，由于变形微小，物体处于弹性状态，因此被称为弹性波，也曾被称为"机械波""应力波""地震波"等。而通过人工锤击、电磁激振等物理方式激发的弹性波又被称为冲击弹性波。利用弹性波的反射特性，根据标定所得的弹性波波速，并通过立柱底部的反射时刻进而推算立柱的长度及埋深。

二、冲击弹性波法检测原理及信号

把立柱视为一维弹性均质杆件，设介质密度为 ρ、截面面积为 A、纵波波速为 C、弹性模量为 E，则柱身材料的广义波阻抗 $Z = \dfrac{EA}{C} = \rho AC$。当柱顶受到激振力后，则弹性波以波速 C 沿柱身向下传播，当遇到介质波阻抗变化的界面时，弹性波在阻抗变化界面发生反射，如图 4-21 和图 4-22 所示。

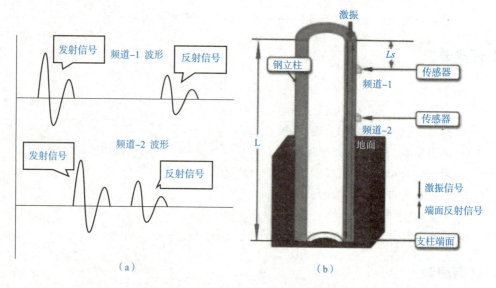

（a）　　　　　　　　　　　　　　（b）

图 4-21　发射信号与反射信号

（a）发射信号与反射信号波形；（b）立柱激振信号与反射信号传输

其中，反射系数：

$$F = \frac{1-n}{1+n} \tag{4-36}$$

透射系数：

$$T = \frac{2}{1+n} \tag{4-37}$$

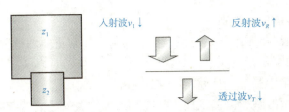

图 4-22　变化的机械阻抗面发生的反射和透过

立柱底部不同的支承条件，均可归纳成以下三种波阻抗变化类型：

(1)当 $z_1 \approx z_2$，即立柱无明显阻抗差异时，此时 $n=l$，$F=0$，$T=1$，由上述各式可知：$\sigma_R=0$、$v_R=0$，即立柱底部无反射波信号，应力波全透射。

(2)当 $z_1 > z_2$ 时，此时 $n>l$，$F<0$，$T>0$，可知 σ_R 与 σ_1 异号，反射波为上行拉力波。v_R 与 v_1 符号一致，所以反射波与入射波同相。另外，由弹性杆波动传播的符号定义来理解，上行拉力波与下行压力波的方向一致，则反射波引起的质点速度 v_R 与入射波 v_1 同相，这样在立柱顶部检测出的反射波速度和应力均与入射波信号极性一致。

(3)当 $z_1 < z_2$ 时，则 $n<l$，$F>0$，$r>0$，由上述各式可知，σ_R 与 σ_1 同号，反射波为上行压缩波，v_R 与 v_1 符号相反，这样在立柱顶部接收到的反射波速度及应力均与入射波信号的极性相反。同理可得，立柱底部处的速度为零，而应力加倍。

根据以上理论，通过测试采集到其典型数据波形如图 4-23 所示。

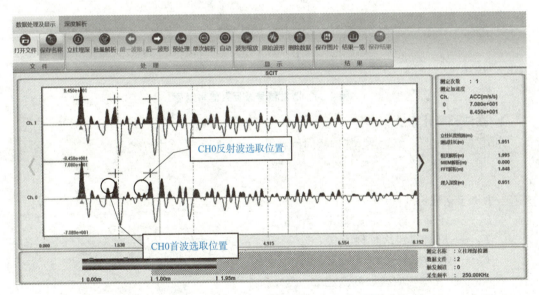

图 4-23　立柱长度及埋深典型数据波形图

立柱长度检测比通常的低应变检测难度更大，其原因有以下两点：

(1)立柱是空心薄壁结构(140 mm 直径的立柱的标准壁厚仅 4.3 mm 左右)，与土体接触的比表面积(表面积/体积)大，使得在其中传播的弹性波的衰减非常迅速。

(2)由于是空心结构，在其顶端激振时，很容易引起内部共鸣，从而使得激振信号的持续时间长、脉冲性下降。另一方面，立柱的长度较短，一般只有 1～2.5 m，其底部反射信号很容易与激振的残留信号混在一起。

因此，在立柱埋深检测中，如何识别柱底反射是非常重要的课题。与基桩低应变检测方法相比，立柱检测的主要特点如下：

(1)传感器通常采用2个，且固定在立柱侧壁。

(2)采用特制的激振装置以抑制柱内共鸣和减少激振信号的持续时间。

(3)分析中常采用相关分析等手段提取底部反射信号，并结合时域方法和频域方法。

三、冲击弹性波法分析方法

冲击弹性波法分析方法一般采用时域分析（单一反射法），对于较短的立柱，也可结合频域分析（重复反射法）以提高解析精度。图 4-24 所示为激发信号及反射信号示意。

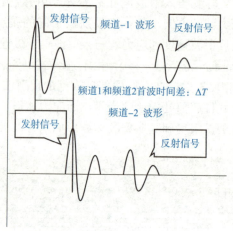

图 4-24　激发信号及反射信号示意

1. 立柱长度计算

利用首次反射信号，根据其传播时间按式(4-38)即可计算出立柱长度。

$$L=L_S+v \cdot \frac{T_R-T_S}{2} \tag{4-38}$$

式中　L——立柱长度(m)；

　　　L_S——传感器与立柱顶部间距离(m)；

　　　T_R——反射波到达时刻(ms)；

　　　T_S——激振波到达时刻(ms)；

　　　v——在立柱中的弹性波波速(km/s)。

若采用频域分析方法，则：

$$L=\frac{vT}{2} \tag{4-39}$$

式中，T 为第一阶卓越周期，即立柱中弹性波 1 个往返所需的时间(ms)，可以通过 FFT、MEM 等频谱分析的方法来确定。

2. 计算参数(弹性波波速)的选取

立柱是一典型的一维杆件，其弹性波波速(v)的理论值可以通过式(4-40)计算得到：

$$v = v_B = \sqrt{\frac{E}{\rho}} \qquad (4\text{-}40)$$

式中　E——立柱材料(钢材)的弹性模量(杨氏模量)，一般为 200～210 GPa；

ρ——立柱材料(钢材)的密度，一般取 7 800 kg/m³。

根据式(4-40)，可以得到 v 应为 5.063～5.190 km/s。根据研究和实践结果，在大多数情况下，采用专用激振装置激发的 P 波波速 v 可取理论值 5.18 km/s。然而，需要注意的是：

(1)若采用人工锤击等方式激振，得到的弹性波波长较长，此时的 v 有明显的降低。

(2)对于岩石钻孔并内外灌浆的立柱，其波速会有一定的降低，宜实测标定波速。

四、冲击弹性波法半波移动技术

在实际工作中，冲击弹性波的振动信号较易收到外界噪声干扰。通过首波和反射波移动叠加，从而实现反射信号的增强，同时在移动的过程中可以有效地衰减一些噪声等干扰信号。半波移动技术可有效提高信噪比，进一步地提高信号质量。

五、冲击弹性波法操作要点

(1)检测环境温度宜为 -10～40 ℃，周边无强磁场、无较大振动和冲击。

(2)检测前，应根据检测仪使用说明设置各项参数并对环境噪声进行标定。

(3)采用自动激振装置进行信号测试，测试不少于 3 个波形信号，其信噪比大于 10 倍，且信号一致性较好时，即可开始正式检测；信号不好时，可采取调整激振装置或变换测线或对激振面进行处理等方式。

(4)对于同型号、同埋设方式等相同条件的立柱，第一次检测时，宜拔出 1 根立柱测量实际总长，验证并标定波速。

(5)每根立柱的有效测试数据不应少于 5 条，并以有效测试数据的平均值作为结论值。

六、误差分析及提高精度的方法

检测误差就其性质而言，分为系统误差、随机误差(或称偶然误差)、过失误差。

1. 系统误差

在同一条件下，多次重复测试同一量时，误差的数值和正负号有明显的规律。系统误差通常在测试之前就已经存在。为了降低系统误差，对每根立柱，在 2 个或 2 个以上位置(测点)进行测试，并取其平均值，可以有效地降低系统误差，提高测试精度。

2. 随机误差

在相同条件下，多次重复测试同一量时，出现误差的数值和正负号没有明显的规律，它是由许多难以控制的微小因素造成的。其发生完全出于偶然，因而很难在测试过程中加以消除。

根据误差理论，对于随机误差，增加测试次数并对测试结果取平均值，可以有效地削减随机误差。采用概率论与数理统计方法对数据进行分析和处理，也能有效降低随机误差对测试结果的影响。

3. 过失误差

过失误差明显地歪曲试验结果，如测试的信号不是立柱上端的激振信号、距离明显错误、传感器位置固定错误等。过失误差的数据必须剔除。

七、记录表格

将试验数据记录在表 4-14 中。

表 4-14　立柱长度及埋深检测记录表

班级组号					试件编号				
试验依据					立柱类型				
检测日期					使用设备编号				
构件描述									
序号	立柱编号	测试项目	立柱直径/mm	设计长度/m	外露长度/m	内露长度/m	测试总长度/m	有效数据/个	标准偏差
1	1	立柱长度及埋置深度							
	2								
传感器安装示意图									

试验：　　复核：　　　　　　　　　　　　　　　　　日期：　　年　　月　　日

任务 8　岩土材料力学特性检测

⊕ 任务情景

某施工企业需要进行落球式岩土材料力学特性检测。作为一名检测人员，在进行检测之前，需要掌握哪些关于此项检测的要求？需要查阅哪些相关技术规范及其他相关资料？具体的检测方法及步骤是什么？如何科学地分析检测结果？

📖 任务目标

1. 了解落球式岩土材料力学特性检测的基本操作；
2. 熟悉落球式岩土材料力学特性检测原理及适用范围；
3. 掌握落球式岩土材料力学特性检测异常波形的状态；
4. 掌握落球式岩土材料力学特性检测的优点、缺点。
5. 掌握落球式岩土材料力学特性检测仪器的性能及使用方法；

6. 掌握落球式岩土材料力学特性检测的数据处理方法；

7. 能够运用定量的方法，科学地评定落球式岩土材料力学特性。

⚙ 任务要求

认真阅读相关技术规范。学会用落球式方法进行岩土材料力学特性检测。

1. 熟练填写落球式岩土力学材料特性检测委托单；

2. 熟练填写落球式岩土力学材料特性检测原始记录；

3. 熟练出具落球式岩土力学材料特性检测报告，并对岩土力学特性进行评价；

4. 养成互相帮助、互相讨论、共同进步的团队意识；

5. 培养吃苦耐劳的工匠精神；

6. 培育诚实、守信、科学、公正的职业素养；

7. 培养自主探究学习能力、信息素养及专业精神。

⚙ 任务思考

1. 落球式岩土材料力学特性检测的目的是什么？

2. 本试验中用到的主要试验仪器和设备有哪些？

3. 落球式岩土材料力学特性检测的试验步骤是什么？

4. 怎样由试验数据得出落球式岩土材料力学特性？

⚙ 任务实施

一、准备工作

1. 检测设备

本次检测采用的设备是由四川升拓检测技术股份有限公司研发的落球式岩土力学特性检测仪（SEH-FBT-S，图 4-25）及相关设备（图 4-26）。

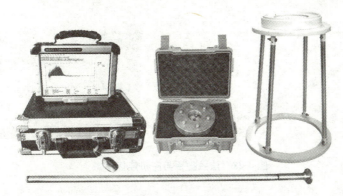

图 4-25　落球式岩土力学特性检测仪（SEH-FBT-S）

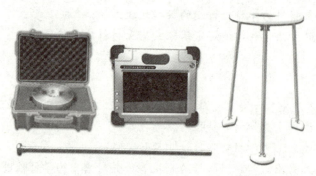

图 4-26　落球式回弹模量测试仪(SFB-RMT)

2. 仪器连接

(1)将法兰把手与落球球冠相连接，并使用专用固定螺钉将两者拧紧固定，保证法兰把手和球冠在下落过程中不会松动(注：传感器内置，位于法兰把手底部，如需要更换，打开法兰把手底部即可)。其连接示意如图 4-27 所示。

图 4-27　法兰把手与球冠连接示意

(2)将法兰把手上部的电荷线与主机通道接口相连接，即可开始进行数据采集工作(注：落球主机 CH0 通道的放大器倍数为 0.05 倍，适用于检测硬质材料，如水泥稳定土等，CH1 通道的放大器倍数为 1 倍，适用于检测软质材料，如黏土、砂质土等)。其连接示意如图 4-28 所示。

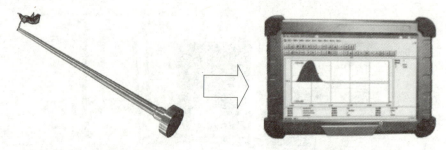

图 4-28　法兰把手与主机连接示意

3. 现场准备工作

进行现场检测前，应做好以下准备工作：

（1）现场工作环境温度为$-10\sim45$ ℃。

（2）测试表面无明显积水或潮湿现象，无明显碎石等杂物，表面填筑材料较为均匀。

（3）被测表面坡度小于10°。

（4）测试现场附近无影响测试的施工作业、磁场、静电等。

（5）选择测试区域，在测试区域做好标记并编号。

（6）组装碰撞装置并连接好仪器设备。

（7）调试仪器设备，确定运行正常。

（8）准确填写现场检测记录表，测试过程中有任何特殊情况需要注明。

二、现场检测

1. 测点布置

（1）均匀性评价（出图）测点布置。对测试结果进行图像化表示时，需要按照图 4-29 中 1～20 的顺序进行测试。若每个测点需要测试多次，相邻激振点距离不小于 0.5 m。各测点的等价值作为该测点的特征值，作为图形处理的基础。

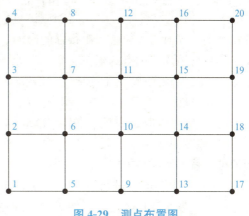

图 4-29　测点布置图

各测点等价值计算见式（4-41）：

$$E_i = \frac{N}{\sum\limits_{m=1}^{N} 1/E_{im}} \qquad (4\text{-}41)$$

式中　E_i——第 i 测点弹性模量；

　　　N——第 i 测点附近测试 N 次。

测试结果等值线图如图 4-30 所示。

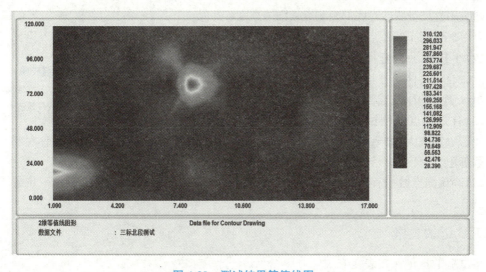

图 4-30　测试结果等值线图

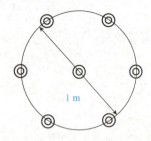

图 4-31　测点布置图

（2）其他指标检测测点布置。当检测某位置的检测结果时，对某一测点测试位置进行测量并评价时，各敲击测点的布置如图 4-31 所示。

2. 现场检测注意事项

（1）现场检测时，仪器操作人员单击"开始采集数据"按键后，激振人员才开始提高落球，达到对应高度后，直接松开把手，尽量减少落锤在空中悬停的时间。

（2）测试过程使用限位支架时，提起法兰把手的速度不宜过快；否则，球冠与支架会产生很强的碰撞，产生噪声信号容易触发产生噪声，导致误触发，同时，在与地面接触点的限位支架支点处固定软质材料，避免支架被抬高，下落时与地面先接触，导致误触发（特别是连接放大倍数较大的 CH1 时）。

（3）测试时，严禁将脚放在测点位置。

（4）更换测点时，一般将支架与落球体分开移动。

（5）检测完成后，一般取下与主机连接的连接线缆即可，落球体无须拆卸。

（6）若需要对铺装进行物理指标的检测，需要事先建立干密度与变形模量之间的关系，即在落球检测位置附近进行干密度的检测（检测方法一般为挖坑灌砂法等），落球检测周围，中间进行干密度检测，或在落球检测位置的旁边 50 cm 以外的区域进行干密度检测。

3. 激振及数据采集

（1）将落球仪放至测点区域，调节限位支架以保证球冠底部距测点表面的距离为 0.5 m。若不采用限位支架，则应用直尺量测球冠底部距测点表面的高度，并保证其为 0.5 m（图 4-32）。

（2）手扶把手垂直提升至限定位置，松开把手，让球冠做自由落体，并与测试面碰撞，设备自动采集并输出该测点的压缩或回弹模量 E。

（3）有效测点的测试波形应近似为半个正弦波，如果波形噪声太大（如毛刺太多），可在测点铺一层报纸或塑料薄膜，以减少土体材料与球冠的摩擦静电。

（4）确认测点数据有效后，保存采集数据。每个测点只能测试 1 次，在同一位置不能重复测试。

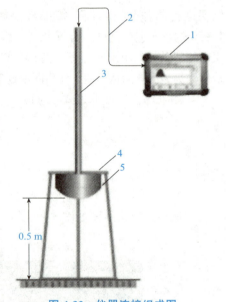

图 4-32　仪器连接组成图

1—数据采集仪；2—数据线；3—落球仪把手；
4—限位支架；5—落球仪球冠

三、记录表格

将试验数据记录在表 4-15 中。

表 4-15　岩土材料力学特性检测记录表

岩土材料力学特性检测								
工程名称								
工程部位/部位								
样品信息								
检测日期				检测条件				
检测依据				判定依据				
主要仪器设备名称及编号								
序号	测区桩号（单元编号）	基础特征	测试车道	材料粒径范围	材料种类	碾压方式	含水率状态	回弹模量
1								
2								
3								
4								
附加声明：回弹模量仅体现了等价值，压缩模量和测试平均值参照检测报告。								

试验：　　复核：　　　　　　　　　　　　　　日期：　　年　月　日

任务 9　锚杆长度及灌浆密实度检测

任务情景

　　某施工企业需要进行锚杆长度及灌浆密实度检测。作为一名检测人员，在进行检测之前，需要掌握哪些关于此项检测的要求？需要查阅哪些相关技术规范及其他相关资料？具体的检测方法及步骤是什么？如何科学地分析检测结果？

任务目标

　　1. 了解声波反射法检测锚杆长度及灌浆密实度的设备现场检测的基本操作；
　　2. 熟悉声波反射法检测锚杆长度及灌浆密实度的原理及适用范围；
　　3. 掌握声波反射法波形对应关系以及声波反射法异常波形的状态；
　　4. 掌握声波反射法检测锚杆长度及灌浆密实度的优点、缺点；
　　5. 掌握锚杆无损检测仪器的性能及使用方法；
　　6. 掌握锚杆无损检测的数据处理方法；
　　7. 能够运用定量的方法，科学地评定锚杆无损检测的质量。

⚙ 任务要求

认真阅读相关技术规范。学会用锚杆无损检测。

1. 熟练填写锚杆无损检测委托单；
2. 熟练填写锚杆无损检测原始记录；
3. 熟练出具锚杆无损检测报告，并对锚杆无损检测进行评价；
4. 养成互相帮助、互相讨论、共同进步的团队意识；
5. 培养吃苦耐劳的工匠精神；
6. 培育诚实、守信、科学、公正的职业素养；
7. 培养自主探究学习能力、信息素养及专业精神。

⚙ 任务思考

1. 锚杆无损检测试验的目的是什么？
2. 本试验中用到的主要试验仪器和设备有哪些？
3. 锚杆无损检测的试验步骤是什么？
4. 怎样由试验数据得出锚杆无损检测？

⚙ 任务实施

一、声波反射法检测方法

锚杆密实度测试方法

当弹性介质的某个位置突然受到一种扰动，这种扰动产生的变形会沿着介质由近及远传播，这种扰动传播的现象称为应力波。应力波以锤击点为中心呈半球式向外传播，当应力波传播至锚杆底部，波振面才近似为平面。检测时，通过在锚杆顶端施加激振信号产生应力波，该应力波沿锚杆杆体传播过程中，遇到底面(即波阻抗发生变化)时，将产生反射波，检测分析反射波的传播时间、信号衰减情况等特征，得出锚杆长度及灌浆密实度信息，最终对锚杆的长度及灌浆密实度给予评价。

二、声波反射法检测原理及信号

1. 锚杆长度检测

把锚杆视为一维弹性均质杆件，设介质密度为 ρ、截面面积为 A、纵波波速为 C、弹性模量为 E，则锚杆材料的广义波阻抗 $Z=\dfrac{EA}{C}=\rho AC$。当锚杆端部受到激振力后，则压缩波以波速 C 沿杆体向下传播，当遇到杆体波阻抗变化的界面时，应力波在阻抗变化界面中的传播及波形对应关系参考图 4-33，压缩入射波 v_I 在波阻抗界面将产生反射波 v_R 和透过波 v_T，参考图 4-34。

其中，反射系数：

$$F=\frac{1-n}{1+n} \tag{4-42}$$

透射系数：

$$T=\frac{2}{1+n} \qquad (4\text{-}43)$$

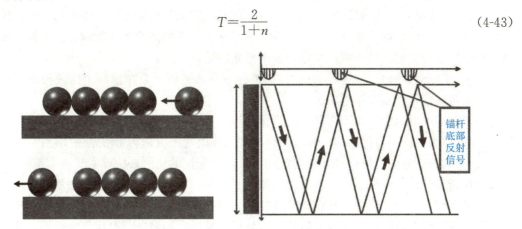

图4-33　应力波在锚杆中的传播

图4-34　变化的机械阻抗面发生的反射和通过

锚杆底部不同的支承条件，均可归纳成以下三种波阻抗变化类型：

(1)当 $z_1 \approx z_2$ 时，即锚杆无明显阻抗差异时。此时 $n=l$，$F=0$，$T=1$，由上述各式可知：$\sigma_R=0$、$v_R=0$，即锚杆底部无反射波信号，应力波全透射。

(2)当 $z_1>z_2$ 时，此时 $n>l$，$F<0$，$T>0$，可知，σ_R 与 σ_1 异号，反射波为上行拉力波。v_R 与 v_1 符号一致，所以反射波与入射波同相。另外，由弹性杆波动传播的符号定义来理解，上行拉力波与下行压力波的方向一致，则反射波引起的质点速度 v_R 与入射波 v_1 同相，这样在锚杆顶部检测出的反射波速度和应力均与入射波信号极性一致。

(3)当 $z_1<z_2$ 时，则 $n<l$，$F>0$，$r>0$，由上述各式可知，σ_R 与 σ_1 同号，反射波为上行压缩波，v_R 与 v_1 符号相反，这样在锚杆顶部接收到的反射波速度及应力均与入射波信号的极性相反。同理可得，锚杆底部处的速度为零，而应力加倍。

根据以上三种反射波与入射波相位的关系，可判别某一波阻抗界面的性质，这是声波反射法判别锚杆长度的理论依据。

2. 锚杆灌浆密实度检测

当锚杆灌浆密实度不足时，在缺陷处容易积水和存有空气，从而加剧锚杆的锈蚀并降低锚杆的耐久性。由于锚杆灌浆密实度的检测设备和检测工作与长度检测完全相同，因此长度和灌浆密实度的检测可以一并进行。

锚杆灌浆密实度检测是基于波的反射(包括反射能量衰减)特性和振动衰减特性对锚杆的

灌浆质量进行检测和评估的一种无损检测方法。

(1)基于波反射特性的检测方法：根据杆底反射信号的强弱，可以判断锚杆灌浆质量的好坏。在锚杆长度相同的条件下，杆底反射信号越弱，表明灌浆密实度越好。另外，如果能够辨别缺陷处的反射信号，据此也可以推断灌浆缺陷。

(2)基于振动衰减特性的检测方法：在锚杆顶端激振后，会在锚杆上诱发振动。灌浆质量越好，激振信号收敛也就越快。

灌浆密实度可以通过以下两种方式进行估算：

(1)有效长度法：通过缺陷的长度和锚杆埋入长度的比值来衡量灌浆密实度；

(2)反射波能量法：根据杆底反射波的能量占总能量的比例来估算灌浆密实度。

需要指出的是，锚杆灌浆密实度检测精度受诸多因素的影响，上述方法尽管在理论上可行，但是在实际检测工作中，其误差往往较大，有待于进一步的研究和完善。

灌浆密实度应该根据激振波形特征、时域反射特性、频域(幅频)反射特征等，并结合有效长度法、反射能量法计算的灌浆密实度等来综合评判(图 4-35)。水电部门和住建部门对锚杆的锚固质量评估要求略有不同，但基本体系完全一致，见表 4-16。

表 4-16　锚杆的锚固质量评估要求

质量等级	波形特征	时域信号特征	幅频信号特征	密实度 D
Ⅰ	波形规则，呈指数快速衰减，持续时间短	$\frac{2L}{C_m}$ 时刻前无缺陷反射波，杆底反射波信号微弱或没有	呈单峰形态，或可见微弱的杆底谐振峰，其相邻频差 $\Delta f \approx \frac{C_m}{2L}$	$D \geqslant 90\%$
Ⅱ	波形较规则，呈较快速衰减，持续时间短	$\frac{2L}{C_m}$ 时刻前较弱的缺陷反射波，或可见较清晰的杆底反射波	呈单峰或不对称的双峰形态，或可见较微弱的谐振峰，其相邻频差 $\Delta f \geqslant \frac{C_m}{2L}$	$80\% \leqslant D < 90\%$
Ⅲ	波形欠规则，呈逐步衰减或间歇衰减趋势形态，持续时间较长	$\frac{2L}{C_m}$ 时刻前可见明显的缺陷反射波，或可见较清晰的杆底反射波，但无杆底多次反射波	呈不对称的多峰形态，可见谐振峰，其相邻频差 $\Delta f \geqslant \frac{C_m}{2L}$	$75\% \leqslant D < 80\%$
Ⅳ	波形不规则，呈慢速衰减或间歇增强后衰减形态，持续时间长	$\frac{2L}{C_m}$ 时刻前可见明显的缺陷反射波及多次反射波，或清晰的、多次杆底反射波信号	呈多峰形态，杆底谐振峰明显、连续，或相邻频差 $\Delta f > \frac{C_m}{2L}$	$D < 75\%$

在此需要指出的是，由于影响因素复杂和当前的技术水平的限制，锚杆密实度检测的精度并不十分理想。为此，在《铁路路基支挡结构检测规程》(TB 10450—2020)中，对密实度的判定做了适当的简化。

三、声波反射法的特点

1. 声波反射法的优点
锚杆检测仪器设备轻便、操作简单、成本低。

2. 声波反射法的局限性
(1)在锚杆灌浆情况比较好时，锚杆底部反射不清晰。

(2)针对有自由段的锚杆及锚索时，在其灌浆部位会出现明显的反射信号，容易造成误判。

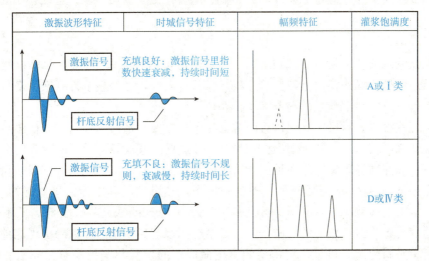

图 4-35　锚杆的反射波特征曲线

四、记录表格

将试验数据记录在表 4-17 中。

表 4-17　锚杆长度测试现场记录表

班级组号					试件编号				
测试开始时间					测试结束时间				
使用设备编号					保存数据编号				
序号	锚杆编号	测试项目	锚杆类型	杆体直径/mm	实际长度/m	外露长度/m	标定波速/(km·s⁻¹)	有效数据/个	标准偏差
1	标定锚杆	波速标定	全灌浆						
序号	锚杆编号	测试项目	锚杆类型	杆体直径/mm	设计长度/m	外露长度/m	测试结果/m	有效数据/个	标准偏差
2	1	锚杆长度测试	全灌浆						
	2								
记录人：		复核人：			填表日期				

试验：　　　复核：　　　　　　　　　　　　　　　　　日期：　　年　　月　　日

项目五

桥梁技术状况评定

青藏铁路清水河特大桥位于海拔 4 500 多米的可可西里无人区（可可西里自然保护区），全长 11.7 km，是青藏铁路线上最长的"以桥代路"特大桥，也是整个青藏铁路格拉段建设的重点控制工程，是世界上最长的高原冻土铁路桥。

桥梁工程建设中，对桥梁状况进行跟踪监测十分重要。清水河地区季节性温差明显，夏季最高温度达 38 ℃，冬季最低温度达−40 ℃，在这样的气候条件下，冻土区就会出现热融湖塘、暗河、冻涨球等现象。除在地表能看到的热融湖塘外，到了夏季，气温升高，冻土融化，还会在地下 20～30 m 形成暗河；而到了冬季，热融湖塘和暗河由于气温的急剧下降，会形成凸出地表的冻涨球。如果处理不好冻土问题，修筑的铁路将会变成高低不平的搓板路，留下运营隐患。由于恶劣的气候条件，桥墩会因天寒出现龟纹。如果出现这种情况，就需要拆除桥墩重新建造。可见，对桥梁的全生命周期的检测与监控及对保障工程质量和安全、及时发现并解决问题起着至关重要的作用。

任务 1　桥梁基本知识

任务情景

某施工企业需要进行桥梁结构无损检测。作为一名检测人员，在进行试验检测前，需要掌握哪些关于桥梁的基础知识？需要查阅哪些相关技术规范及相关资料？不同结构的桥梁有哪些结构特点？

任务目标

1. 了解桥梁基本基础知识。
2. 熟悉有关桥梁结构、力学和材料等的基本术语。
3. 了解桥梁结构的组成。
4. 了解桥梁的分类。
5. 了解工程规模分类。

6. 了解桥梁的结构体系分类。

7. 能够用定量的方法：科学地评定桥梁的质量。

任务要求

认真阅读《公路桥涵设计通用规范》(JTG D60—2015)等相关技术规范。掌握桥梁的基本知识。

1. 掌握桥梁组成结构；

2. 掌握桥梁基本类型；

3. 养成互相帮助、互相讨论、共同进步的团队意识；

4. 培养吃苦耐劳的工匠精神；

5. 培育诚实、守信、科学、公正的职业素养；

6. 培养自主探究学习能力、信息素养及专业精神。

任务思考

1. 日常检测桥梁的目的是什么？

2. 桥梁检测中用到的主要方法有哪些？

3. 桥梁按照结构体系可分为哪些？

任务实施

一、桥梁结构的组成

桥梁一般由上部结构(也称桥跨结构)、下部结构、支座、桥面系及附属设施等部分组成。

1. 上部结构

桥梁是一个受竖向支撑跨越凹地或障碍物(如水、公路或铁路)之上，具有承载交通或其他移动荷载能力的结构物。桥梁上部结构是桥梁承载和跨越的重要部分，上部结构构件支承桥面或桥梁车道，以及作用在桥面上的荷载，并传递给桥梁支座，如梁式桥中的主梁、拱桥中的拱肋(拱圈)等。

(1)桥梁全长：对于有桥台的桥梁，桥梁全长为两岸桥台侧墙或八字墙尾端之间的距离(对于无桥台的桥梁为桥面系的行车道长度)，用 L 表示。

(2)净跨径：对于梁式桥，净跨径为设计洪水位上相邻两桥墩(或桥台)间的水平净距。对于拱式桥，间点为上部结构提供支桥墩的基本类型有是指每孔拱跨两拱脚截面最低点之间的水平距离，用 l_0 表示。

(3)计算跨径：对于设支座的桥梁，跨径为相邻两支座中心之间的水平距离，对于不设支座的桥梁，跨径为上下部结构的相交面中心间的水平距离，用 L_0 表示。桥梁结构的分析计算以计算跨径为准。

(4)标准跨径：对梁式桥，标准跨径是指两相邻桥墩中线间水平距离或桥墩中线与台背前缘之间的水平距离，也称为单孔跨径，对于拱式桥和涵洞，则是指净跨径。用 L_k（$k=1$、2、…、n）表示。标准跨径是划分大、中、小桥及涵洞的指标之一。

（5）总跨径：多孔桥梁中，总跨径是指各孔净跨径的总和（$\sum l$），它反映桥梁排泄洪水的能力。

2. 下部结构

桥梁下部结构是支撑桥梁上部结构并将其恒载和车辆等荷载传至地基的建筑物，它包括支座以下的所有单元，一般由桥台、桥墩和基础组成。

桥台设在桥梁两端，桥墩则在两桥台之间。桥台的作用是为上部结构提供端点支承，此外还要与路堤衔接，并防止路堤滑塌。为保护桥台和路堤填土，桥台两侧常做一些防护和导流工程。

桥台基本类型包括悬臂或全高度桥台，从道路水平线或航道以下延伸到道路上方和镂空或敞开式桥台，由立柱和翼墙组成。

桥墩的作用是支撑桥跨结构。桥墩以对交通流量或水流形成最低障碍的方式，沿桥跨中间点为上部结构提供支承。

桥墩的基本类型有实体墩、立柱墩和悬臂（锤头）墩。

3. 支座

桥梁支座设于桥（墩）台顶部，是支撑上部结构并将荷载传给下部结构的装置。它能保证上部结构在荷载、温度变化或其他因素作用下的位移功能。

不允许上部结构水平移位或运动的支座称为固定支座，允许结构水平位移的支座称为可伸展（滑动）支座。固定支座和可伸展支座都允许转动。

4. 桥面系及附属设施

桥面系一般由桥面铺装、防撞护栏（栏杆）、人行道、伸缩缝、照明系统等组成。附属设施包括桥头搭板、护坡、导流堤等。

桥面系的作用是为通过桥梁的交通提供一个顺畅和安全的车道。桥面的功能是将桥上的恒活载传递给桥梁承重构件。对大多数桥梁来说，活荷载通过桥面分散到上部结构。但有些桥梁（如混凝土板桥）的桥面和上部结构是一体的，它们将活荷载直接传给桥梁支座。

桥面的受力包括以下两种方式：

（1）组合桥面——与支承构件一起作用，可提高上部结构能力。

（2）非组合桥面——不与支承桥面的构件共同作用，不参与上部结构的结构能力。

二、桥梁的分类

桥梁有各种不同的分类方式，每一种分类方式均反映桥梁在某一方面的特征。

1. 按工程规模分类

《公路桥涵设计通用规范》（JTG D60—2015）中将特大桥、大桥、中桥、小桥、涵洞按单孔跨径或多孔跨径总长分类。

2. 按桥梁的结构体系分类

根据结构体系及其受力特点，桥梁可划分为梁式桥、拱式桥、刚构桥和连续刚构桥、索结构桥(如悬索桥、斜拉桥)、桁架桥等。

(1)梁式桥。梁式桥是指结构在竖向荷载作用下,支座只产生竖向反力的无推力梁式体系的桥梁。梁作为承重结构,主要是以其抗弯能力来承受荷载。在竖向荷载作用下,其支承反力也是竖直的,一般梁体结构只受弯、受剪,不承受轴向力。

梁式桥以支承性质和跨度之间的相互关系为基础,一般分为三种桥跨类型,分别为简支跨、悬臂梁跨和连续跨。

①简支跨。简支跨是只有两个支座的桥跨,每个支座处于或接近跨端。简支跨桥可以在两端以两个桥台支承,也可以多跨且各跨相互独立。简支跨桥梁的特点如下:

a. 加载时,桥跨向下挠曲和支座(即桥台)处转动;

b. 两支座反力的和等于整体负载;

c. 支座处剪力最大,跨中为零;

d. 整个跨度都是正弯矩,跨中附近最大(相同位置剪力是零),支座处弯矩是零;

e. 上部结构中性轴以下部分受拉,以上部分受压。

简支跨桥梁能轻松地用平衡方程进行分析。但是,它不总是能提供最经济的设计。

②悬臂梁跨。悬臂梁跨一端转动和挠度受约束,另一端完全自由。约束端也称为固定支座。虽然悬臂一般不构成整座桥,但部分桥梁可以表现为悬臂(如悬臂梁桥和开启桥)。悬臂梁的一些特征如下:

a. 加载时,跨间下挠,但支座没有旋转或变形;

b. 固定支座反力包括竖向力和弯矩;

c. 剪力最大值在固定支座处,自由端为零;

d. 整个跨内弯矩是负的,最大值在固定支座处;自由端为零。

当一座桥纳入悬臂跨时,悬臂通常起延展连续跨的作用。因此,悬臂支座处的弯矩和转动将取决于相邻跨。

③连续跨。连续跨是梁有一个或多个中间支承,各跨行为与相邻跨相关。连续跨桥两端由两桥台支承,桥跨间连续有一个或多个桥墩。连续跨桥梁的特征如下:

a. 加载时,跨简下挠和支座(即桥台活桥墩)处转动;

b. 支座反力取决于跨度设置和荷载分布;

c. 支座处剪力最大,跨中或其附近为零;

d. 正弯矩在各跨跨中或跨中附近最大,负弯矩在中间支座(即桥墩)处最大,端部支座(即桥台)处弯矩是零,每个中间跨还有两个位置弯矩为零(称为拐点);

e. 对正弯矩而言,梁的顶部受压,底部受拉;

f. 对负弯矩而言,梁的顶部受拉,底部受压。

连续跨桥允许较长跨度,比多跨简支梁桥梁更经济。这是由于其有效的设计使构件高度更低。然而,连续桥分析比简支跨桥困难,如果桥台或桥墩沉降,更容易承受超应力情况。

(2)拱式桥。拱式桥的主要承重结构是具有曲线外形的拱(其拱圈的截面形式可以是实体矩形、肋形、箱形、架等)。在竖向荷载作用下,拱的两端支承处除有竖向反力外,还有水平推力。设计合理的拱轴线,拱主要承受轴向压力,而弯矩、剪力较小。

根据行车道的位置,拱式桥的桥跨结构分为上承式、下承式和中承式三种类型。

拱式桥跨结构按照静力图式可分为简单体系拱桥、组合体系拱桥。

①简单体系拱桥。按照主拱的静力特性，简单体系拱桥的拱分为三铰拱、两铰拱和无铰拱。

三铰拱桥属外部静定结构，但是由于铰的存在，其构造复杂，施工困难，维护费用高。因此一般较少采用。

无铰拱属外部三次超静定结构，由于无铰，结构整体刚度大，构造简单，施工方便，维护费用少。因此双曲拱桥、石拱桥和混凝土拱桥多采用无铰拱。

两铰拱介于三铰拱和无铰拱之间，属外部一次超静定结构。钢结构拱桥中采用较多，钢筋混凝土架拱桥都属于两铰拱。

②组合体系拱桥。在拱式桥的桥跨结构中，行车系的行车道梁与拱组合，共同受力，称为组合体系拱桥。

根据行车系与主拱的组合方式和静力图式，组合体系拱桥分为无推力和有推力两类。

无推力组合体系拱中，具有竖直吊杆的柔性系杆刚性拱，称系杆拱；刚性系杆柔性拱，称蓝格尔拱；刚性系杆刚性拱，称洛泽拱。这三种拱，当用斜吊杆代替竖直吊杆时，称为尼尔森拱。该类桥型中系杆是平衡拱推力的重要受力构件。

有推力组合体系拱中没有系杆，由单独墩梁和拱共同受力，拱的推力由墩台承受。刚性梁柔性拱组合称倒蓝格尔拱，刚性梁刚性拱组合称倒洛泽拱。

(3)刚构桥和连续刚构桥。刚构桥是指桥跨结构和墩台(支柱)整体刚性连接的桥梁。由于墩身与主梁形成刚架，承受上部结构的荷载，一方面主梁受力合理，另一方面墩身在结构上充分发挥了潜能。刚构桥适用于中小跨径、建筑高度要求较严的城市或公路跨线桥。

连续刚构桥综合了连续梁桥和 T 形刚构桥的受力特点，主梁为连续梁体，并与相对较薄的桥墩固结(形成柔性墩)。在受力特点上，连续刚构体系上部结构与连续梁相同，而桥墩底部所承受的弯矩、梁体内的轴力随着墩高的增加而减小。连续刚构桥是大跨径预应力混凝土桥梁建设中常用的一种结构体系，其常用跨径为 100～300 m。

(4)索结构桥。索结构桥主要有悬索桥和斜拉桥，这类桥上作为拉力构件的钢索被用作主缆索、斜拉索和吊杆等。索支承桥由拉索抵抗上部结构荷载，并将力传递给下部结构锚锭、索塔。索支承桥梁的方式可以悬吊也可以斜拉。

①悬索桥。悬索桥(也称吊桥)是跨越能力最强的桥型，主要由主缆、主塔、锚碇、加劲梁、吊杆等组成。悬索桥的主缆相当于倒置的拱桥拱肋，但与拱桥用刚性的拱肋作为承重结构不同，悬索桥采用柔性缆索作为承重结构，主缆索截面只承受拉力。为避免车辆驶过时桥面随着悬索一起变形，现代公路悬索桥一般均设刚性加劲梁，加劲梁通过吊杆将桥面竖向荷载传递给主缆。

②斜拉桥。斜拉桥是由塔、梁、拉索三种基本构件组成的缆索承重结构体系，一般表现为柔性的受力特性。在竖向荷载作用下，梁以受弯为主，塔以受压为主，斜拉索则承受拉力。梁体被斜拉索多点扣拉，表现出弹性支承连续梁的特点。

根据塔、梁之间结合方式的不同，斜拉桥结构分为漂浮体系、支承体系、塔梁固结体系、刚构体系。

(5)桁架桥。桁架可以被看作除去腹板的深梁。作为桥梁的主要承载构件，跨径从短到长，被设计成简支、多跨和连续跨梁。

桁架桥上部结构通常由两个平行桁架组成，与拱桥的桥跨结构分类相似，桁架桥跨一般也根据行车道的位置(即桁架相对于桥面的位置)分为上承式、下承式或中承式三种类型。

桁架通常由许多短杆件组成，在工厂标准化制作、工地组装有成本效益，因此我国铁路上采用较多。在多数桁架桥上桁架通常被认为是主要构件，不过因为自重轻且具有更高的整体刚度，它们也被用作悬索桥和拱桥的加劲梁，或也被用在开启桥上。

3. 按建筑材料分类

按承重结构建筑材料划分，桥梁可分为木桥、石桥、混凝土桥和钢筋混凝土桥。目前公路上使用最多的是配筋混凝土桥和钢桥。

(1)配筋混凝土桥。配筋混凝土桥梁是目前公路桥梁的主要类型。对桥梁杆件来说，混凝土是独特的材料，因为它可以形成各种各样的形状，用来承受轴向和弯曲荷载。由于受弯杆构件是压缩和拉伸应力组合的结果，因此为承受构件中的拉应力，混凝土受弯构件一般用普通钢筋或预应力高强钢筋。

(2)钢桥。钢桥的发展历史悠久，由于钢材的强度和质量不断提高，钢桥构件可以承受更重的荷载，能更好地承受不断增加的活荷载的冲击和振动。另外，钢结构的组合形式和焊接技术的不断进步为设计桥梁构件提供了很大的灵活性，许多跨海跨江特大钢桥的建设是最好的实例。

上述桁架桥、悬索桥和斜拉桥等都是以钢结构为主的桥型。

4. 桥梁的其他分类

(1)按跨越障碍的性质分类，桥梁可分为跨河桥、跨谷桥、跨线桥(立交桥)和高架桥等。

(2)按用途分类，桥梁可分为公路桥、城市桥、铁路桥、公铁两用桥、人行桥、水渠桥、管道桥等。

(3)按桥梁平面形状分类，桥梁可分为正交桥、斜桥和弯桥等。限于篇幅，不再展开。

为胜任桥梁技术状态评定工作，建议桥梁检查人员阅读桥梁专业基础的书籍。

任务 2　桥梁检查

🎯 任务情景

某施工企业需要进行桥梁检查。作为一名检测人员，在进行试验检测之前，需要掌握哪些关于此项试验检测的要求？需要查阅哪些相关技术规范及相关资料？具体的检测方法及步骤是什么？如何科学地分析检测结果？

📖 任务目标

1. 掌握桥梁检查的依据；
2. 熟悉经常检查的要求；
3. 了解桥梁定期检查的要求；

4. 了解桥梁检查的基本操作。

任务要求

认真阅读《公路桥涵养护规范》(JTG 5120—2021)，《公路桥梁技术状况评定标准》(JTG/T H21—2011)等相关技术规范。

1. 掌握桥梁检查的分类；
2. 掌握桥梁的基本类型；
3. 养成互相帮助、互相讨论、共同进步的团队意识；
4. 培养吃苦耐劳的工匠精神；
5. 培育诚实、守信、科学、公正的职业素养；
6. 培养自主探究学习能力、信息素养及专业精神。

任务思考

1. 初始检查包括哪些内容？
2. 桥梁检查结构存在的缺陷、排查的要点有哪些？
3. 桥梁经常检查的内容有哪些？

桥梁检查的分类　　桥梁日常检查养护

任务实施

桥梁检查分为初始检查、日常巡查、经常检查、定期检查和特殊检查。桥梁评定包括技术状况评定和适应性评定。

(1)初始检查：指对新建或改建桥梁在交工验收同时最晚不迟于1年进行的初始检查。

(2)日常巡查：指对于桥梁的桥路连接处、伸缩缝、桥面铺装、栏杆护栏、标志标牌、桥梁线形、桥梁振动情况、桥梁安全保护区等方面的日常巡查。

(3)经常检查：主要指对桥面设施、上部结构、下部结构及附属构造物的技术状况进行的检查。

(4)定期检查：指为评定桥梁使用功能，制订管理养护计划，提供基本数据，对桥梁主体结构及其附属构造物的技术状况进行的全面检查。它为桥梁养护管理系统搜集结构技术状态的动态数据。

(5)特殊检查：特殊检查是查清桥梁的病害原因、破损程度、承载能力、抗灾能力，确定桥梁技术状况的工作。特殊检查分为专门检查和应急检查。

①专门检查：根据经常检查和定期检查的结果，对需要进一步判明损坏原因、缺损程度或使用能力的桥梁，针对病害进行专门的现场试验检测、验算与分析等鉴定工作。

②应急检查：当桥梁受到灾害性损伤后，为了查明破损状况，采取应急措施，组织恢复交通，对结构进行的详细检查和鉴定工作。

一、经常检查

(1)经常检查的周期根据桥梁技术状况而定，一般每月不得少于一次，汛期应加强不定期检查。

(2)经常检查采用目测方法，也可配以简单工具进行测量，当场填写"桥梁经常检查记录表"，现场要登记所检查项目的缺损类型，估计缺损范围及养护工作量，提出相应的小修保养措施，为编制辖区内的桥梁养护(小修保养)计划提供依据。

(3)经常检查中发现桥梁重要部件存在明显缺损时，应及时向上级提交专项报告。

(4)经常检查应包括下列内容：

①外观是否整洁，有无杂物堆积、杂草蔓生。构件表面的涂装层是否完好，有无损坏、老化变色、开裂、起皮、剥落、锈迹。

②桥面铺装是否平整，有无裂缝、局部坑槽、积水、沉陷、波浪、碎边；混凝土桥面是否有剥离、渗漏；钢筋是否露筋、锈蚀，缝料是否老化、损坏；桥头有无跳车。

③排水设施是否良好，桥面泄水管是否堵塞或破损。

④伸缩缝是否堵塞卡死，连接部件有无松动、脱落、局部破损。

⑤人行道、缘石、栏杆、扶手、防撞护栏和引道护栏(柱)有无撞坏、断裂、松动、错位、缺件、剥落、锈蚀等。

⑥观察桥梁结构有无异常变形，异常的竖向振动、横向摆动等情况，然后检查各部件的技术状况，查找异常原因。

⑦支座是否有明显缺陷，活动支座是否灵活，位移量是否正常。支座的经常检查一般可以每季度一次。

⑧桥位区段河床冲淤变化情况。

⑨基础是否受到冲刷损坏、外露、悬空、下沉，墩台及基础是否受到生物腐蚀。

⑩墩台是否受到船只或漂浮物撞击而受损。

⑪翼墙(侧墙、耳墙)有无开裂、倾斜、滑移、沉降、风化剥落和异常变形。

⑫锥坡、护坡、调治构造物有无塌陷，铺砌面有无缺损、勾缝脱落、灌木杂草丛生。

⑬交通信号、标志、标线、照明设施，以及桥梁其他附属设施是否完好。

⑭其他显而易见的损坏或病害。

二、定期检查

定期检查的反馈不仅有助于制定养护策略，也可以了解结构和材料行为的变化。定期检查可以提供桥梁结构形式或材料性能的任何重要变化，评估桥梁的安全性和可服务性的数据，任何潜在的故障信息，监测交通荷载任何变化的影响，监测新补强技术行为数据，以及为研究目的的数据。为此，《公路桥涵养护规范》(JTG 5120—2021)具体规定如下：

(1)定期检查周期根据技术状况确定，最长不得超过3年。新建桥梁交付使用1年后，进行第一次全面检查。临时桥梁每年检查不少于一次。在经常检查中发现重要部(构)件的缺损明显达到3、4、5类技术状况时，应立即安排一次定期检查。

(2)定期检查以目测观察结合仪器观测进行，必须接近各部件仔细检查其缺损情况。定期检查的主要工作如下：

①现场校核桥梁基本数据。

②当场填写"桥梁定期检查记录表"，记录各部件缺损状况并做出技术状况评分。

③实地判断缺损原因，确定维修范围及方式。

④对难以判断损坏原因和程度的部件，提出特殊检查(专门检查)的要求。

⑤对损坏严重、危及安全运行的危桥，提出限制交通或改建的建议。

⑥根据桥梁的技术状况，确定下次检查时间。

(3)特大型、大型桥梁应设立永久性观测点，定期进行控制检测。

(4)桥面系构造的检查如下：

①桥面铺装层纵、横坡是否顺适，有无严重的裂缝(龟裂、纵横裂缝)、坑槽、波浪、桥头跳车、防水层漏水。

②伸缩缝是否有异常变形、破损、脱落、漏水，是否造成明显的跳车。

③人行道构件、栏杆、护栏有无撞坏、断裂、错位、缺件、剥落、锈蚀等。

④桥面排水是否顺畅，泄水管是否完好、畅通，桥头排水沟功能是否完好，锥坡有无冲蚀、塌陷。

⑤桥上交通信号、标志、标线、照明设施是否损坏、老化、失效，是否需要更换。

⑥桥上避雷装置是否完善，避雷系统性能是否良好。

⑦桥上航空灯、航道灯是否完好，能否保证正常照明。结构物内供养护检修的照明系统是否完好。

⑧桥上的路用通信、供电线路及设备是否完好。

(5)钢筋混凝土和预应力混凝土梁桥的检查：

①梁端头、底面是否损坏，箱形梁内是否有积水，通风是否良好。

②混凝土有无裂缝、渗水、表面风化、剥落、露筋或钢筋锈蚀，有无碱集料反应引起的整体龟裂现象。混凝土表面有无严重碳化。

③预应力钢束锚固区段混凝土有无开裂，沿预应力筋的混凝土表面有无纵向裂缝。

④梁(板)式结构的跨中、支点及变截面处，悬臂端牛腿或中间部位，刚构的固结处和桁架节点部位，混凝土是否开裂、缺损或出现钢筋锈蚀。

⑤装配式梁桥应注意检查联结部位的缺损状况。

(6)拱桥的检查如下：

①主拱圈的拱板或拱肋是否开裂、钢筋混凝土拱有无露筋、钢筋锈蚀。圬工拱桥砌块有无压碎、局部掉块，砌缝有无脱离或脱落、渗水，表面有无苔藓、草木滋生，拱铰工作是否正常。空腹拱的小拱有无较大的变形、开裂、错位，立墙或立柱有无倾斜、开裂。

②拱上立柱(或立墙)上下端、盖梁和横系梁的混凝土有无开裂、剥落、露筋或锈蚀。中、下承式拱桥的吊杆上下锚固区的混凝土有无开裂、渗水，吊杆锚头附近有无锈蚀现象，外罩是否有裂纹，锚头夹片、模块是否发生滑移，吊杆钢索有无断丝。采用型钢或钢管混凝土芯的劲性骨架拱桥，混凝土是否沿骨架出现纵向裂缝或横向裂缝。

③拱的侧墙与主拱圈之间有无脱落，侧墙有无鼓突变形、开裂，实腹拱拱上填料有无沉陷，肋拱桥的肋间横向联结是否开裂、表面脱落、钢筋外露、锈蚀等。

④双曲拱桥拱肋间横向联结拉杆是否松动或断裂，拱波与拱肋结合处是否开裂、脱开，拱波之间砂浆有无松散脱落，拱波顶是否开裂、渗水等。

⑤薄壳拱桥壳体纵、横向及斜向是否出现裂缝及系杆是否开裂。

⑥系杆拱的系杆是否开裂，无混凝土包裹的系杆是否有锈蚀。

⑦钢管混凝土拱桥裸露部分的钢管及构件检查参见钢桥检查有关内容，同时还应检查管内混凝土是否填充密实。

(7)钢桥的检查：

①构件(特别是受压构件)是否扭曲变形、局部损伤。

②铆钉和螺栓是否松动、脱落或断裂，节点是否滑动、错裂。

③焊缝边缘(热影响区)有无裂纹或脱开。

④油漆层有无裂纹、起皮、脱落，构件有无锈蚀。

⑤钢箱梁封闭环境中的湿度是否符合要求，除湿设施是否工作正常。

(8)通道、跨线桥与高架桥的检查：

通道、跨线桥与高架桥的结构检查同其他一般公路桥梁。通常还应检查通道内有无积水，机械排水的泵站是否完好，排水系统是否畅通。跨线桥、高架桥还应检查防抛网、隔声墙是否完好。通道、跨线桥与高架桥下的道面是否完好，有无非法占用等情况。

(9)悬索桥和斜拉桥的检查如下：

①检查索塔高程、塔柱倾斜度、桥面高程及梁体纵向位移，注意是否有异常变位。

②检测索体振动频率、索力有无异常变化，索体振动频率观测应在多种典型气候下进行。每个观测周期不超过 6 年。

③主梁或加劲梁的检查，按预应力混凝土及钢结构的相应要求进行。

④悬索桥的锚碗及锚杆有无异常的拔动，锚头、散索鞍有无锈蚀破损，锚室(锚洞)有无开裂、变形、积水，温湿度是否符合要求。

⑤主缆、吊杆及斜拉索的表面封闭、防护是否完好，有无破损、老化。

⑥悬索桥的索鞍是否有异常的错位、卡死、银轴歪斜，构件是否有锈蚀、破损，主缆索跨过索鞍部分是否有挤扁现象。

⑦悬索桥吊杆上端与主缆索的索夹是否有松动、移位和破损，下端与梁连接的螺栓有无松动。

⑧逐束检测索体是否开裂、膨胀及变形，必要时可剥开护套检查索内干湿情况和钢索的锈蚀情况。检查后应做好保护套剥开处的防护处理。

⑨逐个检查锚具及周围混凝土的情况，锚具是否渗水、锈蚀，是否有锈水流出的痕迹，周围混凝土是否开裂。必要时可打开锚具后盖抽查锚杯内是否积水、潮湿，防锈油是否结块、乳化失效，锚杯是否锈蚀。

⑩逐个检查索端出索处钢护筒、钢管与索套管连接处的外观情况。检查钢护筒是否松动、脱落、锈蚀、渗水，抽查连接处钢护筒内防水垫圈是否老化失效，筒内是否潮湿积水。

⑪索塔的爬梯、检查门、工作电梯是否安全可靠，塔内的照明系统是否完好。

(10)支座的检查如下：

①支座组件是否完好、清洁，有无断裂、错位、脱空。

②活动支座是否灵活，实际位移量是否正常，固定支座的锚销是否完好。

③支承垫石是否有裂缝。

④简易支座的油毡是否老化、破裂或失效。

⑤橡胶支座是否老化、开裂，有无过大的剪切变形或压缩变形，各夹层钢板之间的橡胶

层外凸是否均匀。

⑥四氟滑板支座是否脏污、老化，四氟乙烯板是否完好，橡胶块是否滑出钢板。

⑦盆式橡胶支座的固定螺栓是否剪断，螺母是否松动，倒盆外露部分是否锈蚀，防尘罩是否完好。

⑧组合式钢支座是否干涩、锈蚀，固定支座的锚栓是否紧固，销板或销钉是否完好。

⑨摆柱支座各组件相对位置是否准确，受力是否均匀。

⑩银轴支座的银轴是否出现不允许的爬动、歪斜。

⑪摇轴支座是否倾斜。

⑫钢筋混凝土摆柱支座的柱体有无混凝土脱皮、开裂、露筋，钢筋及钢板有无锈蚀。

(11)墩台与基础的检查如下：

①墩台及基础有无滑动、倾斜、下沉或冻拔。

②台背填土有无沉降或挤压隆起。

③混凝土墩台及帽梁有无冻胀、风化、开裂、剥落、露筋等。

④石砌墩台有无砌块断裂、通缝脱开、变形，砌体泄水孔是否堵塞，防水层是否损坏。

⑤墩台顶面是否清洁，伸缩缝处是否漏水。

⑥基础下是否发生不许可的冲刷或掏空现象，扩大基础的地基有无侵蚀。桩基顶段在水位涨落、干湿交替变化处有无冲刷磨损、颈缩、露筋，有无环状冻裂，是否受到污水、咸水或生物的腐蚀。必要时对大桥、特大桥的深水基础应派潜水员潜水检查。

(12)调治构造物是否完好，功能是否适用，桥位段河床是否有明显的冲淤或漂浮物堵塞现象。

(13)桥梁检查中发现的各种缺损均应在现场用油漆等将其范围及日期标记清楚。发现三类以上桥梁及有严重缺损和难以判明损坏原因和程度的桥梁，应做影像记录，并附病害状况说明。

(14)桥梁定期检查后应提供下列文件：

①桥梁定期检查数据表。

②典型缺损和病害的照片及说明。

③两张总体照片。一张桥面正面照片，一张桥梁上游侧立面照片。

④桥梁清单。

⑤桥梁基本状况卡片。

⑥定期检查报告。

三、特殊检查

桥梁特殊检查

《公路桥涵养护规范》(JTG 5120—2021)指出以下四种情况，应做特殊检查：

(1)定期检查难以判明损坏原因及程度的桥梁。

(2)桥梁技术状况为4、5类的。

(3)拟通过加固手段提高荷载等级的桥梁。

(4)条件许可时，特殊重要的桥梁在正常使用期间可周期性进行荷载试验。

桥梁遭受洪水、流冰、滑坡、地震、风灾、漂流物或船舶撞击，因超重车辆通过或其他异常情况影响造成损害时，可进行应急检查。

《公路桥涵养护规范》(JTG 5120—2021)还要求执行桥梁特殊检查的单位,应具有相应资质。

四、结构存在缺陷桥梁排查要点

2020 年年末,交通运输部印发《关于进一步提升公路桥梁安全耐久水平的意见》(交公路发〔2020〕127 号)和《公路危旧桥梁改造行动方案》(交办公路〔2020〕71 号),根据相关要求"十四五"期间将集中开展公路危旧桥梁改造行动。同时印发《公路危旧桥梁排查和改造技术要求》和《公路危旧桥梁排查技术指南》,重点针对结构存在缺陷桥梁明确进一步排查要求。

1. 轻型少筋拱桥

轻型少筋拱桥包括双曲拱桥、普通衔架拱桥、刚架拱桥等,其他具有轻型、少筋、拼装等特点的拱桥均可参考。排查要点如下:

(1)桥面板是否开裂、是否局部塌陷。

(2)主拱圈是否严重开裂、锈蚀,是否渗水侵蚀拱圈结构。

(3)拱脚是否发生位移、转角,拱脚混凝土是否疏松、压裂。

(4)双曲拱桥拱波与拱肋结合处是否开裂、脱开、严重渗水。

(5)普通析架拱桥、刚架拱桥的主要节点是否开裂。

(6)现浇拼装段或拱脚处混凝土是否疏松、压裂。

(7)横向联系有无变位、松动、脱落、断裂风险。

(8)墩台、拱座是否有位移、倾斜、下沉。

(9)结构整体有无松散,是否有异常振动或不明原因异响。

2. 带挂梁结构的桥梁

带挂梁结构的桥梁包括悬臂梁桥、T 形刚构桥等,重点排查牛腿附近的构造。排查要点如下:

(1)牛腿上方是否渗漏水、是否长期浸水侵蚀。

(2)牛腿是否存在明显的钢筋锈蚀。

(3)牛腿附近位置是否开裂及裂缝形态。

(4)挂梁是否发生异常位移、支座是否脱落或严重老化。

(5)是否有异常振动或不明原因异响。

3. 结构冗余度不足的桥梁

结构冗余度不足的桥梁包括无加劲纵梁吊杆拱桥、加劲梁刚度达不到冗余需要的稀索斜拉桥,重点排查吊杆(拉索)缺陷及冗余程度。排查要点如下:

(1)单吊杆的中、下承式拱桥是否设有加劲纵梁。

(2)设置双吊杆的,吊杆是否单独受力,吊杆安全系数是否达到冗余需求。

(3)吊杆(拉索)索力有无异常变化。

(4)吊杆(拉索)表面防护有无裂缝、鼓包、破损。

(5)吊杆(拉索)有无锈蚀、断丝,管内部有无积水。

(6)锚具是否渗水、锈蚀,锚固区是否开裂,锚头是否锈蚀、开裂,墩头或夹片是否异常,锚头螺母位置有无异常。

任务 3 桥梁技术状况评定

🎯 任务情景

某施工企业需要进行桥梁技术状况评定。作为一名检测人员，在进行检测之前，需要掌握哪些关于此项检测的要求？需要查阅哪些相关技术规范及其他相关资料？具体的检测方法及步骤是什么？如何科学地分析检测结果？

📖 任务目标

1. 熟悉桥梁技术状况评定的等级分类；
2. 了解桥梁技术状况评定的方法；
3. 了解各结构类型桥梁的主要部件；
4. 掌握桥梁技术状况评定的计算方法。

⚙ 任务要求

认真阅读《公路桥梁技术状况评定标准》(JTG/T H21—2011)等相关技术规范。掌握桥梁技术状况评定的方法。

1. 掌握桥梁技术状况评定的等级分类；
2. 掌握桥梁技术状况评定流程；
3. 培养吃苦耐劳的工匠精神；
4. 培育诚实、守信、科学、公正的职业素养；
5. 培养自主探究学习能力、信息素养及专业精神。

⚙ 任务思考

1. 桥梁评定分为哪几种评定？
2. 桥梁检查结构存在哪些缺陷？评定要点是什么？
3. 5 类桥梁技术状况单项控制指标有哪些？

⚙ 任务实施

一、桥梁评定分类

桥梁评定分为一般评定和适应性评定。

(1)一般评定是依据桥梁定期检查资料，通过对桥梁各部件技术状况的综合评定，确定桥梁的技术状况等级，提出各类桥梁的养护措施。

桥梁技术状况评定

(2)适应性评定包括以下内容：依据桥梁定期及特殊检查资料，结合试验与结构受力分析，评定桥梁的实际承载能力、通行能力、抗洪能力，提出桥梁养护、改造方案。一般评定由负责定期检查者进行，即为技术状况评定；适应性评定应委托具有相应资质及能力的单位进行。

二、评定方法及等级分类

1. 桥梁技术状况评定方法

公路桥梁技术状况评定包括桥梁构件、部件、桥面系、上部结构、下部结构和全桥评定。公路桥梁技术状况评定应采用分层综合评定与 5 类桥梁单项控制指标相结合的方法，先对桥梁各构件进行评定，然后对桥梁各部件进行评定，再对桥面系、上部结构和下部结构分别进行评定，最后进行桥梁总体技术状况的评定。

当单座桥梁存在不同结构形式时，可根据结构形式的分布情况划分评定单元，分别对各评定单元进行桥梁技术状况的等级评定，然后取最差的一个评定单元技术状况等级作为全桥的技术状况等级。

2. 桥梁技术状况等级分类

(1)桥梁部件分为主要部件和次要部件。各结构类型桥梁主要部件见表 5-1，其他部件为次要部件。

表 5-1　各结构类型桥梁主要部件

序号	结构类型	主要部件
1	梁式桥	上部承重构件、桥墩、桥台、基础、支座
2	板拱桥(圬工、混凝土)、肋拱桥、箱形拱桥、双曲拱桥	主拱圈、拱上结构、桥面板、桥墩、桥台、基础
3	刚架拱桥、桁架拱桥	刚架(桁架)拱片、横向联结系、桥面板、桥墩、桥台、基础
4	钢-混凝土组合拱桥	拱肋、横向联结系、立柱、吊杆、系杆、行车道板(梁)、桥墩、桥台、基础、支座
5	悬索桥	主缆、吊索、加劲梁、索塔、锚碇、桥墩、桥台、基础、支座
6	斜拉桥	斜拉索(包括锚具)、主梁、索塔、桥墩、桥台、基础、支座

(2)桥梁总体技术状况评定等级分为 1 类、2 类、3 类、4 类、5 类，见表 5-2。

表 5-2　桥梁总体技术状况评定等级

技术状况评定等级	桥梁技术状况描述
1 类	全新状态，功能完好
2 类	有轻微缺损，对桥梁使用功能无影响
3 类	有中等缺损，尚能维持正常使用功能
4 类	主要构件有大的缺损，严重影响桥梁使用功能；或影响承载能力，不能保证正常使用
5 类	主要构件存在严重缺损，不能正常使用，危及桥梁安全，桥梁处于危险状态

（3）桥梁主要部件技术状况评定标度分为 1 类、2 类、3 类、4 类、5 类，见表 5-3。

表 5-3　桥梁主要部件技术状况评定标度

技术状况评定标度	桥梁技术状况描述
1 类	全新状态，功能完好
2 类	功能良好，材料有局部轻度缺损或污染
3 类	材料有中等缺损；或出现轻度功能性病害，但发展缓慢，尚能维持正常使用功能
4 类	材料有严重缺损，或出现中等功能性病害，且发展较快；结构变形小于或等于规范值，功能明显降低
5 类	材料严重缺损，出现严重的功能性病害，且有继续扩展现象；关键部位的部分材料强度达到极限，变形大于规范值，结构的强度、刚度、稳定性不能达到安全通行的要求

（4）桥梁次要部件技术状况评定标度分为 1 类、2 类、3 类、4 类，见表 5-4。

表 5-4　桥梁次要部件技术状况评定标度

技术状况评定标度	桥梁技术状况描述
1 类	全新状态，功能完好；或功能良好，材料有轻度缺损、污染等
2 类	有中等缺损或污染
3 类	材料有严重缺损，出现功能降低，进一步恶化将不利于主要部件，影响正常交通
4 类	材料有严重缺损，失去应有功能，严重影响正常交通；或原无设置，而调查需要补设

三、桥梁技术状况评定计算

（1）桥梁构件的技术状况评分按式（5-1）计算。

$$\mathrm{PMCI}_l(\mathrm{BMCI}_l \text{ 或 } \mathrm{DMCI}_l) = 100 - \sum_{x=1}^{k} U_x \qquad (5\text{-}1)$$

当 $x=1$ 时，$U_i = DP_{il}$；

当 $x=2$ 时，$U = \dfrac{DP_{ij}}{100 \times \sqrt{x}} \times \left(100 - \sum_{y=1}^{x-1} U_x\right)$（其中 $j=x$，x 取 2，3，4，…，k）；

当 $k=2$ 时，U_1，…，U_x 公式中的扣分值 U_{ij}，按照从大到小排列；

当 $DP_{ij}=100$，则 $\mathrm{PMCI}_l(\mathrm{BMCI}_l \text{ 或 } \mathrm{DMCI}_l)=0$

式中　PMCI_l——上部结构第 i 类部件的 l 构件的得分，值域为 0～100 分；

BMCI_l——下部结构第 i 类部件的 l 构件的得分，值域为 0～100 分；

DMCI_l——桥面系第 i 类部件的 l 构件的得分，值域为 0～100 分；

k——第 i 类部件 l 构件出现扣分的指标的种类数；

U_x、U_y——引入的中间变量；

i——部件类别，如 i 表示上部承重构件、支座、桥墩等；

j——第 i 类部件 l 构件的第 j 类检测指标；

DP_i——第 i 类部件 l 构件的第 i 类检测指标的扣分值；根据构件各种检测指标扣分值进行计算，扣分值按表 5-5 规定取值。

表 5-5　构件各检测指标扣分值

检测指标所能达到的最高标度类别	指标标度				
	1 类	2 类	3 类	4 类	5 类
3 类	0	20	35	—	—
4 类	0	25	40	50	—
5 类	0	35	45	60	100

(2)桥梁部件的技术状况评分按式(5-2)～式(5-4)计算。

$$\text{PCCI}_i = \overline{\text{PMCI}} - \frac{100 - \text{PMCI}_{\min}}{t} \tag{5-2}$$

或

$$\text{BCCI}_i = \overline{\text{BMCI}} - \frac{100 - \text{BMCI}_{\min}}{t} \tag{5-3}$$

或

$$\text{DCCI}_i = \overline{\text{DMCI}} - \frac{100 - \text{DMCI}_{\min}}{t} \tag{5-4}$$

式中　PCCI_i——上部结构第 i 类部件的得分，值域为 0～100 分；当上部结构中的主要部件某一构件评分值 PMCI_i 在[0，40]区间时，其相应的部件评分值 $\text{PCCI}_i = \text{PMCI}_i$；

$\overline{\text{PMCI}}$——上部结构第 i 类部件各构件的得分平均值，值域为 0～100 分；

BCCI_i——下部结构第 i 类部件的得分，值域为 0～100 分；当下部结构中的主要部件某一构件评分值 BMCI_i 在[0，40]区间时，其相应的部件评分值 $\text{BCCI}_i = \text{BMCI}_i$；

$\overline{\text{BMCI}}$——下部结构第 i 类部件各构件的得分平均值，值域为 0～100 分；

DCCI_i——桥面系第 i 类部件的得分，值域为 0～100 分；

$\overline{\text{DCCI}}$——桥面系第 i 类部件各构件的得分平均值，值域为 0～100 分；

$\text{PMCI}_{\min}$——上部结构第 i 类部件中分值最低的构件得分值；

$\text{BMCI}_{\min}$——下部结构第 i 类部件中分值最低的构件得分值；

$\text{DMCI}_{\min}$——桥面系第 i 类部件分值最低的构件得分值；

t——随构件的数量而变的系数，见表 5-6。

(3)桥梁上部结构、下部结构、桥面系的技术状况评分按式(5-5)计算。

$$\text{SPCI}(\text{SBCI 或 BDCI}) = \sum_{i=1}^{m} \text{PCCI}_i (\text{BCCI}_i \text{ 或 DCCI}_i) \times w_i \tag{5-5}$$

表 5-6　t 值

n(构件数)	t	m(构件数)	t
1	0	20	6.6
2	10	21	6.48
3	9.7	22	6.36
4	9.5	23	6.24
5	9.2	24	6.12
6	8.9	25	6.00
7	8.7	26	5.88
8	8.5	27	5.76
9	8.3	28	5.64
10	8.1	29	5.52
11	7.9	30	5.4
12	7.7	40	4.9
13	7.5	50	4.4
14	7.3	60	4.0
15	7.2	70	3.6
16	7.08	80	3.2
17	6.96	90	2.8
18	6.84	100	2.5
19	6.72	≥200	2.3

注：1. n 为第 i 类部件的构件总数。

2. 表中未列出的值采用内插法计算。

式中　SPCI——桥梁上部结构技术状况评分，值域为 0～100；

SBCI——桥梁下部结构技术状况评分，值域为 0～100；

BDCI——桥面系技术状况评分，值域为 0～100；

m——上部结构(下部结构或桥面系)的部件种类数；

w_i——第 i 类部件的权重，按表 5-7～表 5-12 取值；对于桥梁中未设置的部件，应根据此部件的隶属关系，将其权重值分配给各既有部件，分配原则按照各既有部件权重在全部既有部件权重中所占比例进行分配。

(4)桥梁总体的技术状况评分按式(5-6)计算。

$$D_r = \mathrm{BDCI} \times w_D + \mathrm{SPCI} \times w_{SP} + \mathrm{SBCI} \times w_{SB} \tag{5-6}$$

式中　D_r——桥梁总体技术状况评分，值域为 0～100；

w_D——桥面系在全桥中的权重，按表 5-13 取值；

w_{SP}——上部结构在全桥中的权重，按表 5-13 取值；

w_{SB}——下部结构在全桥中的权重，按表 5-13 取值。

(5)桥梁技术状况分类界限按表 5-14 规定。

(6)当上部结构和下部结构技术状况等级为 3 类、桥面系技术状况等级为 4 类，且桥梁总体技术状况评分为 $40 \leqslant D_r < 60$ 时，桥梁总体技术状况等级可评定为 3 类。

表 5-7　梁式桥各部件权重值

部位	类别 i	评价部件	权重
上部结构	1	上部承重构件（主梁、挂梁）	0.70
	2	上部一般构件（湿接缝、横隔板等）	0.18
	3	支座	0.12
下部结构	4	翼墙、耳墙	0.02
	5	锥坡、护坡	0.01
	6	桥墩	0.30
	7	桥台	0.30
	8	墩台基础	0.28
	9	河床	0.07
	10	调治构造物	0.02
桥面系	11	桥面铺装	0.40
	12	伸缩缝装置	0.25
	13	人行道	0.10
	14	栏杆、护栏	0.10
	15	排水系统	0.10
	16	照明、标志	0.05

表 5-8　板拱桥、肋拱桥、箱形拱桥、双曲拱桥各部件权重值

部位	类别 i	评价部件	权重
上部结构	1	主拱圈	0.70
	2	拱上结构	0.20
	3	桥面板	0.10
下部结构	4	翼墙、耳墙	0.02
	5	锥坡、护坡	0.01
	6	桥墩	0.30
	7	桥台	0.30
	8	墩台基础	0.28
	9	河床	0.07
	10	调治构造物	0.02
桥面系	11	桥面铺装	0.40
	12	伸缩缝装置	0.25
	13	人行道	0.10
	14	栏杆、护栏	0.10
	15	排水系统	0.10
	16	照明、标志	0.05

表 5-9　刚架拱桥、桁架拱桥各部件权重值

部位	类别 i	评价部件	权重
上部结构	1	刚架拱片(桁架拱片)	0.50
	2	横向联结系	0.25
	3	桥面板	0.25
下部结构	4	翼墙、耳墙	0.02
	5	锥坡、护坡	0.01
	6	桥墩	0.30
	7	桥台	0.30
	8	墩台基础	0.28
	9	河床	0.07
	10	调治构造物	0.02
桥面系	11	桥面铺装	0.40
	12	伸缩缝装置	0.25
	13	人行道	0.10
	14	栏杆、护栏	0.10
	15	排水系统	0.10
	16	照明、标志	0.05

表 5-10　钢-混凝土组合拱桥各部件权重值

部位	类别 i	评价部件	权重
上部结构	1	拱肋	0.28
	2	横向联结系	0.05
	3	立柱	0.13
	4	吊杆	0.13
	5	系杆(含锚具)	0.28
	6	桥面板(梁)	0.08
	7	支座	0.05
下部结构	8	翼墙、耳墙	0.02
	9	锥坡、护坡	0.01
	10	桥墩	0.30
	11	桥台	0.30
	12	墩台基础	0.28
	13	河床	0.07
	14	调治构造物	0.02

续表

部位	类别 i	评价部件	权重
桥面系	15	桥面铺装	0.40
	16	伸缩缝装置	0.25
	17	人行道	0.10
	18	栏杆、护栏	0.10
	19	排水系统	0.10
	20	照明、标志	0.05

表 5-11　悬索桥各部件权重值

部位	类别 i	评价部件	权重
上部结构	1	加劲梁	0.15
	2	索塔	0.20
	3	支座	0.05
	4	主鞍	0.04
	5	主缆	0.25
	6	索夹	0.04
	7	吊索及钢护筒	0.17
	8	锚杆	0.10
下部结构	9	锚碇	0.40
	10	索塔基础	0.30
	11	散索鞍	0.15
	12	河床	0.10
	13	调治构造物	0.05
桥面系	14	桥面铺装	0.40
	15	伸缩缝装置	0.25
	16	人行道	0.10
	17	栏杆、护栏	0.10
	18	排水系统	0.10
	19	照明、标志	0.05

表 5-12　斜拉桥各部件权重值

部位	类别 i	评价部件	权重
上部结构	1	斜拉索系统（斜拉索、锚具、拉索护套、减震装置等）	0.40
	2	主梁	0.25
	3	索塔	0.25
	4	支座	0.10
下部结构	5	翼墙、耳墙	0.02
	6	锥坡、护坡	0.01
	7	桥墩	0.30
	8	桥台	0.30
	9	墩台基础	0.28
	10	河床	0.07
	11	调治构造物	0.02
桥面系	12	桥面铺装	0.40
	13	伸缩缝装置	0.25
	14	人行道	0.10
	15	栏杆、护栏	0.10
	16	排水系统	0.10
	17	照明、标志	0.05

表 5-13　桥梁结构组成权重值

桥梁部位	权重	桥梁部位	权重
上部结构	0.40	桥面系	0.20
下部结构	0.40		

表 5-14　桥梁技术状况分类界限表

技术状况评分	技术状况等级（D_i）				
	1 类	2 类	3 类	4 类	5 类
D_r（sPCI、sBCI、BDCI）	[95，100)	[80，95)	[60，80)	[40，60)	[0，40)

（7）全桥总体技术状况等级评定时，当主要部件评分达到 4 类或 5 类且影响桥梁安全时，可按照桥梁主要部件最差的缺损状况评定。

四、5 类桥梁技术状况单项控制指标

在桥梁技术状况评价中，有下列情况之一时，整座桥应评为 5 类桥。

（1）上部结构有落梁；或有梁、板断裂现象。

（2）梁式桥上部承重构件控制截面出现全截面开裂；或组合结构上部承重构件结合面开裂贯通，造成截面组合作用严重降低。

（3）梁式桥上部承重构件有严重的异常位移，存在失稳现象。

（4）结构出现明显的永久变形，变形大于规范值。

（5）关键部位混凝土出现压碎或杆件失稳倾向；或桥面板出现严重塌陷。

(6)拱式桥拱脚严重错台、位移，造成拱顶挠度大于限值；或拱圈严重变形。

(7)圬工拱桥拱圈大范围砌体断裂，脱落现象严重。

(8)腹拱、侧墙、立墙或立柱产生破坏造成桥面板严重塌落。

(9)系杆或吊杆出现严重锈蚀或断裂现象。

(10)悬索桥主缆或多根吊索出现严重锈蚀、断丝。

(11)斜拉桥拉索钢丝出现严重锈蚀、断丝，主梁出现严重变形。

(12)扩大基础冲刷深度大于设计值，冲空面积达 20％以上。

(13)桥墩(桥台或基础)不稳定，出现严重滑动、下沉、位移、倾斜等现象。

(14)悬索桥、斜拉桥索塔基础出现严重沉降或位移；或悬索桥锚碗有水平位移或沉降。

如某农村小跨径钢筋混凝土桥梁，上部结构为矩形梁加预制桥面板。检测发现，中跨及边跨主梁(矩形梁)有多条竖向裂缝，东侧边跨最大裂缝宽度为 0.8 mm，西侧边跨最大裂缝宽度为 0.35 mm，中跨最大裂缝宽度大于 3 mm，裂缝长度均大于 2/3 梁高。裂缝形态下宽上窄，为结构受力裂缝。主梁梁体有明显下挠。按 5 类桥梁技术状况单项控制指标第二条，桥梁总体技术状况直接评定为 5 类桥。

五、各结构形式桥梁部件分类及权重值

(1)梁式桥各部件权重值按表 5-7 取值。

(2)拱式桥各部件权重值按表 5-8～表 5-10 取值。

(3)悬索桥各部件权重值按表 5-11 取值。

(4)斜拉桥各部件权重值按表 5-12 取值。

(5)桥梁结构组成权重值按表 5-13 取值。

任务4　桥梁现场静载试验

任务情景

某施工企业需要进行桥梁现场静载试验检测。作为一名检测人员，在进行试验检测之前，需要掌握哪些关于此项试验检测的要求？需要查阅哪些相关技术规范及其他相关资料？具体的检测方法及步骤是什么？如何科学地分析检测结果？

任务目标

1. 了解桥梁现场静载试验的基本原理；
2. 熟悉桥梁现场静载试验的适用条件；
3. 了解桥梁现场静载试验检测相关的技术规范；
4. 了解板梁跨中荷载横向分布系数检测原理；
5. 掌握桥梁现场静载试验检测仪器的性能及使用方法；
6. 掌握桥梁现场静载试验的数据处理方法。

认真阅读《公路钢筋混凝土及预应力混凝土桥涵设计规范》(JTG 3362—2018)、《公路桥梁承载能力检测评定规程》(JTG/T J21—2011)、《公路桥梁荷载试验规程》(JTG/T J21-01—2015)等相关技术规范。学会用铰接板梁法测定板梁跨中荷载横向分布系数。

1. 熟练填写现场静载试验检测委托单；
2. 熟练填写现场静载试验检测原始记录；
3. 熟练出具现场静载试验报告，并对桥梁质量进行评价。

⚙ **任务思考**

1. 现场静载试验检测的目的是什么？
2. 现场静载试验的步骤是什么？
3. 现场静载试验的内容是什么？

⚙ **任务实施**

桥梁静载试验是桥梁荷载试验的主要内容，它是评估桥梁成桥质量和结构承载能力等最为成熟的基本方法。

基于结构检查与检算的承载能力评定

桥梁静载试验准备

一、试验准备

桥梁静载试验应进行必要的与试验有关的计算，如计算试验控制荷载、静力加载效率、试验荷载作用下主要测试断面的内力或变形控制值等。所有相关计算结果是试验荷载大小、加载等级等的理论依据，也作为试验加载响应的期望值。

1. 试验控制荷载确定

试验控制荷载根据与设计作用(或荷载)等级相应的活载效应控制值或有特殊要求的荷载效应值确定。以使控制截面或断面产生最不利荷载效应(内力和变形最大)荷载作为试验控制荷载。

具体计算时，应选择设计计算活载作用下能够产生最大截面应力和变形的控制截面或位置，某些特殊桥梁还需考虑对关键构件的专项加载计算。

试验控制荷载计算通常根据桥梁设计图纸采用各种通用的有限元程序建立平面或空间有限元模型，简单结构也可以采用手算确定。旧桥控制荷载确定还需结合实际桥梁技术状态评定结果。

2. 试验荷载确定

根据《公路桥梁荷载试验规程》(JTG/T J21-01—2015)，对交、竣工验收荷载试验，静载试验荷载效率系数 η_q 宜为 $0.85\sim1.05$；其他静载试验，η_q 宜为 $0.95\sim1.05$。

静载试验效率 η_q 按式(5-7)计算：

$$\eta_q = \frac{S_s}{S \times (1+\mu)} \tag{5-7}$$

式中 S_s——静载试验荷载作用下，某一加载试验项目对应的加载控制截面内力或位移的最大计算效应值；

S——控制荷载产生的同一加载控制截面内力或位移的最不利效应计算值；

μ——按规范取用的冲击系数值。

实际工程中，选用车辆荷载进行加载时，要综合试验荷载效率、与设计活荷载的等效性、车辆的机动性等因素。

下面以简支空心板梁旧桥确定试验荷载为例子，说明如何确定试验荷载效率。

20 m(计算跨径 19.3 m)单跨预应力混凝土空心板梁桥，梁宽 99 cm、高 75 cm，车行道宽 11 m，横向 12 片梁。原设计荷载汽车超-20 级、挂车-120 验算；同时用公路Ⅰ级校验(该桥改建后拟将荷载等级提到公路Ⅰ级)。

(1)截面特性计算(表 5-15)。

表 5-15　空心板梁截面特性

截面类型	截面面积/m²	中性轴至下缘距离/m	惯性矩/m⁴
毛截面	0.415 0	0.349	0.027 8

(2)控制内力计算。

①荷载横向分布系数计算。采用铰接板梁法计算板梁跨中荷载横向分布系数，分别输入各片梁的抗弯、抗扭惯矩、桥面板沿梁长方向单位长度的抗弯惯性矩和悬臂长度，结果见表 5-16(这部分内容可电算，也可以查表、手算)。

表 5-16　荷载横向分布系数(按二车道)

	梁号	1	2	3	4	5	6
跨中	m_c	0.219	0.218	0.214	0.209	0.197	0.184
	梁号	7	8	9	10	11	12
	m_c	0.184	0.197	0.209	0.214	0.218	0.219

注：规范规定多车道折减后的效应不得小于二车道，本例三车道折减后系数值小于二车道。

②控制内力计算。

计算上部结构成桥使用阶段汽车超 20 级和公路-Ⅰ级(计冲击系数)主要控制截面的内力，见表 5-17"设计控制值"一栏。

③试验加载效率计算。采用控制内力同样的计算方法(也可利用表 5-16 横向分布系数手算)将选定的试验车辆加到桥跨上，算出试验荷载作用下控制截面内力和加载效率，见表 5-17后两栏。

表 5-17　主要控制截面的内力

内力名称	跨中弯矩/(kN·m)		支点剪力/kN	
设计荷载等级	汽车超 20 级	公路Ⅰ级	汽车超 20 级	公路Ⅰ级
设计控制值	4 150	4 736	1 108	1 094
试验计算值	4 221		1 073	
加载效率	1.02	0.89	0.97	0.98

试验加载计算的基本内容是比较常规的结构分析，也是土木工程师必备的技能之一。

二、试验步骤

正式加载试验是整个实桥静载试验的核心内容，也是对试验准备工作的考核。

实桥静载试验一般安排在晚上进行，主要是考虑加载时温度变化和环境的干扰。如果这种干扰不大或对试验数据不会产生任何影响(如适逢阴天)，不一定非要安排在晚上。

加载试验过程如下：

桥梁静载试验方案
与加载设计

1. 静载初读数

静载初读数是指试验正式开始时的零荷载读数，不是准备阶段调试仪器的读数。从初读数开始整个测试系统就开始运作，测量、读数记录人员进入状态各司其职。

2. 加载

《公路桥梁荷载试验规程》(JTG/T J21-01—2015)规定：试验荷载应分级施加，加载级数应根据试验荷载总量和荷载分级增量确定，可分成 3～5 级。当桥梁的技术资料不全时，应增加分级。重点测试桥梁在荷载作用下的响应规律时，可适当加密加载分级。

3. 加载控制

《公路桥梁荷载试验规程》(JTG/T J21-01—2015)规定：应根据各工况的加载分级，对各加载过程结构控制点的应变(或变形)、薄弱部位的破损情况等进行观测与分析，并与理论计算值对比。当试验过程中发生下列情况之一时，应停止加载，查清原因，采取措施后再确定是否进行试验：

(1)控制测点应变值已达到或超过计算值。

(2)控制测点变形(或挠度)超过计算值。

(3)结构裂缝的长度、宽度或数量明显增加。

(4)实测变形分布规律异常。

(5)桥体发出异常响声或发生其他异常情况。

(6)斜拉索或吊索(杆)索力增量实测值超过计算值。

4. 卸载读零

一个工况结束，荷载退出桥面。各测点读回零值，同样要有一个稳定的过程。

试验加卸载要求稳定后读数，实际要观测结构残余变形或残余应变，当结构变形或应变在卸载后不能正常恢复时，反映的可能是结构承载能力不足或其他原因，需要仔细分析。

桥梁静载试验
现场组织

简支桥梁静载试验
现场组织

连续桥梁静载试验
现场组织

钢构桥梁静载试验
现场组织

拱桥桥梁静载试验　　　斜拉桥梁静载试验　　　桥梁静载试验
　　现场组织　　　　　　　现场组织　　　　　　数据整理

5. 重复加载要求

试验过程中必须时时关注几个控制点数据的情况，一旦发现问题(数据本身规律差或仪器故障等)要重新加载测试。对一些特大桥的主要加载工况，一般也要求重复加载。

三、试验数据处理

整理桥梁现场试验数据，不仅要求有一份完整的原始记录，还要用到一些数据处理方面的知识，同时又要求整理者有桥梁专业方面的知识。从试验总体上说，它还是每个试验程序的结束环节，必须予以充分重视。

通过静载试验得到的原始数据、曲线和图像等是最重要的第一手资料，应该特别强调现场试验数据的原始记录的重要性，对每一份现场记录(无论是数据还是信号)都要求完整、清晰和可靠。另外，有些原始数据数量庞大，也不直观，不能直接用来进行结构评估，所以必须对它进行处理分析。

1. 荷载

整理实际荷载的载重、加载工况等，因为实际布载位置、大小等可能会与方案要求的不一样。整理出来的荷载数据，一方面用于结构分析，另一方面会与试验数据结果直接有关。

(1)列出试验加载效率表(如采取分级加载方法的还要列出分级加载表)。

(2)制作实际载重明细表，表中详细列出加载车辆的型号、车号及其试验时的编号、轮轴距、理论质量和实际载重(包括各轴轴重和总重)等。

(3)绘制荷载的纵、横向(包括对称加载和偏心加载)布置图，并标明具体尺寸。

2. 位移

桥梁位移包括挠度和各种非竖向位移(如拱桥桥轴线的两维变位，斜拉桥索塔的水平变位等)。实测值和计算值一般都要求画成曲线并放在一起，或列出一张比较表等。有的桥梁挠度数据整理时，还应考虑支座位移的影响。

3. 应力和应变

(1)实测应变的修正。应变测试中，$K \neq 2$，或导线过长或过细使导线电阻不能忽略等情况时，需要对实测应变结果进行修正(一般这类因素对测值的影响小于1％时可不予修正)。在计算机控制的数据采集系统里，灵敏系数等修正都可以事先设定，直接得到。

(2)应力、应变的换算。应变计测试结果一般为应变值，而人们感兴趣的往往是应力。对钢结构而言，弹性模量稳定，应力和应变关系是常数乘积关系；对钢筋混凝土或预应力混凝土结构来说，不管是混凝土上测得的应变还是钢筋上测得的应变换算成混凝土应力，都有一个实际弹性模量的取值问题。解决这个问题的办法，一是用取芯实测数据(对新建桥梁可采用回弹推算值或试块数据），二是取"桥规"给出的混凝土弹模值。对有些试验（如极限破坏试验），有时直接以应变指标衡量。

弹性模量确定以后，各种应力状态下测点应力均可按材料力学公式进行计算。

（3）实测与计算的比较。控制断面应力是衡量桥梁结构实际强度的重要指标。具体衡量指标为试验荷载作用下各主要控制断面测点应力的实测值与计算值的比值。由于实桥试验往往是按设计基本荷载施加的，因此计算截面上各点的应力，对钢结构或预应力混凝土结构一般仍用普通材料力学的弹性阶段方法；对钢筋混凝土结构，可根据断面内力的大小并考虑断面开裂情况采用相应的计算方法。断面应力的计算值和实测值应列在同一张表内并做成曲线（或图），以方便比较。根据需要还可以绘制各加载工况下控制截面应变的分布图、截面应变沿高度分布图等。

桥梁结构变形

桥梁变形测量

混凝土结构应力实测值（和变形反映整体不一样）有时会发生局部偏大或偏小问题，当实测值与计算值之间的差别超出正常允许误差范围时应该仔细分析，找出原因。如一些大跨径预应力混凝土桥梁跨中控制断面的应力校验系数有时会超过 1 或远小于 1，原因是合龙段（或附近）混凝土存在（有时肉眼看不见）裂缝，粘贴在其表面的应变计跨过该裂缝或靠近裂缝就会产生偏大或偏小的读数。

桥梁应变测量

4. 残余位移（或应变）

残余位移（或应变）是一个加卸载周期后结构上残留的位移（或应变）。静载试验数据整理中，要关注各测点实测位移与应变的残余值。

总位移（或应变）：$S_t = S_l - S_i$

弹性位移（或应变）：$S_e = S_l - S_u$

残余位移（或应变）：
$$S_p = S_t - S_e = S_u - S_i \qquad (5\text{-}8)$$

式中　S_t——试验荷载作用下测量的结构总位移（或总应变）值；

　　　S_e——试验荷载作用下测量的结构弹性位移（或应变）值；

　　　S_p——试验荷载作用下测量的结构残余位移（或应变）值；

　　　S_i——加载前的测值；

　　　S_l——加载达到稳定时的测值；

　　　S_u——卸载后达到稳定时的测值。

用相对残余位移（或应变）来表示：

$$\Delta S_p = \frac{S_p}{S_t} \times 100 \qquad (5\text{-}9)$$

式中　S_p——相对残余位移（或应变）；

　　　S_t——加载前测值。

实际加载试验中产生的相对残余变形（或应变），对预应力混凝土与组合结构一般不允许大于 20%；对钢筋混凝土和坛工结构一般不允许大于 25%。

5. 校验系数 λ

校验系数 λ 应包括应变(或应力)校验系数及挠度校验系数,其值应按式(5-10)计算。

$$\lambda = \frac{S_e}{S_s}$$ (5-10)

式中 λ——校验系数。

S_e——控制荷载产生的同一加载控制截面内力或位移的最不利效应计算值;

S_s——某一加载试验项目对应的加载控制截面内力或位移的最大计算效应值。

常见桥梁结构试验的应变(或应力)、挠度校验系数应符合表 5-18 的常值范围。

表 5-18 常见桥梁结构校验系数常值表

桥梁类型	应变(或应力)校验系数	挠度校验系数
钢筋混凝土板桥	0.20~0.40	0.20~0.50
钢筋混凝土梁桥	0.40~0.80	0.50~0.90
预应力混凝土桥	0.60~0.90	0.70~1.00
圬工拱桥	0.70~1.00	0.80~1.00
钢筋混凝土拱桥	0.50~0.90	0.50~1.00
钢桥	0.75~1.00	0.75~1.00

6. 裂缝

裂缝图应按试验过程中裂缝的实际开展情况进行测绘,当裂缝数量较少时,可根据试验前后观测情况及裂缝观测表对裂缝状况进行描述。当裂缝发展较多时应选择结构有代表性部位描绘裂缝展开图,图上应注明各加载程序裂缝长度和宽度的发展。

《公路桥梁荷载试验规程》(JTG/T J21-01—2015)规定:混凝土桥梁裂缝及其扩展情况的评定分析应符合:

(1)试验荷载作用下新桥裂缝宽度不应超过《公路钢筋混凝土及预应力混凝土桥涵设计规范》(JTG 3362—2018)规定的容许值,卸载后其扩展宽度应闭合到容许值的1/3。

(2)卸载后,试验荷载作用下在用桥梁的裂缝宽度不宜超过《公路桥梁承载能力检测评定规程》(JTG/T J21—2011)的规定。

(3)超过上述规定时:应结合校验系数的计算结果、分析原因、采取措施。

任务 5 桥梁现场动载试验

⊕ 任务情景

某施工企业需要进行桥梁动载试验检测。作为一名检测人员:在进行检测试验之前,需要掌握哪些关于此项检测试验的要求?需要查阅哪些相关技术规范及其他相关资料?具体的检测方法及步骤是什么?如何科学地分析检测结果?

📖 任务目标

1. 了解桥梁现场动载试验的基本原理；
2. 熟悉桥梁现场动载试验的适用条件；
3. 了解桥梁现场动载试验检测相关的技术规范；
4. 掌握桥梁现场动载试验检测仪器的性能及使用方法；
5. 掌握桥梁现场动载试验的数据处理方法。

⚙️ 任务要求

认真阅读《公路桥梁荷载试验规程》(JTG/T J21-01—2015)等相关技术规范。

1. 熟练填写桥梁现场动载检测委托单；
2. 熟练填写桥梁现场动载试验检测原始记录；
3. 了解桥梁动力特性参数测定。

桥梁动载试验方法　　简支梁振型

⚙️ 任务思考

1. 桥梁动载试验的目的是什么？
2. 本试验中用到的主要试验仪器和设备有哪些？
3. 桥梁动载试验的步骤是什么？
4. 怎么测定桥梁动力特性参数？

简支桥梁振动动画　　连续梁振型

⚙️ 任务实施

桥梁是承受动荷载的结构物，针对日常运营过程中各种各样的桥梁动态问题，不仅要研究桥梁结构本身的动力特性，还要研究由车辆移动荷载引起的车致振动，以及其他动力响应等。桥梁动载试验是实现上述关注或研究的一个重要手段。

桥梁动载试验涉及的问题和所有工程振动试验研究的问题相似，基本上可以归为桥梁外部振源、结构动力特性和动力反应三个方面。

桥梁外部振源是引起桥梁振动的外作用(包括移动车辆振动的激励或风、地震等)。

结构动力特性是桥梁的固有特性，包括三个主要参数(频率、振型和阻尼)，它们是桥梁动态试验中最基本的内容。

动力反应表示桥梁在特定动荷载作用下的动态"输出"，桥梁结构动力响应主要参数为动应力、动挠度、加速度等。

以下主要叙述桥梁结构动力特性参数及其试验测定的方法。

一、桥梁动力特性参数测定

结构动力特性参数也称结构自振特性参数或振动模态参数，其内容主要包括结构的自振频率(自振周期)、振型和阻尼比等，它们都是由结构形式、建筑材料性能等结构所固有的特性所决定的，与外荷载无关。

为叙述方便，先通过最简单的物理模型说明这些特性参数的概念，再介绍如何通过试验手段去获得这些参数。

1. 动力特性参数

（1）自振频率和自振特性。自振频率是动力特性参数中最重要的概念，物理上自振频率指单位时间内完成振动的次数，通常用 f 表示，单位为赫兹（Hz）；也可以用圆频率 ω（$\omega = 2\pi f$）表示，单位为 1/秒（1/s）。

自振周期（T）物理上指物体振动波形重复出现的最小时间，单位为秒（s），它和自振频率互为倒数关系 $T = 1/f$，由于这种倒数关系，工程中一般并不专门区分频率和周期的表达。

悬臂梁：

$$f = \frac{1}{T} = \frac{1}{2\pi}\sqrt{\frac{K}{M}} \tag{5-11}$$

式中　K——悬臂梁结构的刚度；

　　　M——梁端部的集中质量。

可见结构的自振频率只与结构的刚度和质量有关，并与刚度 K 呈正比，与质量呈反比。对多自由度情况，以上关系同样存在，一般每个自由度都对应有一个自振频率，通常把多个频率按数值从小到大排列成 1 阶（也称作基本频率）、2 阶、…、n 阶频率。

（2）阻尼。阻尼是存在于结构中的消耗结构振动能量的一种物理作用，它对结构抵抗振动有利。结构工程上假定阻尼属黏滞阻尼，与结构振动速度呈正比并习惯以一个无量纲的系数 ζ（阻尼比）来表示阻尼量值大小。

阻尼比 ζ 定义为阻尼系数 C 与临界阻尼 $C_c = 2M\omega$ 的比值，即

$$\zeta = \frac{C}{C_c} = \frac{C}{2M\omega} = \frac{C}{2\sqrt{MK}} \tag{5-12}$$

阻尼比的大小决定了自由振动衰减的快慢程度，从结构抵抗振动的工程意义上来说，一般都希望这种衰减作用能够对结构有利。

在多自由度振动体系中，每一个频率都对应有一个阻尼比。必须指出，阻尼比是（且只能是）试验值。

（3）振型。振型是结构上各点振幅值的连线，它不是结构的变形曲线。

结构动力学认为对应每一个固有频率，结构都有并只有一个主振型。一般情况下，结构线性微幅振动时其可能的自由振动都是无数个主振型叠加的结果；特定条件下结构（被外界激励源激出纯模态时）会按某一自振频率及其相应主振型振动。

具体对某一根梁来说，它的振型曲线是由沿梁长度方向的多点振动幅值的相对值决定的。

桥梁动力参数
计算方法

2. 动力特性参数测定

测定实桥结构动力特性参数的方法主要有自由振动衰减法、强迫振动法和环境随机振动法等。从桥梁测试技术的发展来说，自由振动衰减法和强迫振动法是用得比较早的方法，它们得到的数据结果往往简单直观，容

桥梁动力特性
参数的测定

易处理；环境随机振动法是一种建立在概率统计方法上的技术，它以现场测试简单和数据后续处理计算机化的优势进入桥梁振动测试领域。随着随机振动试验计算机数据分析设备和软件的普及，原则上，自由振动法和强迫振动法得到的试验数据结果也都可以用计算机技术去处理分析。因此，这里三种方法的区别，实际上只剩下激振方法或有无激励的区别。

桥梁拾振器布置

为更好地了解桥梁结构动力特性测试各种方法并加以贯通理解，下面分别叙述三种方法的具体做法。

(1)自由振动衰减法。给结构一个初位移或初速度使结构产生振动，因结构的自振特性只与它本身的刚度、质量和材料等固有形式有关，故无论施加何种方式的力、初位移或初速度大小（当然在结构受力允许条件下），只要求能够激发起结构的振动并能够测到结构的自由振动衰减曲线。通过对该曲线的分析处理可以得到一些自振特性参数。

桥梁动力响应
试验

能使桥梁产生自由振动的方法很多，撞击、跳车、突然释放等（只要求给结构一个瞬态激振力），实际做起来，这一类方法比较灵活，往往根据不同的要求因地制宜。如为测竖向振动可采用跳车、撞击等方法；为测横向或扭转振动可采用突然释放、撞击等方法。

现场测试前，测试仪器要先行调好，特别是放大器的衰减挡要得当，以保证仪器能够记录到完整的瞬态响应信号；此外，同样工况一般要求重复几次以利数据分析。

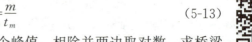

桥梁动测数据与
评价

通过对实测自由振动衰减曲线的分析可以求出频率、阻尼和振型等参数。

如直接通过波形的单个（或 m 个）周期 t（m 个 t），可求得

$$f=\frac{m}{t_m} \tag{5-13}$$

如求阻尼，取第 n 个和第 $n+m$ 个峰值，相除并两边取对数，求桥梁结构自由振动频率对应的阻尼比。

$$\zeta=2\pi m \tag{5-14}$$

桥梁冲击数据

直接按照记录曲线绘制振型，能得到自由振动频率对应的振型，具体做法和强迫振动法一样。

自由振动衰减法的优点是激励形式可以多变，比较容易实现，对于一些只要求得到结构基本频率或较其他低阶频率是很方便的，对测试仪器的要求也不高。所得到的频率（特别是事频）对应的阻尼比也比较准确。

基于桥梁荷载试验
的承载能力评定

(2)强迫振动法（共振法）。强迫振动法通常是利用激振器械对结构进行连续正弦扫描，根据共振效应，当扫描频率与结构的某一固有频率相一致时，结构振幅会明显增大，用仪器测出这一过程，绘出频率幅值曲线（共振曲线），通过曲线得到结构的自振特性参数。

把激振器按要求安装在桥上，根据理论计算得到的期望值对桥梁结构进行扫描激振，同时记录下扫描过程中的输出幅值，把它与相应的频率分别作为纵、横坐标。

扫描激振是指用正弦信号控制激振器在一定频率范围内进行扫描，理论上控制信号也可以不是正弦波，而用其他周期波或随机波。但这只适用于模型振动试验，实桥因需采用庞大

的机械式激振器进行激励，非周期信号不易实现。

实桥强迫振动实施过程中有些技术问题必须注意：

①选择合适的激振点，激振点应避开节点，放在理论振型的极值位置附近。

②适当、牢固地安装激振器。

③扫描找共振频率。要注意共振峰附近的能量变化，既要加密点数，又要准确记录信号。

④一根共振曲线，只能是同一次测量中的数据点绘制而成。

共振曲线的峰值在横坐标上的对应值就是结构的自振频率。在图 5-1 中，共振曲线峰值的 0.707 倍处，作一条平行于频率轴的直线与曲线交两点，这两点对应的横坐标上的频率差 $\Delta f = f_2 - f_1$，据此可求出阻尼比：

$$\zeta = \frac{1}{2f}(f_2 - f_1) = \frac{\Delta f}{2f} \tag{5-15}$$

这个方法称作半功率带宽法，是经典的求结构阻尼方法。一般认为，对各阶频率靠得不是很近的情况，用此法求得的阻尼结构精度比较高。

强迫振动法在测频率、阻尼的同时，还可对桥梁的振型进行测量。当桥梁结构在其某一共振频率上产生共振时，总对应着一个主振型，此时只要在桥上布置足够的测点，同时记录它们在振动过程中的幅值和相位差就可以分析得到所要求的振型曲线。

桥梁强迫振动

利用仪器记录下来的振动波形可分析、确定振型曲线，下面通过简支梁的例子简单介绍分析、判别的方法。

实桥振型测量还要注意：

①合理布置测点。事先须了解（各类桥型的）理论振型，测点数目要足以连接曲线并尽可能布在控制断面上。由于每次试验用的传感器数量总是有限的，因此要在桥上选择合适的参考点（将一个传感器放在参考点上始终不动），分批搬动其他传感器到所有测点。

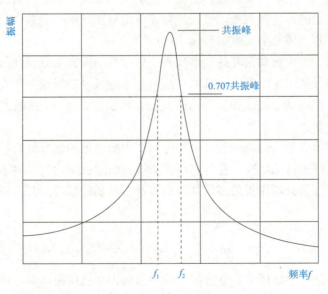

图 5-1　共振曲线

②现场标定。因为振型是考虑同一时刻波形的幅值和相位差得到的，所以测量前要把测振仪器系统放在参考点上标定，要注意标完以后的仪器系统，从传感器、导线，一直到记录通道的变更（最好不再变动或稍加变动）。

③确定振型。利用各通道的系统灵敏度，可以把实测得到的幅值关系算出来并归一化后，得到最大坐标值是1的振型曲线。

强迫共振法的优点是方法可靠，激出来的自振特性参数精度比较高。对实桥试验来说，它最大的缺点是激振设备和器械庞大，搬装费时费力，所以国内实桥振动试验极少采用。为得到桥梁可靠的阻尼比，大跨径桥梁可采用大型激振器做振动试验。

特别指出，这里介绍的分析结构阻尼、振型的方法，虽然是对强迫振动法来说的，但是该方法本身却是振动测试技术里最基本的部分，当然也适用于（后面要介绍的）环境随机振动法。

（3）环境随机振动法。环境随机振动法（工程上也有人称其为"脉动法"）可用来识别桥梁结构的动力特性。早前人们认识到对桥梁等大型结构物进行"激励"的难度和局限性，所以试着通过测量结构响应的时域信号来识别动力特性参数。对一些时域（振动拍波形、自由衰减波形等）波形进行频率、阻尼等参数分析，其过程和结果都有赖于所测波形的可分析或不可分析（对复杂波形往往会束手无策）。20世纪80年代，随机振动数字分析技术开始计算机化，人们研究各种基于"响应"信号数据处理的方法，通过只测响应信号来识别桥梁结构的动力特性参数，包括获得结构的多阶振型。这方面比较典型的例子，有美国普林斯顿大学1985年完成的金门大桥主桥和主索塔的环境随机振动测试，研究者通过实测获得了大桥数十阶振型。同期，国内同济大学也应用随机振动方法先后完成天津永和斜拉桥等桥梁的动力特性测试分析。通过多年发展，目前环境随机振动法已成为桥梁振动测试中应用十分广泛的方法。

环境随机振动法牵涉的如随机信号数字特征、信号处理方面的基础知识比较多。但考虑到该方法目前在桥梁振动测试（包括斜拉索索力测试）方面的应用已相当普及，实际工程中确实需要了解这方面一些基本的知识点。下面从应用的角度简单讲述目前已发展且最为成熟的以谱分析技术为基础的环境随机振动方法。对于下面要出现的一些数学公式和专业术语等有兴趣的读者可进一步参考有关文献。

①谱分析基础。随机振动信号的频谱代表了信号在不同频率分量处信号成分的大小，它能够提供比时域信号波形更直观、丰富的信息。一个随机复杂时域振动波形，从波形上很难直观看出其特征，但将其分解成各频率的谐波，并将它投影在 Af 频域坐标上，就可以识别出信号中的频率分量。

该图有助于理解谱分析的物理意义。实际对图中随机振动信号进行数值估计当然无须先时域分解，而是直接用快速傅氏变换（FFT）算法得到该随机振动信号频谱。

对随机数据进行谱分析用得最多的是自功率谱密度函数（也称均方谱密度函数）。其公式同见式(5-16)：

$$G(f) = \lim_{\Delta f \to 0} \frac{1}{(\Delta f)} \Big[\lim_{T \to \infty} \frac{1}{T} \int_0^T X^2(t, f, \Delta f) \mathrm{d}t \tag{5-16}$$

自功率谱密度函数主要用来建立数据的频率结构，在机械振动中，功或能量一般与其振幅的平方或均方值成比例，故 $G(f)$ 称为功率谱密度函数。类似的还有（两组随机数据的）互功率谱密度函数。

自谱分析可以识别结构的阻尼、频率等参数，互谱分析则可以识别数据两两之间的相关特性和相位关系（这对确定结构振型参数是必需的），还可以导出反映激励、响应和结构关系的一个主要函数——传递函数。

传递函数在数学上也被称为频率响应函数。具体地说，桥梁结构（假定为线性系统）上任一点 i 的动态位移响应 $y_i(f)$ 可用 k 点的激励力 $x_k(f)$ 和结构系统的传递函数 $h_{ik}(f)$ 表示见式(5-17)：

$$y_i(f) = \sum_{k=1}^{m} h_{ik}(f) x_k(f) \tag{5-17}$$

式中　m——结构的激励点数。

根据自功率谱和互功率谱的测量来计算线性结构的传递函数，见式(5-18)：

$$G_{ik}(f) = H(f)G_{kk}(f) \tag{5-18}$$

式中　$G_{kk}(f)$——自功率谱密度函数；

$H(f)$——互功率谱密度函数。

传递函数测量精度的置信程度通过计算相干函数（也称为凝聚函数）得到见式(5-19)：

$$r_{ik}^2 = \frac{|G_{ik}(f)|^2}{G_{ii}(f)G_{kk}(f)}$$
$$0 \leqslant r_{ik}^2(f) < 1 \tag{5-19}$$

如果系统响应仅仅是由激励所引起，则在所有频率上激励和响应的相干函数将等于1。如果系统响应不是由激励引起的，则激励和响应是独立的，它们在所有频率上的相干函数将等于零。如果系统响应仅仅部分由激励引起，则相干函数将是0～1的某个值。所以，相干函数表征了响应和激励之间的相互依赖性或相干性，是实际随机信号数据处理中区别信噪比、判别振型测点真伪的一个重要参数。

实桥结构在自然环境（如地脉动、风、水流等）振源影响下会产生随机振动，这种振动有时会比较明显，有时却很微弱（人感觉不出来），但利用测振仪器可测得桥上的这种随机响应信号。问题是实桥激励是随机多元素的，作为输入一般是不可测的，只有输出可测。根据传递函数的定义，似乎无法求传递函数。那么在结构响应可测，激励力不可测的前提下，如何获得结构的动力特性呢？

根据随机振动理论，桥梁振动测试中应用环境随机振动法，有如下假定：

a. 认为桥梁结构的振动系统属多输入系统，系统的输入和响应是各态历经过程，即结构的自振特性与时间起始点无关，而且当样本足够多时，单个样本的特性能反映所有样本的特征。在比较平稳的地脉动和风荷载情况下，这个假设是成立的。

b. 假设环境随机激励信号是白噪声。这个假定一般不容易满足，但是在数据分析中主要是利用半功率带宽内的数据，所以只要激励谱比较平坦，而且在桥梁谐振半功率带宽及其附近的一定范围内激励信号分别为白谱就行了，这样的假设是比较容易满足的。

c. 假设各阶阻尼很小，各阶频率分开，即各模态之间的耦合很小，可以忽略。实际桥梁结构（特别是大跨度桥梁）基本能满足上述假定或"条件"，借此得以通过实测响应信号识别结构的自振特性，即能够利用响应谱峰值确定频率和振型，并用半功率带宽法求阻尼。

由于(上述"假定"1 中)"比较平稳的地脉动和风荷载"的激励频谱一般都在较低频范围(小于 10 Hz),因此对一些自振频率较高的小跨径桥梁不适合使用此法进行测试。

这样就可以用响应谱方法来确定实桥结构的各阶振动模态。

②实桥随机振动数据的测量。顺着实桥振动试验方法的思路,环境随机振动法和前面两种方法的区别:第一,不用任何激振设备或手段,只以环境随机振源为激励源;第二,需要按照随机数据处理分析要求确定采样、记录时间和方式;第三,应用随机振动数据处理技术分析数据结果。

环境随机振动法主要是增加了随机信号数据采集、处理和分析内容,下面仅以结论形式简单介绍有关内容:

a. 采样定理。采样定理叙述为:要保证从信号采样后的离散时间信号无失真地恢复原始时间连续信号(即采样不会导致任何信息丢失),必须满足采样频率 f_s,至少是信号最高频率 f_{max}(也称为分析频率)的 2 倍。

$$f_s = \frac{1}{T_s} = 2f_{max} \tag{5-20}$$

式中　T_s——采样间隔,与采样频率互为倒数关系。

"采样频率至少是信号最高频率的两倍"是采样信号恢复原始信号的基本保证,这里最高频率为测试感兴趣的最高分析频率。采样定理是满足频率不被混淆的必要条件,事实上,为提高功率谱峰值的估计精度,减少相对误差,以目前的计算机技术完全可以将采样频率设得高一些。工程上设定最高频率的方法一般是将 $f_s(t)$ 通过设定截止频率的低通滤波器。实际操作时,一般要求先估计被测对象的最高分析频率,再设低通滤波,最后确定采样频率,以保证信号采样的正确。这里先低通滤波再采样过程中,正确确定分析频率非常重要,因为已经被低通滤波的信号,截止频率以上的数据是不能再生的。举例来说,估计最高频率是 2.0 Hz,此时取 2.0 Hz 为分析频率,低通滤波也设定 2.0 Hz;采样结束后,如实际结构最高频率(或你感兴趣的振型对应频率)超过了 2.0 Hz,那样在已采集的数据里就不可能得到超过 2.0 Hz 的数据了,所以设置适当的滤波频率很重要。

b. 统计误差和采样时间。对采样时间长短(或者说采样样本大小)的基本要求是满足以有限量的数据进行分析处理数据带来的统计误差,统计误差主要包括随机误差和偏度误差。

随机误差指同一个随机过程不同样本之间的偶然差异。只对有限多的样本或有限长时间的样本记录和运算,测试仪器设备的电噪声、对输出有影响的与被测信号不相干的输入等都会造成随机误差。工程上减小随机误差的有效方法是分段平滑,即将样本数据分成若干段进行记录、分析,再平均。所以,解决随机误差的实际做法就是加长采样时间。

偏度误差是系统误差,在不同的分析中,它的大小和方向是不变的。偏度误差,一般来自数据处理过程中的有关运算。为减小偏度误差,一般要求增加半功率带宽内的点数,这实际就是要求提高分辨带宽(采样频率/采样点数)。实际测试中,如将采样频率定得较高,但不注意增加采样点数就会造成频率分辨率下降。

对一些明显不适合采用弦振动方法测定索力的情况,应考虑其他测试方法。

桥梁结构动力特性三个参数中,阻尼比是唯一依赖实测得到的,但在实桥试验中如何确定阻尼却是最为复杂的问题。

目前用响应谱求阻尼比一般都基于半功率带宽法，实际数据不仅有些离散，误差也比较大。究其原因，主要是当结构在环境振源下处于常时微振(振幅很小)状态时，一方面结构的加速度低频响应信号的信噪比不高，使峰值与半功率带宽数据的精度降低；另一方面，结构阻尼作用机理很复杂，微幅振动时存在各种阻碍结构振动的因素(如结构的弱连接、摩阻力等)，它们和阻尼混在一起作用于结构，所以从结构上不同测点(如中跨和边跨、跨中和塔附近)得到的阻尼值往往不一样，有的甚至成倍相差。有些工程师做桥梁随机振动测试，将采样频率(或分析频率)设置得比较高，用商用软件直接读出一个阻尼值，觉得很方便。测试期间不看频率分辨率，不管半功率带宽间有几个数据点，甚至不知道该软件是用什么方法算的阻尼比，这样获得的阻尼比是不可信的。所以，必须注意并重视使用半功率方法计算阻尼比的误差。

桥梁受强迫振动共振响应时，振幅一般都比较大，所以能够克服信号信噪比不高和各种阻碍结构振动的因素，其阻尼情况显然和谱分析得到的会不一样。

二、桥梁动载试验

1. 动载试验内容

(1)试验荷载。《公路桥梁荷载试验规程》(JTG/T J21-01—2015)用类似于静力试验"加载效率"来定义动载试验"加载效率"：

$$\eta_d = \frac{S_d}{S_{l\max}} \tag{5-21}$$

式中　S_d——动力试验荷载作用下控制截面最大内力或变形；

$S_{l\max}$——控制荷载作用下控制截面最大内力或变形(不计冲击)；

η_d——宜取高值，但不应超过1。

一般情况下，一辆或几辆载重车(实桥动载试验时，即使是特大型桥梁，也都采用一辆或几辆载重车作为动载试验荷载)很难满足式(5-21)的加载效率，当然它可能适用于那些一辆或几辆载重车能满足设计控制荷载效应的小桥。所以，实桥上(和静载试验不同)将设计控制荷载模拟成(能使结构控制截面产生最大内力或变形的)试验动荷载会有难度。

(2)加载方式。《公路桥梁荷载试验规程》(JTG/T J21-01—2015)规定：实桥动力响应试验工况包括下列主要内容：

①无障碍行车(跑车)试验。宜在5~80 km/h取多个大致均匀分布的车速进行行车试验。车速在桥联(孔)上宜保持恒定，每个车速工况应进行2~3次重复试验。

②有障碍行车(跳车)试验可设置图5-2所示的弓形障碍物模拟桥面坑洼进行行车试验，车速宜取5~20 km/h，障碍物宜布置在结构冲击效应显著部位。

③制动(刹车)试验车速宜取30~50 km/h，制动部位应为动态效应较大的位置。《公路桥梁荷载试验规程》(JTG/T J21-01—2015)指出，宜首选无障碍行车试验，有障碍行车和制动试验可根据实际情况选择。

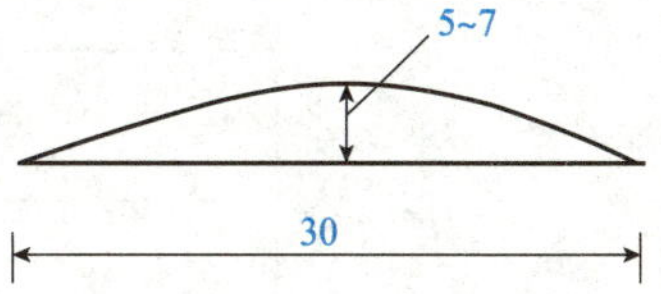

图 5-2　弓形障碍物断面
(尺寸单位：cm)

加载车辆可以是单辆，也可以两辆或多辆，两辆或多辆加载时应要求车辆保持同速同步。

加载过程中，发现车辆明显偏位或车速明显不对或多辆车不同步等情况，应重新加载。

2. 动载试验过程

(1)仪器调试。所有仪器设备在准备阶段应已调试完毕，要考虑好记录的具体方法。如使用动态电阻应变仪，必须根据估计应变的大小确定增益、标定值范围等，调整记录速度和记录幅值等。如采用计算机动态数据采集系统直接采样、记存，其增益、标定值等条件设置大同小异，只是更方便而已。

(2)车辆控制。要控制好车辆上下桥车速、位置和时间。要协助驾驶员准确控制好行车速度，注意每次上桥的行车路线，对一些大跨度桥梁，还要确定车辆行驶到各个断面时的位置信息。

(3)测试记录。

①跑车。跑车测试的目的是判别不同车行速度下桥梁结构的动态响应(如位移或应力的动态增量和时程曲线)，还可以分析出动态响应与车速之间的关系。

②跳车。跳车试验的作用是模拟桥面不平整状况下重车过桥所产生的动态效应。

③制动。车辆以一定速度行进，到规定位置突然紧急制动，记录此制动时的动态响应时程曲线。

④实时在线车辆荷载作用。相当于桥梁日常或特殊运营情况下的实时监测，主要测试峰值交通量或特殊车辆作用下的结构的动态时程曲线、响应峰值或动态增量等。

动载试验中，要特别注意仪器的正确操作和信号实时控制。防止信号中断或幅值超限，发现信号记录明显出错或被遗漏等情况，应重新加载。另外，在各种不同工况中应抓住主要内容，如要求记录结构动态响应的完整过程时，重点记录信号的完整性；而只为确定动态增量时，则要求能记录到响应信号的峰值及其附近部分。

3. 动载试验数据处理

动载试验数据整理的主要对象是动应变和动挠度。通过动应变数据(曲线)可整理出对应结构构件的最大(正)应变和最小(负)应变以及动态增量或冲击系数；通过动挠度数据(曲线)可得到结构的最大动挠度和结构的动态增量或冲击系数。

(1)动挠度。图 5-3 是典型动挠度时程曲线，图 5-3 中，Y_0 是虚线的最低点，Y_{min} 是 Y_{max} 后面的波谷；Y_{max} 为最大动挠度幅值；Y_{min} 为与 Y_{max} 对应的动挠度波谷值；Y_{mean} 为 Y_{max} 与 Y_{min} 的平均值；Y_0 为动荷载相应静荷载作用下测点的最大挠度。

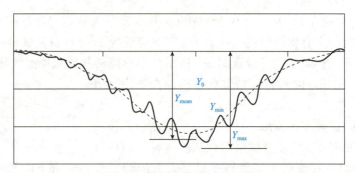

图 5-3 典型动挠度时程曲线

(2)动应变。图 5-4 是实测得到的动应力响应时程曲线。

这里，最大(最小)动应变可由曲线直接获得。

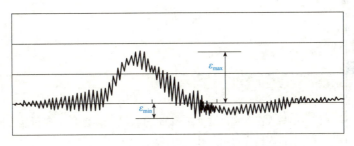

图 5-4　实测得到的动应力响应时程曲线

(3)动态增量和冲击系数。动态增量(动力增大系数)定义为最大动挠度与最大静挠度之比，或最大动应力与最大静应力之比。冲击系数则为最大动挠度与最大静挠度之差比最大静挠度的值，或为最大动应力与最大静应力之差比最大静应力的值。根据图 5-3 和图 5-4，可按式(5-22)和式(5-23)确定动态增量和冲击系数。

挠度动态增量：

$$\varphi_Y = \frac{Y_{\max}}{Y_0} \tag{5-22}$$

应变动态增量(参考挠度图示)

$$\varphi_\varepsilon = \frac{\varepsilon_{\max}}{\varepsilon_0} \tag{5-23}$$

式中　Y_0、ε_0——分别为动荷载相应静荷载作用下测点的最大挠度和应变。借此，冲击系数：

$$\mu = \frac{Y_{0\max}}{Y_0} \tag{5-24}$$

或

$$\mu = \frac{\varepsilon_{0\max}}{\varepsilon_0} \tag{5-25}$$

我国桥梁规范过去(2004 年前)一直把冲击系数定为跨长的递减函数，也就是在车辆作用下桥梁的冲击系数只取决于跨长。交通运输部 2015 年 12 月颁布执行的《公路桥涵设计通用规范》(JTG D60—2015)已规定冲击系数与结构基本频率有关，并规定：

当 $f < 1.5$ Hz 时，$\mu = 0.05$；

当 1.5 Hz $\leqslant f \leqslant 14$ Hz 时，$\mu = 0.176\ 7\ln f - 0.0157$；

当 $f > 14$ Hz 时，$\mu = 0.45$。 （5-26）

必须指出，这里规范规定的冲击系数不是一般荷载试验得到的"冲击系数"。前者是为简化计算(按《桥规》定义的)设计标准汽车荷载所乘的考虑汽车冲击效应的一个系数；后者则是某特定的车辆(一辆或几辆)试验荷载作用下桥梁位移或应变响应的一个动力增大系数。通过试验得到的以有时会大于设计采用的冲击系数，但由于一般情况下这个"大于"，是通过小于设计标准汽车荷载的(一辆、两辆或多辆)试验荷载得到的，且其荷载绝对值小于(甚至远小于)设计标准汽车荷载，因此不能简单讲某桥实测冲击系数已大于设计冲击系数。

试验和研究表明，动态增量与桥梁固有频率、结构的阻尼、车行速度、车辆数及桥面平整度等都有关系。大量实桥试验表明：即使在桥面平整情况下，由于共振原因，最大动态增量会发生在基频为 2.5～4 Hz 的桥梁上。动态增量与行车速度不一定呈正比关系，对此不同桥梁结构有不同的结果。

参考文献

[1] 中华人民共和国交通运输部. JTG D60—2015 公路桥涵设计通用规范[S]. 北京：人民交通出版社，2015.

[2] 中华人民共和国交通运输部. JTG 3362—2018 公路钢筋混凝土及预应力混凝土桥涵设计规范[S]. 北京：人民交通出版社，2018.

[3] 中华人民共和国交通运输部. JTG/T 3650—2020 公路桥涵施工技术规范[S]. 北京：人民交通出版社，2020.

[4] 中华人民共和国交通部. JTG E41—2005 公路工程岩石试验规程[S]. 北京：人民交通出版社，2005.

[5] 中华人民共和国国家质量监督检验检疫总局，中国国家标准化管理委员会. GB/T 5224—2014 预应力混凝土用钢绞线[S]. 北京：中国标准出版社，2014.

[6] 国家市场监督管理总局，国家标准化管理委员会. GB/T 232—2010 金属材料 弯曲试验方法[S]. 北京：中国标准出版社，2010.

[7] 中华人民共和国国家标准. GB/T 28900—2022 钢筋混凝土用钢材试验方法[S]. 北京：中国标准出版社，2022.

[8] 中华人民共和国国家质量监督检验检疫总局，中国国家标准化管理委员会. GB/T 1499.2—2018 钢筋混凝土用钢 第 2 部分：热轧带肋钢筋[S]. 北京：中国标准出版社，2018.

[9] 中华人民共和国国家质量监督检验检疫总局，中国国家标准化管理委员会. GB/T 10120—2013 金属材料 拉伸应力松弛试验方法[S]. 北京：中国标准出版社，2014.

[10] 中华人民共和国国家质量监督检验检疫总局，中国国家标准化管理委员会. GB/T 228.1—2010 金属材料 拉伸试验第 1 部分：室温试验方法[S]. 北京：中国标准出版社，2010.

[11] 中华人民共和国交通运输部. GB/T 2975—2018 钢及钢产品 力学性能试验取样位置及试样制备[S]. 北京：中国标准出版社，2018.

[12] 中华人民共和国交通运输部. 公路桥梁预应力钢绞线用锚具、夹具和连接器：JT/T 329—2010[S]. 北京：人民交通出版社，2010.

[13] 中华人民共和国国家质量监督检验检疫总局，中国国家标准化管理委员会. GB/T 14370—2015 预应力筋用锚具、夹具和连接器[S]. 北京：中国标准出版社，2016.

[14] 中华人民共和国住房和城乡建设部. JGJ 85—2010 预应力筋用锚具、夹具和连接器应用技术规程[S]. 北京：中国建筑工业出版社，2010.

[15] 中华人民共和国国家质量监督检验检疫总局，中国国家标准化管理委员会. GB/T 230.1—2009 金属材料 洛氏硬度试验 第 1 部分：试验方法（A、B、C、D、E、F、G、H、K、N、T 标尺）[S]. 北京：中国标准出版社，2009.

[16] 国家市场监督管理总局，中国国家标准化管理委员会. GB/T 231.1—2018 金属材料 布氏硬度试验 第1部分：试验方法[S]. 北京：中国标准出版社，2018.

[17] 中华人民共和国住房和城乡建设部. JGJ/T 23—2011 回弹法检测混凝土抗压强度技术规程[S]. 北京：中国建筑工业出版社，2011.

[18] 中国建筑科学研究院. T/CECS 02—2020 超声回弹综合法检测混凝土抗压强度技术规程[S]. 北京：中国计划出版社，2020.

[19] 中华人民共和国住房和城乡建设部. JGJ/T 384—2016 钻芯法检测混凝土强度技术规程[S]. 北京：中国建筑工业出版社，2016.

[20] 中华人民共和国住房和城乡建设部. JGJ 106—2014 建筑基桩检测技术规范[S]. 北京：中国建筑工业出版社，2014.

[21] 中华人民共和国住房和城乡建设部，中华人民共和国国家质量监督检验检疫总局. GB/T 50082—2009 普通混凝土长期性能和耐久性能试验方法标准[S]. 北京：中国建筑工业出版社，2009.

[22] 浙江省交通工程管理中心. JTG/T 3512—2020 公路工程基桩检测技术规程[S]. 北京：人民交通出版社，2020.

[23] 中华人民共和国交通运输部. JTG 3363—2019 公路桥涵地基与基础设计规范[S]. 北京：人民交通出版社，2019.

[24] 中华人民共和国交通运输部. JTG 3223—2021 公路工程地质原位测试规程[S]. 北京：人民交通出版社，2021.

[25] 中华人民共和国交通运输部. JTG 5120—2021 公路桥涵养护规范[S]. 北京：人民交通出版社，2021.

[26] 中华人民共和国国家质量监督检验检疫总局，中国国家标准化管理委员会. GB/T 15822.1—2005 无损检测 磁粉检测 第1部分：总则[S]. 北京：中国标准出版社，2005.

[27] 中华人民共和国交通运输部. JTG/T H21—2011 公路桥梁技术状况评定标准[S]. 北京：人民交通出版社，2011.

[28] 中华人民共和国交通运输部. JTG/T J21—2011 公路桥梁承载能力检测评定规程[S]. 北京：人民交通出版社，2011.

[29] 中华人民共和国交通运输部. JTG/T J21-01—2015 公路桥梁荷载试验规程[S]. 北京：人民交通出版社，2016.

[30] 中华人民共和国交通运输部. JTG/T 3660—2020 公路隧道施工技术规范[S]. 北京：人民交通出版社，2020.

[31] 中华人民共和国住房和城乡建设部. JG/T 518—2017 基桩动测仪[S]. 北京：中国标准出版社，2017.

[32] 中华人民共和国交通运输部. JT/T 4—2019 公路桥梁板式橡胶支座[S]. 北京：人民交通出版社，2019.

[33] 中华人民共和国国家质量监督检验检疫总局，中国国家标准化管理委员会. GB/T 3159—2008 液压式万能试验机[S]. 北京：中国标准出版社，2018.

[34] 国家市场监督管理总局，国家标准化管理委员会. GB/T 2611—2022 试验机通用技术要求[S]. 北京：中国标准出版社，2018.

[35] 国家市场监督管理总局，国家标准化管理委员会. GB/T 16825.1—2022 金

属材料 静力单轴试验机的检验与校准 第1部分：拉力和(或)压力试验机 测力系统的检验与校准[S]. 北京：中国标准出版社，2022.

[36] 国家市场监督管理总局，国家标准化管理委员会. GB/T 12160—2019 金属材料 单轴试验用引伸计系统的标定[S]. 北京：中国标准出版社，2019.

[37] 中华人民共和国住房和城乡建设部，中华人民共和国国家质量监督检验检疫总局. GB 50204—2015 混凝土结构工程施工质量验收规范[S]. 北京：中国建筑工业出版社，2015.

[38] 中华人民共和国住房和城乡建设部，中华人民共和国国家质量监督检验检疫总局. GB/T 50107—2010 混凝土强度检验评定标准[S]. 北京：中国建筑工业出版社，2010.

[39] 山东省市场监督管理局. DB 37/T 2366—2022 回弹法检测混凝土抗压强度技术规程[S]. 北京：中国建材工业出版社，2023.

[40] 中华人民共和国国家质量监督检验检疫总局，中国国家标准化管理委员会. GB 175—2007 通用硅酸盐水泥[S]. 北京：中国标准出版社，2008.

[41] 中华人民共和国住房和城乡建设部，中华人民共和国国家质量监督检验检疫总局. GB/T 50081—2019 混凝土物理力学性能试验方法标准[S]. 北京：中国建筑工业出版社，2019.

[42] 中华人民共和国住房和城乡建设部，中华人民共和国国家质量监督检验检疫总局. GB/T 4883—2008 数据的统计处理和解释 正态样本离群值的判断和处理[S]. 北京：中国标准出版社，2009.

[43] 中华人民共和国住房和城乡建设部，中华人民共和国国家质量监督检验检疫总局. GB/T 50784—2013 混凝土结构现场检测技术标准[S]. 北京：中国建筑工业出版社，2013.

[44] 中华人民共和国住房和城乡建设部. JGJ/T 152—2019 混凝土中钢筋检测技术标准[S]. 北京：中国建筑工业出版社，2019.

[45] 中华人民共和国住房和城乡建设部. JG/T 249—2009 混凝土抗渗仪[S]. 北京：中国标准出版社，2009.